未
知
·
未
止

一旦有了能乘天上微风而行的船与帆，
必将有人会勇敢地踏入那片虚空。

开普勒（Johannes Kepler）

**FLASHES
OF CREATION:**
GEORGE GAMOW,
FRED HOYLE,
AND THE GREAT
BIG BANG DEBATE

创世之辩

伽莫夫、霍伊尔和宇宙大爆炸

［美］保罗·哈尔彭（Paul Halpern） 著
水兄 译

上海科学技术出版社
SHANGHAI SCIENTIFIC & TECHNICAL PUBLISHERS

图书在版编目（CIP）数据

创世之辩：伽莫夫、霍伊尔和宇宙大爆炸 /（美）保罗·哈尔彭（Paul Halpern）著；水兄译. -- 上海：上海科学技术出版社, 2024. 8. -- ISBN 978-7-5478-6674-0

I . K837.126.14；K835.616.14

中国国家版本馆CIP数据核字第2024J0F812号

FLASHES OF CREATION: George Gamow, Fred Hoyle, and the Great Big Bang Debate by Paul Halpern
Copyright © 2021 by Paul Halpern
This edition published by arrangement with Basic Books, an imprint of Perseus Books, LLC, a subsidiary of Hachette Book Group, Inc., New York, New York, USA through Bardon-Chinese Media Agency
Simplified Chinese translation copyright © 2024 by Shanghai Scientific & Technical Publishers
All rights reserved

上海市版权局著作权合同登记号 图字：09-2022-0459号

创世之辩：伽莫夫、霍伊尔和宇宙大爆炸
［美］保罗·哈尔彭（Paul Halpern） 著

上海世纪出版（集团）有限公司 出版、发行
上海科学技术出版社
（上海市闵行区号景路159弄A座9F-10F）
邮政编码201101　www.sstp.cn
常熟高专印刷有限公司印刷
开本787×1092　1/16　印张 17.75
字数 210 千字
2024年8月第1版　2024年8月第1次印刷
ISBN 978-7-5478-6674-0/N·275
定价：79.00元

本书如有缺页、错装或坏损等严重质量问题，请向印刷厂联系调换

谨以爱献给阿登（Aden）、伊莱（Eli）和费利西娅（Felicia）

霍伊尔说:"我注意到
你引用了勒梅特,
还有伽莫夫。
好吧,忘掉他们吧!
误入歧途的一帮人,
还有他们的'大爆炸'。
为什么要帮助和教唆他们呢?
听着,我的朋友,
宇宙没有终点,
也没有起点,
邦迪、戈尔德和我
会坚持下去,
直到我们变成秃头!"

——摘自《平装本里的汤普金斯先生》(*Mr. Tompkins in Paperback*)中芭芭拉·伽莫夫(Barbar A Gamow)对"赖尔与霍伊尔的交锋"的描述

推荐序

我常说:"洞察宇宙的身世,是人类智慧的骄傲。"保罗·哈尔彭这部《创世之辩——伽莫夫、霍伊尔和宇宙大爆炸》,正是人类立足现代科学探索宇宙起源的忠实写照。

宇宙中的天体五花八门。在太阳系内,有太阳、行星、卫星、彗星等;在太阳系外,数以千亿计的恒星、大量的星云、星际物质等组成一个典型的星系——银河系。如今人类在宇宙中观测所及的星系已经超过千亿。以星系为基本单元组成的天体系统,按成员数由少而多,依次有星系群、星系团、超星系团,乃至规模更宏伟的各种宇宙大尺度结构。今天,天文学家还知晓宇宙中的全部物质实际上由三大部分组成,即普通物质、暗物质和暗能量。其中普通物质所占的比例尚不足5%,如何查明暗物质和暗能量的本质则依然令科学家们绞尽脑汁。

几千年来,人类的宇宙观念经历了天翻地覆的变化。简而言之这可以分为四个阶段:古代朴素的宇宙观、地心宇宙体系、日心宇宙体系以及现代宇宙学说。世界各古老文明对于宇宙结构各有不同的朴素猜测。例如,中国古代的早期盖天说认为天似穹庐,笼罩着平坦的大地。古希腊天文学家建立的地心宇宙体系在欧洲流行了千余年之久,认为地球是宇宙的中心,群星在各自的天球上绕地球运行,最外层的是恒星天球。16世纪,波兰天文学家哥白尼提出的日心宇宙体系主张太阳位于宇宙中心，包括地球在内的行星皆绕日运行，恒星天球则与地心宇宙体系所述无大差异。在现代宇宙学说中，当今居主导地位的是大爆炸宇宙论，它的提出和发展乃是本书的主线。

人类有关宇宙演化的观念，主要体现在两方面。一是宇宙中各种天体的演化，二是宇宙作为一个整体的演化。例如，"恒星"一语的"恒"字，原意为固定不变：不仅群星的空间位置不变，而且其自身状态亦不变。但实际上，所有的恒星却既在运动又在演化，唯"恒星"一词沿用如故。至于宇宙作为一个整体，人们早先一直认为尽管存在着局部的运动变化，宇宙整体上却是静止不变的。20世纪，随着现代宇宙学的进展，这种陈旧僵化的观念已被彻底摈弃。

现代宇宙学由理论和观测两大部分构成，它们相辅相成，携手前行。1917年，爱因斯坦发表论文《根据广义相对论对宇宙学所作的考察》，标志着现代理论宇宙学的开端。爱因斯坦本人建立的是一个"静态、有限、无界"的宇宙模型。1922年，俄国数学家弗里德曼以广义相对论为基础论证了宇宙随时间膨胀的可能性。1927年，比利时天文学家勒梅特又导出了我们的宇宙随着时间而膨胀的结论。

1929年，美国天文学家哈勃发表《河外星云距离与视向速度的关系》一文，堪称现代观测宇宙学的开山之作。文中论证了距离我们越远的河外星云，其离开我们而去的运动速度就越大，两者之间存在着良好的正比关系。这就是闻名于世的"哈勃定律"。后来，"河外星云"一词为"河外星系"所取代，但哈勃定律在更大的时空尺度上依然成立。1930年，英国天文学家爱丁顿将哈勃的发现解释为宇宙的整体膨胀效应。容易理解，在这样的膨胀宇宙中，所有的星系都在彼此四散分离，而并非只是远离我们而去。

1932年勒梅特提出，今天的宇宙由一个温度极高、体积极小、密度极大的"原始原子"爆发、膨胀而来，爆炸的碎片后来形成无数的星系，至今仍在向四面八方飞散开去。20世纪40年代后期,美籍俄裔物理学家伽莫夫及其合作者继承并发展勒梅特的思想,从理论上计算了宇宙原初爆炸的温度,计算了应有多少能量转化为各种基本粒子,进而又怎样形成各种原子,等等。几十年来,这种大爆炸宇宙论不断改善,成功地预言和解释了众多的天文观测事实,从而成为当代宇宙学的主流理论。鉴于勒梅特对现代宇宙学理论做出的历史性贡献,国际天文学联合会于2018年决议将哈勃定律重新命名为"哈勃—勒梅特定律"。

创世之辩的详情当然远非上述故事梗概那么简单。20世纪40年代后期,几乎与伽莫夫等人的大爆炸宇宙论同时,另一种宇宙演化理论——稳恒态宇宙论也登场了,英国天文学家霍伊尔是力主此说的代表人物。稳恒态宇宙论认为,宇宙虽然在单调地膨胀,但它在空间上保持均匀且各向同性,在时间上也保持稳定。这就要求在宇宙膨胀的过程中,物质密度保持不变,因此物质应该连续不断地从虚空中诞生。

在今天看来,稳恒态宇宙论的主张似乎是太奇特了。在历史上,稳恒态宇宙论所预言的星系分布、宇宙射电源计数等都与天文观测不符,兼之它又难以解释宇宙微波背景辐射,因此到20世纪60年代末已渐趋式微。人们不免困惑:作为一名成果丰硕的知名科学家,霍伊尔究竟为何迟迟"不服输",直至20世纪90年代还继续发文,对稳恒态理论修修补补?《创世之辩》一书对霍伊尔的思维模式多有探讨,这对理解上述问题颇有裨益。

《创世之辩》构思独到,下笔用心。它紧抓要领,又注重细节。书中围绕伽莫夫和霍伊尔这两位主角先后亮相的科学家可谓群英荟萃,他们的戏份各有轻重,作者着墨也浓淡有致。史事记实与人物列传有机交织的架构,更使本书引人入胜。

有人把霍伊尔和伽莫夫看作创世之辩中的一对冤家。其实,他们全无私怨。他俩的独特秉性,在《创世之辩》中时有生动的描述。伽莫夫是在诸多学科之间跳来跳去且皆有建树的"顽童"。例如，除了宇宙大爆炸理论，他对原子核物理学也贡献良多。在生物化学中，他于1954年提出，核酸对于蛋白质的合成起着某种"遗传密码"的作用，并率先提出此种"遗传密码"由核苷酸三联体组成。尽管其理论细节有瑕，但他首创的这种观念总体上却是正确的。同时，伽莫夫还是一位独具魅力的科普大家。他的科普作品脍炙人口，被译成多种文字流行于世，包括中文版的《物理世界奇遇记》《从一到无穷大》等。

1968年伽莫夫去世了，终年64岁。他未能获得诺贝尔奖，但在其身后，诺贝尔物理学奖却多次授予与大爆炸宇宙论密切相关的项目。最典型者如彭齐亚斯和威尔逊因在1965年发现大爆炸预言的宇宙微波背景辐射，而于1978年荣获诺贝尔物理学奖。此外，也有诸多诺奖得主对他钦佩有加。例如，因发现DNA的双螺旋结构而获得1962年诺贝尔生理学医学奖的詹姆斯·沃森，多年后在其《基因·女郎·伽莫夫》一书中说道：伽莫夫"同时涉足这些领域……他从不指望每次探索都有结果，因而总是在过程中寻找乐趣。如今回首自己的人生，才明白乔（伽莫夫的昵称）的睿智远远超出了我最初对他的评价。"

霍伊尔比伽莫夫小11岁，生于1915年。他的研究领域也非常广泛。其中宇宙中的元素合成理论是一项影响深远的重大成果。这一理论详细阐释了宇宙中各种元素及其同位素的形成过程。参与合作研究的共有4位科学家：天文学家杰弗里·伯比奇和玛格丽特·伯比奇夫妇、核物理学家威廉·福勒以及霍伊尔本人。合作者公认霍伊尔是这一理论的创始人，贡献也最大。1983年，此项成果夺得了诺贝尔物理学奖，但获奖人是福勒而不是霍伊尔。世人对此猜测纷纷，甚至福勒本人也感到惊奇。他在自传中写道："恒星中由核聚变产生新元素的概念是霍伊尔于1946年首次建立的。这提供了一种解释宇宙中比氦重的元素产生的途径……霍伊尔推测，其他更罕见的元素可以在超新星爆发过程中产生。"杰弗里·伯比奇则在2008年写道:"霍伊尔本应因这项工作和其他工作而获得诺贝尔奖。霍伊尔的贡献被低估了。"另外,霍伊尔也同伽莫夫一样,发表了大量优秀的科普作品,而且是用真名发表科幻小说的少数当代著名科学家之一。

《创世之辩》同许多科学读物一样,谈及爱丁顿等利用1919年5月29日日全食的机会,观测研究星光途经太阳近旁发生的偏转,从而证实了广义相对论关于引力场使光线弯曲的预言。确实,日全食太迷人了。20世纪中国大地上可见的最后一次日全食,发生在1997年3月9日,全食带经过黑龙江省极北的漠河县。为观测这一奇景,大批天文学家和爱好者从全国各地纷至沓来。在那里,我遇到了上海市上南中学刘世镛老师带领的学生天文小组,并合影留念。照片中有一位当时才14岁的少年天文爱好者,名叫施韡。多年后,他成了一位广受欢迎的天文普及家。中文版的《创世之辩》正是施韡(网名水兄)的译作之一,其行文流畅,内容准确,读来令人欣喜。借此作序之机,我祝愿他在科普事业中不断取得更出色的成绩!

卞毓麟
2024年初夏于上海

目 录

引　言	探索万物起源	001
第一章	膨胀宇宙的后代	017
第二章	战场准备：宇宙学交锋一触即发	046
第三章	解锁原子核	072
第四章	死亡之夜的回响：层出不穷的理论	104
第五章	从阿尔法到欧米茄：炽烈的开端	124
第六章	构建元素	144
第七章	大爆炸的巨大胜利	167
第八章	不归路	185
第九章	边缘生活	205
尾　声	伽莫夫与霍伊尔的遗产	235

致　谢	248
拓展阅读	251
参考文献	255
译后记	268

引　言
探索万物起源

> 思考地球自然之力孕育了黄金，
> 未免太过荒谬，
> 这是我一瞬间的感觉。
> 有什么东西消失了。
> 一定还存在什么不一样的东西。
>
> ——本·琼森(Ben Jonson),《炼金术士》(The Alchemist)

对于20世纪中叶所发生的宇宙大辩论,他们谁也没有想过要分出个输赢。然而就在1964年,天体物理学家阿诺·彭齐亚斯(Arno Penzias)和罗伯特·"鲍勃"·威尔逊(Robert "Bob" Wilson)意外地发现了一种无线电的嘶嘶声,结果证明这是来自早期宇宙的残余辐射。令他们感到惊讶的是,在第二年他们的发现被解读并发表后,竟然解决了长期以来关于宇宙时空的巨大争论。大爆炸(big bang)理论假设宇宙是由最初的物质和能量通过瞬间爆发产生的,而作为其主要竞争对手的稳恒态(steady-state)理论所描述的是不存在最初的爆发,而是来自缓慢的、持续不断的物质创造过程。彭齐亚斯和威尔逊关于宇宙微波背景辐射的大发现,使天平向大爆炸理论倾斜,稳恒态学说渐行渐远。

尽管每一种理论的背后都有许多研究人员为其发展作出过贡献,但是在公众心目中,这场辩论则最终归结为两个非常聪明、颇具人气的怪才之间的冲突。自20世纪40年代末以来,美籍俄裔物理学家乔治·伽莫夫(George Gamow)——一位有着非凡见解和惊人双关语技能的大师——高举着宇宙大爆炸的旗帜(尽管他本人并不喜欢这种说法);而另一方,英国天体物理学家弗雷德·霍伊尔(Fred Hoyle)——以顽强的毅力、特立独行的想法和对长途徒步旅行的热情而闻名——坚持倡导稳恒态宇宙的方案。《科学美国人》(Scientific American)和《纽约时报》(New York Times)等大众媒体都刊登了他们令人信服的论点,这也激发了一批聪明的科学追随者围绕遥远过去是否存在一个"创世"时刻展开激烈的讨论。

关于万物起源的问题有着悠久的历史。宇宙是否永远存在？还是有一个开端？所有的物质和能量是随着时间的推移缓慢产生、细水长流的,还是在一次爆发中,全部一下子诞生的？太空中的星系是年轻的和年老的混合在一起均匀分布的,还是按照形成和发展的某种时间顺序排列的？

在宇宙学家认真研究之前,这些问题是神学家和哲学家的领域。你选择(或出生于)哪个宗教,决定了你会偏爱哪种宇宙观。许多古老的信仰体系,如印度教和道教等许多古老的宗教信仰体系,以及巴比伦人、古希腊人(柏拉图时代),还有大多数传统的美洲原住民群体的信仰中,都接受了宇宙周期忹的概念。* 在宇宙的生命历程中,从来没有真正的灭亡。一个时代的灭亡总是伴随着一个新时代的开始。另一方面,亚伯拉罕的信仰——犹太教、基督教和伊斯兰教则提倡在过去的某

---

* 原文如此。——译者生

个时刻经历一种简单而普适的"创世"。* 创世时刻代表着人类和所有凡人的黎明,与上帝永恒的概念形成鲜明对比。就像人的一生,注定要变老、生病和死亡,这样一个单向的、线性的时间进度从一个清晰而辉煌的诞生开始。

到了20世纪20年代,尤其是在接下来的几十年里,由于阿尔伯特·爱因斯坦、乔治·勒梅特(Georges Lemaître)、埃德温·哈勃(Edwin Hubble)和其他科学家的工作,关于宇宙是否有开端的争论已经转向了非宗教的观点。爱因斯坦的广义相对论精确地阐述了数学模型如何描绘宇宙的发展。勒梅特和其他人[特别是俄国数学家亚历山大·弗里德曼(Alexander Friedmann)]使用爱因斯坦的体系提供了宇宙事件的科学时间线。勒梅特独立推测出在过去的一个有限的时间里,宇宙诞生于一个极其紧凑、极其致密的状态,就像一个巨大的原子,随后一直增长到现在的大小。哈勃充分借鉴了天文学家维斯托·斯里弗(Vesto Slipher)、亨丽爱塔·勒维特(Henrietta Leavitt)等人的工作,利用加利福尼亚州威尔逊山天文台的胡克望远镜(Hooker telescope),证明了宇宙充满了星系。除了最近的几个星系外,几乎所有的星系都在后退,即远离我们的银河系,其退行速度取决于它们与我们之间的距离。勒梅特认为,哈勃的结果支持了他对宇宙膨胀的预言,爱因斯坦最终接受了这一观点。哈勃对宇宙是否正在膨胀仍然未置可否,仅仅指出他所得到的星系退行的数据足以对这一讨论作出贡献。

正是由于哈勃的矛盾心理,爱因斯坦的兴趣转移到了其他话题,以及勒梅特因谦逊的性格而不愿宣扬自己的想法(他既是一名牧师,也是一名科学家),科学的宇宙学观点在第二次世界大战之前(包括第二次世界大战期间)的几年里很少被宣传,没有真正的公开辩论,只有发表

---

* 原文如此。——译者注

在学术期刊上的报告。

多亏了伽莫夫和霍伊尔，这一切在20世纪40年代末发生了改变。每一位都以自己的方式成为博学者、反对者，抑或科学传播大师。他俩都是好莱坞及其各种"神剧"的超级粉丝，认识到新的媒体形式（指广播和电视）向广大观众传达非凡思想的潜力。这些形式赋予他们更强大的力量，帮助他们对公众的想法产生影响，这已远远超出了学术期刊和专业科普杂志的范围。

伽莫夫是一位欣然张开双臂欢迎宇宙学的核物理学家，他继承了勒梅特的想法。他与学生拉尔夫·阿尔弗（Ralph Alpher）和另一位研究者罗伯特·"鲍勃"·赫尔曼（Robert "Bob" Herman）一起，撰写了几篇关于宇宙起源的重要论文——炽热的极早期宇宙创造了物质。伽莫夫精灵古怪而富有幽默感，对如何阐明现代科学新奇的内容有着敏锐的洞察力，这使他的工作变得很活跃，并让自己深受大众欢迎。他不是庄严的牧师；然而，他像一个深夜电视节目主持人一样喜欢到处胡

美籍俄裔物理学家乔治·伽莫夫认为，早期宇宙是一个炽热而致密的化学元素大熔炉。图片来源：AIP Emilio Segrè 视觉档案馆提供，《今日物理学》(Physics Today) 收藏。

闹。开玩笑和恶作剧是他的标志。他写了很多畅销书，例如一系列描写一位名叫汤普金斯先生的银行职员遭遇各种科学奇迹的书广受好评，他用丰富而机智的措辞与搞笑的插图让科学充满了乐趣。伽莫夫在1952年出版了《宇宙的产生》(The Creation of the Universe)一书，生动地描述了宇宙如何从一个极度致密的点膨胀到现在的大小，这才真正地使后来被称为宇宙大爆炸的理论走进公众视野。在包括这本书在内的一些作品中，他使用了一个听起来很傻的词"伊伦"(ylem)来描述宇宙原始的极度致密的状态。Ylem（这是阿尔弗远择的一个名词）来自中世纪晦涩的拉丁语hylem，意思是"物质"。

弗雷德·霍伊尔是稳恒态理论的主要倡导者，他并不像伽莫夫那样是一个十足的表演家。要说起霍伊尔的幽默，是干巴巴的，也不怎么明显。伽莫夫会抛出一个冷笑话或一句古怪的双关语，但霍伊尔的风趣却显得更加灰色、更愤世嫉俗。例如，他会拿生活中的残酷环境开玩

英国天体物理学家弗雷德·霍伊尔是稳恒态宇宙学理论的创造者之一，提出大多数化学元素都来自恒星热核反应。图片来源：拉姆齐（Ramsey）和马斯普拉特(Muspratt)拍摄，AIP Emilio Segrè视觉档案馆提供，《今日物理学》收藏。

笑,例如关于衰老的挑战。[1]

面对由智力武装起来的对手,霍伊尔经常使用的武器是嘲讽。他经常以一种不太讨喜的方式来重塑其他研究者的理论,让他自己的想法显得更加睿智。但是在这些脑洞大开、剑拔弩张的较量中,他几乎从未嘲笑过站在自己对立面的科学家本身。其中有许多人,如勒梅特,都是他深为钦佩的。[一个主要的例外是他在剑桥的同事马丁·赖尔(Martin Ryle),霍伊尔不喜欢他反复无常的性格和傲慢、玩世不恭的态度,当然也不喜欢他与自己对立的思想。]他会秉持大学辩论队冠军的精神,尊重每一个对手,同时发现对手在辩论中的弱点。霍伊尔巧妙的评论,就像伽莫夫的幽默一样,引发媒体的强烈关注。

霍伊尔攻势犀利,犹如锋利的匕首一般,他认为太空中的所有物质都是在过去某个时候同时创造出来显然是很荒谬的。他认为这是一个拙劣的伎俩——一个与严谨的科学家很不相称的小花招。1949年3月28日,他在英国广播公司(BBC)一档科学广播节目的首播过程中创造了"大爆炸"(big bang)一词,作为对这个理论的嘲讽性的称呼:"这些理论基于这样一个假设,即宇宙中的所有物质都是在遥远的过去某个特定时间,产生于一次大爆炸,"他说,"现在证明,在某些方面,所有这些理论都与实际观测存在冲突……这个问题的研究人员就像一群登山者试图攀登一座尚未被征服的山峰。"[2]

最后一句有关登山的话甚至比听上去更为严厉,因为霍伊尔自身是一名专业的徒步旅行者和登山者,他引以为豪。在他生命的最后时期,他还颇为得意地取得大满贯:征服了苏格兰所有的最高峰——282座超过3 000英尺*的山峰。[3]所以,实际上,他是在说:"把宇宙学留给专家,或者更加刻苦地学习,让自己成为一名真正的专家。"

---

* 1英尺≈0.304 8米。——译者注

霍伊尔作为宇宙大爆炸理论的主要评论家，在英国的广播电台保持着稳定的影响力，包括5集系列节目《宇宙的本质》(The Nature of the Universe)，1950年节目内容又以图书形式出版。他还成了科普读物和科幻小说的高产作家。除了自身科学成就之外，他还因科普而闻名，这点和伽莫夫一样。

伽莫夫自始至终都不喜欢"大爆炸"这个词，因为他认为宇宙的诞生既不是"大"的（当时的宇宙很小很小），也没有大"爆炸"（宇宙从未真正爆炸，而是空间在膨胀）。尽管如此，这个名称最终还是留存了下来。

伽莫夫和霍伊尔被认为是大爆炸理论和稳恒态理论之间史诗级辩论的主要对手，很可能是因为他们的个性以及广泛传播的媒体形象。大家不在乎其他主要贡献者，大爆炸理论方面，从弗里德曼、勒梅特到阿尔弗、赫尔曼，而稳恒态理论一方有赫尔曼·邦迪（Hermann Bondi）和托马斯·戈尔德（Thomas Gold），他们与霍伊尔共同提出该理论。尽管知识广博的读者知道所有其他人，但在大众媒体，特别是在美国，关注这个故事的人主要还是聚焦在那两个最突出的人身上。马丁·哈维特（Martin Harwit）在一次口述历史访谈中表示，阿尔弗也认同这场争论"通常来说是由霍伊尔与伽莫夫领衔的"。[4]

从20世纪50年代早期到60年代中期，大众科学爱好者们很乐意在这场伟大的宇宙学辩论中选边站。伽莫夫和霍伊尔坚决地把这个问题去宗教化，关注于科学探究，而部分公众则将这些想法与信仰联系在一起。在许多科学争议中，在所有的事实出现之前，个人、哲学和宗教偏好往往占据上风。这就是为什么大爆炸与稳恒态之战如此引人注目的原因。前者认为时间和宇宙有一个明确的开始，后者则认为时间和宇宙是永恒的。因此，许多宗教人士在大爆炸中看到了上帝创世的证据。那些认为不需要创造者的人通常倾向于稳恒态宇宙。这是基于信仰而非科学证据的选择——在彭齐亚斯和威尔逊发现宇宙嘶嘶的无线电声响之后,这一赌注就没有了意义。

从1964年开始,一直持续到1965年,彭齐亚斯和威尔逊在新泽西州霍姆德尔(Holmdel)的贝尔实验室使用一种被称为喇叭天线的设备,发现了来自天空四面八方持续不断的无线电噪声。无论他们以何种方式调整探测器的朝向,噪声都会在那里出现。在排除了各种本地的干扰因素后,他们感到非常困惑。幸运的是,在附近的普林斯顿大学,由罗伯特·"鲍勃"·迪克(Robert "Bob" Dicke)领导的一个团队,其中还包括年轻的理论家詹姆斯·"吉姆"·皮布尔斯(James "Jim" Peebles),得出了一个答案:嘶嘶声是早期热火球一样的宇宙残留至今的辐射,现已冷却到绝对零度以上约3开左右的低温。他们的研究结果改变了科学的进程,至少在大多数主流研究者的心目中,宇宙大爆炸理论已成为事实,而稳恒态宇宙理论则成为历史珍品。(伽莫夫提出大爆炸概念时的助手阿尔弗和赫尔曼曾预测过这样的残余辐射。)由于他们的非凡贡献,彭齐亚斯、威尔逊和皮布尔斯(就在最近)*都获得了诺贝尔物理学奖。

但是伽莫夫和霍伊尔都不是靠一招鲜吃遍天。他们在宇宙学上的分歧只是他们对科学研究和科学普及的非凡贡献中的一个方面而已。他们对文学、艺术,乃至包括遗传学和天体生物学在内的多种科学领域充满了兴趣,可以说他们是20世纪最具创造力的两位科学家。尽管经历非常不同,但他们的成长方式却是相似的:在发现的过程中始终享受着快乐,而不只是享受结果。

伽莫夫和霍伊尔的才华揭示了另一个古老的谜题:宇宙中元素是如何从基础的组成部分发展成丰富多样的?他们各自独立努力地致力其中,最后的结果证明两种理论之间完美互补。我们现在已经知道元

---

* 皮布尔斯于2019年获诺贝尔物理学奖。——译者注

素周期表上的每个元素——从简单的氢到更复杂的高级元素——究竟是如何形成的。

微小的原子核是由带正电的质子和不带电的中子组成的,原子核周围是带负电的电子云。两种元素之间的区别就在于原子核的组成。最基本的原子核类型,即最常见的氢原子的形式,只含有一个质子。其他元素的原子核充满了不同数量的质子和中子。例如,最重的天然元素铀,其最常见的类型拥有92个质子和146个中子。

简约法(parsimony)告诉我们,复杂源于简单。与其说每一种元素——指拥有相同的质子、中子和电子组成——都有着完全独立的起源,那么更合理的假设则是,一些自然的核合成过程将轻元素(如氢)合成为重元素(如氦、锂等),最终形成最大型的元素(如铀)。然而,事实证明,设计一个可行的模型来解释所有的自然元素如何从简单的元素发展而来却并不容易。

20世纪二三十年代,阿瑟·爱丁顿(Arthur Eddington)和汉斯·贝特(Hans Bethe)等杰出的科学家(基于伽莫夫的核心观点)通过研究描绘出两个氢原子核如何结合形成氦;这一聚变过程为太阳提供了能量。但在解释太空中大量的化学元素如何出现这方面却显得力不从心。

幸运的是,两个非凡的头脑能够应对这项挑战。多亏了伽莫夫和霍伊尔这样的天才,我们终于知道了元素周期表中所有元素的原子核是如何形成的。两位科学家分别以两种截然不同的方式向我们展示了大自然的构造过程是如何将简单的组成要素转变成复杂的结构,这一切都通过远高于太阳核心的超高温条件下的核聚变来实现。

伽莫夫与阿尔弗、赫尔曼一起提出了一个名为大爆炸的核合成模型,已知的化学元素的原子核在极度致密的早期宇宙的最初几分钟内,由较简单的原子核逐步聚合形成。由于宇宙最初的能量很集中,在创造初期的温度一定非常高，他们认为这将有机会锻造出所有的化学元素。

霍伊尔并不相信大爆炸，转而寻找形成化学元素的另一种途径。他后来与威廉·福勒（William Fowler）、玛格丽特·伯比奇（Margaret Burbidge）和杰弗里·伯比奇（Geoffrey Burbidge）一起发展并完善出一套理论，认为化学元素是在恒星生命的不同阶段，包括在恒星到达终点时核心突然收缩的过程中，经历了几种不同的反应，才在恒星的核心中产生。在超新星爆发的时候，新产生的元素被释放到空间中，其中最重的元素是在超新星爆发这样的高温下产生的。等一切散去，较重的元素可作为新恒星和新行星的组成成分，这就是为什么地球富含氮、氧、碳、铁、镍等元素，而不只是最轻的氢和氦。

值得注意的是，伽莫夫和霍伊尔的团队都是部分正确的。正如伽莫夫、阿尔弗和赫尔曼所预料的，宇宙中的大部分氦都是在大爆炸期间产生的；而霍伊尔的恒星核合成理论无法解释宇宙中为何存在大量的氦。另一方面，伽莫夫的团队也无法解释大爆炸中如何产生更重的元素。他们所构建的这样一个发展"阶梯"遇到的主要问题是其中一个关键环节的不稳定性：铍-8，一种具有 4 个质子和 4 个中子的铍元素的同位素，其寿命大约只有一亿亿分之一秒，之后便迅速衰变为两个氦-4 核。如果无法站稳这个关键的立足点，它们就无法沿着这条阶梯向上爬得更高，无法达到碳元素，更别说更重的元素了。

正是霍伊尔的才华和毅力，帮助我们找到了一条途径，不是通过宇宙大爆炸，而是通过濒死恒星极度炽热的核心的坍缩，绕过阶梯中缺失的一环。之所以得出这个结论，是因为他坚信，天体物理过程必须为碳这样一种重要元素的形成做出解释。与霍伊尔合作的斯坦福天体物理学家罗伯特·瓦戈纳（Robert V. Wagoner）指出："霍伊尔拓宽了我们对潜在相关的物理过程的看法，有助于我们理解宇宙的各个方面。他激励了许多理论家'跳出框框去思考'。"[5]

霍伊尔开始思考埃德温·萨尔皮特(Edwin Salpeter)在1952年提出的"三α过程"(triple-alpha process)，这一过程允许铍-8在衰变前的极短的时间内与氦-4核融合。这一聚合过程产生了碳-12。萨尔皮特曾推测，这种过程可能发生在1亿开以上的温度，原子核之间有机会偶然发生碰撞。然而，他没有详细说明在"偶然的碰撞"以外，有无可靠的过程产生稳定的碳-12核。

接下来就是霍伊尔非凡的洞察力发挥作用的地方了。受量子规则支配的核物理学允许某些类型的跃迁的发生具有很高的可能性，而其他类型的跃迁则不太可能甚至不可能发生。霍伊尔从较重的元素向前推，预测碳-12一定存在一个迄今未知的能级水平与铍-8和氦-4相结合的能量相当，从而使两者更容易向更重元素过渡。

这就好比在两座摩天大楼之间建造一座高出地面的桥梁：如果每座建筑都有一个完全相同的高度，这显然是最易实现的。因此，如果你看到两栋从未去过的建筑物由一座人行天桥连接，那么你可能会猜想它们共享的楼层应该是差不多的高度。或者，即使你没有看到天桥，而是观察到有人走进第一栋楼的大堂，然后在某个时候又从第二栋楼的大堂离开，那么你有理由怀疑这两栋楼之间存在着一个共享的连通的楼层。类似地，霍伊尔推断，碳-12必须存在着一个特殊能级，可能还未被检测到，但有了它，就能允许铍-8与氦-4混合并快速转变成碳-12。他认为，这些同位素就需要这样一座"桥梁"来解释它们从一种状态转变为另一种状态。

霍伊尔进一步推测，允许这种转变发生的地方就是一颗膨胀的红巨星正在坍缩的核心。一颗大质量恒星一旦耗尽了氢燃料，其核心就无法产生足够的辐射来抵抗其自身的引力，它就会开始坍塌。坍缩的冲击波导致恒星的外壳膨胀成一颗更大的恒星——红巨星。而核心的坍塌使其温度升至1亿开以上，这就是萨尔皮特所提出的，这一环境为碳-12等较轻的元素聚合形成更重的元素提供了条件。

霍伊尔曾在加州理工学院凯洛格辐射实验室（Kellogg Radiation Laboratory）待过相当长的时间，该实验室最初与福勒合作，后来还与伯比奇夫妇合作，寻找碳-12的共振（与形成碳-12所需能级相匹配的条件）并开发一个具体的模型，从而阐明其他更重的元素如何在恒星的核心中诞生出来，或者如何在超新星爆发的热量中锻造出来，随后再通过这种爆发释放到空间。1957年，4位研究人员发表了一篇至关重要的论文《恒星中元素的合成》（Synthesis of the Elements in Stars），其中公布了详细的模型。

正如天体物理学家弗吉尼亚·特林布尔（Virginia Trimble）所说，"这篇论文非常有说服力，以至于几代天体物理学家将其简称为B^2FH。也有人打趣说早期宇宙创造了氢和氦，但其余的都是由伯比奇夫妇、福勒和霍伊尔制造的。"[6]

由于他们对两种不同的方案都作出了贡献，即解释了创造元素的两种不同情况：轻元素在大爆炸核合成，所有其他元素在恒星内核合成。所有参与其中的人，包括伽莫夫、霍伊尔，还有阿尔弗、赫尔曼、伯比奇夫妇、福勒，都有资格获得诺贝尔奖。然而后来只有福勒一个人获奖，这一直是一个有巨大争议的问题。诸多复杂因素中的一个，是诺贝尔物理学奖一次最多只能授予3个人。另一个问题是，在证明大爆炸理论的宇宙微波背景辐射（cosmic microwave background radiation，CMBR）被发现时，伽莫夫、阿尔弗和赫尔曼最初的相关预言被忽视了，重点被放在了普林斯顿物理学家的计算上。于是乎，需要经过相当一段时间才能将适当的荣誉分配给所有相关人员，这就使得历史变得很微妙。在后面的章节中，我们将探讨前文中出现的一些矛盾与争论。

这是一本不同寻常的科学联合体传记，因为主角伽莫夫和霍伊尔

并不经常亲自互动。他们最引人注目的会面发生在1956年夏天,当时伽莫夫在加利福尼亚州拉荷亚(La Jolla)的国防企业通用动力(General Dynamics)公司担任顾问,他邀请霍伊尔访问。他们驾驶着伽莫夫的凯迪拉克沿着海滨阳光明媚的街道一路前行,一同热烈地讨论着宇宙的温度问题。他们的谈话在某种程度上预言了彭齐亚斯和威尔逊对宇宙微波背景辐射的发现。不过,总的来说,这两位科学家基本上在不同的圈子里工作。有时是故意分开的。至少有过一次,在1958年比利时索尔维会议(Solvay Conference)上,差点上演一场面对面的学术碰撞。伽莫夫感觉因反对霍伊尔的观点而受到排挤。不幸的是,由于健康状况不佳,伽莫夫比霍伊尔去世早很多年。

然而,他们的生活在很多方面都是紧密联系在一起的。现代媒体将两位风云人物结合到一起,因为他们都喜欢好莱坞电影、文学创作和戏剧。他们在众多刊物中相遇,围绕宇宙的性质展开战斗,其中包括1956年9月出版的《科学美国人》特刊《宇宙》(The Universe),其中相继刊登了他们的文章——伽莫夫的《进化的宇宙》(The Evolutionary Universe)和霍伊尔的《稳恒态的宇宙》(The Steady-State Universe)。他们互不相让的元素形成模型最终被证明是互补的,如同"阴"和"阳"的关系。此外,他们的畅销书和文章吸引了所有渴望以通俗易懂的方式学习科学的人。

这一时期有一则幽默轶事,体现了这两人在公众心目中是如何紧密相连的。有一次,在一场科学会议上,伽莫夫坐在酒店的吧台喝酒。另一位科学家打算跟他开个玩笑,于是贿赂了一位女服务员,让她走近伽莫夫的桌子说:"有电话找你,霍伊尔教授。"伽莫夫泰然自若地回答:"别把霍伊尔拖下水。"[7]

1959年,在大爆炸与稳恒态激辩的高潮时期,科学家兼评论家查尔斯·珀西·斯诺(Charles Percy Snow)在极具影响力的瑞德讲坛

(Rede Lecture)（一个在剑桥举行的年度系列讲座，距离霍伊尔当时工作的地方不远）中谈及"两种文化"——科学领域和文学世界——之间的巨大鸿沟。

斯诺表明："我相信整个西方社会的理性生活正日益分裂成两个极端的群体……一端是文学知识分子……另一端是科学家。""不论在最抽象的意义上，还是在最实际的意义上，缩小我们文化之间的差距都是必要的。当这两种意识背道而驰时，任何社会都无法用智慧去思考。"[8]

23年后，霍伊尔来到瑞德讲坛发表了关于宇宙学的报告，他证明并非所有的知识分子都简单地归属于斯诺所说的两种文化中的一种。在他的一生中，他极力主张科学家应该有文学修养，通过撰写或合著大量备受好评的科幻小说来证明自己的观点。这些著作将发人深省的科学观点与有趣的社会问题相结合。例如，他的小说《黑云》（*The Black Cloud*）和电视剧本《太空仙女》（*A for Andromeda*）给外星生命可能的样子提供了两种独特的形态。此外，他还经常冒险闯入艺术界，例如为歌剧创作剧本、与作曲家"利奥"·史密特（Leo Smit）合作清唱剧。

伽莫夫不倾向于发表政治性或社会性的讲话，类似呼吁科学家提高文化水平这种。尽管如此，他的事迹也同样树立了一个精通文化的物理学家的典范。他在后来担任《发现》（*Discovery*）杂志编辑期间，出版了脍炙人口的书籍，还有一篇名为《雪》（Snow）的文章，其中就包含了巧妙的描写和文字游戏，这让他成为一名文学作家。在一本关于量子物理学史的书中，他附上了在哥本哈根上演的《浮士德》的搞笑模仿剧本的英文翻译，为的是温和地嘲笑尼尔斯·玻尔理论物理研究所的高级科学家们。他亲自创作了滑稽的漫画。甚至在他的科学文章中，也会开一些颇有学问的玩笑，比如幽默地宣称贝特是他与阿尔弗合作的一篇重要论文的第三作者，这样署名就可以读作"阿尔弗、贝特、伽莫夫",听起来像希腊字母表的前3个字母"阿尔法、贝塔、伽马"(α、β、γ)。而事实上贝特并未参与其中。

20世纪50年代掀起UFO热潮。如果一个外星物种想要在地球上寻找一些多才多艺的顶尖人物,这些人既要擅长科学和艺术,又对宇宙的运行有着惊人的直觉,那么他们只能选择伽莫夫和霍伊尔。这两位思想家似乎真的是超凡脱俗,每一位都有着非凡的智慧和丰富的想象力,真的值得把他们带去外星球。

然而,遵从直觉总是有缺陷的。可以说正是因为冲动,伽莫夫和霍伊尔晚年,都以不同的方式被边缘化了。伽莫夫经常提出一些想法,但没有持续下去,而是把工作交给其他人,然后继续前行。他毫不掩饰的、玩世不恭的态度有时会让他的同事们不知所措,他们在研究讨论中可能会对他的话不那么当真。他的自控力不强,表现为接连不断地抽烟和酗酒,这损害了他的健康(尤其是后一种习惯),也影响了别人对他的看法。那些看重他巨大贡献的人担心他会被视为一个醉醺醺的小丑,而不是一个天才。

另一边的霍伊尔则有着健康的生活方式,但有时在其他方面却做出糟糕的选择。在他最后的几十年里,他把大部分时间花在了处于传统科学边缘的项目上,例如声称地球上的生命是由彗星等天体带来的;他还声称伦敦自然历史博物馆的一个著名化石是伪造的。但自己又没有任何证据,受到剑桥大学政治因素影响,他在即将退休的前几年就出人意料地辞去了学术职务,与妻子搬到了英格兰偏远的湖区(Lake District),这使他与其他科学家隔绝开来。最后,他一再否认可观测宇宙曾经是炽热而致密的所有证据,同时提出了牵强附会的替代解释,这引起了许多人的不满,令主流科学界很难继续认真地对待他,尽管他早些时候作出了重要贡献。

可以说,二者的情况显示出他们每一位都是杰出的科学普及者,有着异想天开的一面，但又让他们被严肃的科学家质疑。正如斯诺所指出的，一些科学家对弥合"两种文化"之间的鸿沟不感兴趣，甚至贬低那些为此做出尝试的人。伽莫夫通俗化的描述可能非常愚蠢，霍伊尔的科幻小说可能相当古怪——会让读者觉得很有趣，但对某些头脑冷静的研究人员来说却很奇怪。对创造力充满热情的伽莫夫和霍伊尔都不在乎因循守旧者的想法。他们向更广泛的受众宣传，并达到了更高的境界：寻找和传播真相。

从根本上讲，伽莫夫和霍伊尔都是敢于冒险的孤胆英雄，他们更关心宇宙奥秘，而不是社会习俗。他们都讨厌官僚主义，认为官僚主义阻碍了个人的创造力。从童年到晚年，他们每个人都在科学发现的领域中沿着自己的道路探索前行，即使在受到科学界排斥的时候也是如此。孤独而固执，但每个人都以自己的方式找到了真理和快乐，从不想成为随波逐流的一分子。

第一章
膨胀宇宙的后代

在某一个角落里,你看到了身材魁梧、善玩谐音梗的俄裔美国物理学家乔治·伽莫夫。他说,宇宙确实有一个开端,那是一个非常非常大的爆炸……在另一个角落,你遇见穿着宽松花呢衣服、弹着钢琴、写着小说的英国天文学家弗雷德·霍伊尔。他说,不存在瞬间的创世,宇宙始终处在稳定状态。

——马丁·曼(Martin Mann),"科学进行曲"(The March of Science),《大众科学》(Popular Science),1962 年 3 月

一个孩子与宇宙之间的交锋无疑是不对等的。初出茅庐的年轻人渺小而无助;而天空似乎又是无边无际势不可挡的。然而,固执聪明的孩子们——胆识和见识结合得恰到好处的孩子们——毫不却步。校园和操场的舞台已经容不下他们了。即使是地球,也有着古老的习俗和陈旧的迷信,对于那些目光开阔、观点新颖的人来说也显得陈腐过时。用头脑洞悉宇宙,通过推理和想象来解释它的荣光,无畏的灵魂将赢得最终的嘉奖。

在 20 世纪早期,科幻小说和科普作品以前所未有的方式激发了年

轻人的想象力。这当中有儒勒·凡尔纳（Jules Verne）、卡米伊·弗拉马里翁（Camille Flammarion）和赫伯特·乔治·威尔斯（Herbert George Wells）等远见卓识的作家的名著；有乔治·梅里爱（Georges Méliès）[《月球之旅》(*A Voyage to the Moon*)]、沃尔特·布斯（Walter Booth）*[《未来的空中战争》(*The Airship Destroyer*)]等科幻电影先驱导演；还有第一批广播公司播放的生动的、具有开创性的戏剧作品。在一个传媒涌现的时代，能够以前所未有的方式宣传科学发现，这为两位非凡人物创造了完美的施展空间，现在看来这一点已经被充分证明了。他们每个人都有解决科学重大问题的巨大能力，也都有将自己对宇宙的大胆直觉和激进观念传递给广大热切的受众的能力。

科学家推广自己工作的时代已经到来，无论工作成效如何。理论和假设不再隐藏在学术专著和期刊的纸张当中，只能等到明确的实验结果才决定它们是有效的、相关的。科学的宣传普及促进了公众的理解，这是最理想的情况。但也会出现最糟糕的情况，经媒体大肆渲染的科学让人们误以为疯狂的猜测就是既定事实。就像1910年，因为哈雷彗星的逼近引发了对世界末日的恐慌，部分原因就是来自弗拉马利翁的猜测深入人心——彗星携带的有毒气体可能威胁到地球上的生命。不管是好是坏，我们的两位主角都在这个媒体驱动的时代中长大并逐渐适应。

彗星经过的日子

1904年3月4日，乔治·伽莫夫[出生名格奥尔吉·安东诺维奇·伽莫夫（Georgiy Antonovich Gamow）]出生于沙皇俄国的敖德萨

---

* 原文误为 George Booth。——译者注

(Odessa，今属乌克兰）。他来到这个世界有些戏剧性。他是一个巨大的胎儿，并且在子宫里错位。他的母亲亚历山德拉·阿尔谢尼夫娜·列别金泽娃（Alexandra Arsenievia Lebedinzeva）是一名高中教师。深夜，她在家中开始分娩，生命处于严重危险之中。幸运的是，他们隔壁邻居认识一位莫斯科的外科医生，他又恰好在附近度假。邻居驾着马车，在黑暗中飞奔到医生家，把他从睡梦中唤醒，让他进行紧急剖宫产手术。随后，手术在书架旁边的一张桌子上进行——伽莫夫后来认为那应该是一个适合未来作家开始其生命的地方。[1]谢天谢地，健康的乔治宝宝未来长成一个高大魁梧的男人，他一切安好。

乔治的父亲安东·米哈伊洛维奇·伽莫夫（Anton Mikhailovich Gamow）也是一名教师，专攻俄语和文学。安东·伽莫夫最著名的学生可能是列夫·布龙斯坦（Lev Bronstein），他化名列昂·托洛茨基（Leon Trotsky），是一名苏联革命家，曾与列宁密切合作，最终成为斯大林的政敌。作为一名心怀不满的学生，他发布了一份请愿书，试图让他的老师以不称职为由而被解雇。幸运的是，安东在未遂的"托洛茨基主义政变"中幸存下来，仍旧作为一名教育工作者，成为家庭经济支柱，也带回了大量藏书和生活必需品。

伽莫夫出生后第二年就是阿尔伯特·爱因斯坦具有标志性的一年，爱因斯坦的理论将在伽莫夫的一生中发挥重要作用。1905年，爱因斯坦发表了几篇革命性的论文，其中包括阐述其狭义相对论的论文。犹如天空中打响一个霹雳，爱因斯坦打破了两个世纪以来被奉为经典的绝对空间和绝对时间的牛顿力学框架。绝对空间就像是一系列无形的标尺，所有3个维度贯穿整个一成不变的宇宙。绝对时间概念下每一时刻的流逝也是如此，时间被想象成在整个宇宙中以统一的方式线性计量，永远稳步前进。

爱因斯坦非常尊重艾萨克·牛顿，所以他不会因为微不足道的原因而拒绝绝对时空。相反,他想弥合光学领域牛顿等人所描述的经典力学的预言与苏格兰物理学家詹姆斯·克拉克·麦克斯韦的方程所描绘的经典电动力学的预测之间的严重矛盾。

在十几岁时,爱因斯坦做了一个思想实验,想象人与光赛跑。根据经典力学的预测,一个速度极快的跑步者会感觉到光束在空间中静止,因为他与光彼此将保持同步。毕竟,当两列火车在平行轨道上以相同的稳定速度朝同一方向行驶时,就会发生这种情况。从车窗向外望去,每一列火车上的乘客都会看到坐在另一列火车里休息的人。那么,假如我们能跟上一束在太空中穿行的光线,为什么观察不到类似的情况呢?问题在于,麦克斯韦方程证明真空中的光速并不是像牛顿物理预言的那样取决于观察者的速度。无论观察者移动得多快,光速总是保持不变。与火车的情况不同,即使有人试图与光束赛跑,哪怕赶上了光

生于德国的物理学家阿尔伯特·爱因斯坦,狭义相对论和广义相对论的提出者。图片来源:AIP Emilio Segrè 视觉档案馆。

速,也不会看到光处于静止状态。光线似乎总是以完全相同的速度在空间行进,这听上去令人无奈。

爱因斯坦发现,要解决牛顿物理学和麦克斯韦物理学之间的矛盾,需要根据观察者在观察现象时的相对速度来测量时间和空间的间隔。他发现,这种令时间和空间变化的表达可以对运动进行自洽的描述,其中也包括以恒定不变的速度运动的光。也就是说,通过将牛顿物理学中如刚体般僵硬的时钟和标尺变"松弛",爱因斯坦不仅能够挽救除了光之外所有事物相对运动的一般化情形,也能同时支持麦克斯韦所述光本身具有恒定速度的观点。

在狭义相对论中,以不同速度行进的观测者记录了以不同速率流淌的时间,如果他们的相对速度越接近光速,这一效应就会越明显。例如,当地球上的一个旁观者(通过一个非常强大的望远镜)观察一个接近光速的宇宙飞船上的计时器,会发现(飞船上)一秒钟的滴答声似乎比挂在墙上的固定时钟慢得多。这种效应被称为"时间膨胀"*。此外,移动的飞行器似乎在其运动方向上变短了,这种效应被称为"尺缩效应"。速度等于距离除以时间。因此,通过证明距离和时间依赖于观察者,爱因斯坦让所有观察者都有可能在真空中测量相同的光速,同时又能满足所有物体的相对运动定律。例如,光速(绝对的)和火车速度(相对于观察者的速度)可以通过一种自洽的方式统一起来。从本质上讲,狭义相对论巧妙地解决了光的恒定性与慢于光速的运动的相对性之间的差异,它摒弃了空间和时间像标尺一样固定不变的概念,引入了时间和空间相对变化的概念,时间和空间都取决于观察者的相对速度及其所观察的东西。

这种空间和时间的可变性已经在许多涉及高速运动物体的实验中

---

* 或称"钟慢效应"。——译者注

得到证实,例如在加速器推动基本粒子接近光速运动时,对其衰变率的精确测量验证了这点。即使在速度慢得多的情况下,例如乘客坐飞机旅行的过程中,科学家们也能够测量到一个微小但有足够有说服力的影响。他们的(飞机上的)时钟的一个滴答比地球上的时钟稍慢些,这让他们比留在地面上的人年轻了极短的时间*。

刹那间,爱因斯坦抛弃了牛顿绝对时空的框架,从而使物理学内在更加一致。他在1905年发表的文章,包括介绍狭义相对论的作品,是如此非凡,因此历史学家称这一年是他的"奇迹年"。

当然,只有一岁的伽莫夫并不知道科学界正在发生什么。不过,他很快就会赶上。他自己的童年,沉浸在父母留下的让人难以忘怀的藏书中,他成了真正的藏书家。起初他的母亲会念给他听,后来他自己也成了一个贪婪的读者。他深受儒勒·凡尔纳等作家的影响,小说《从地球到月球》(From the Earth to the Moon)激发了伽莫夫的想象力。加上著名天文学家弗拉马里翁创作了令人心旷神怡的插图作品,伽莫夫很快将自己的兴趣转向了天文学。这些推理性较强的著作为他后来对科学的兴趣埋下了种子。

伽莫夫年少时期一个值得纪念的事件,当然对整个世界来说也是如此,就是哈雷彗星近距离通过地球。1910年5月19日,地球悄悄穿过了哈雷彗星的尾巴。尽管这次遭遇对地球没有任何影响,但如此近距离的通过还是引发了极大的恐惧。一份报告宣布研究人员在威斯康星州叶凯士天文台(由芝加哥大学运营)跟踪这颗彗星,并在其光谱中发现了化学成分氰的特征。在较大剂量的情况下,氰是一种致命的毒药。弗拉马里翁在1894年出版的《欧米茄:世界末日》(Omega: La Fin du Monde)一书中设想了一场由彗星引发的世界末日,他警告说:

---

* 几千万分之一秒。——译者注

"氰气会渗入地球大气层,可能扼杀地球上的所有生命。"[2]

恐慌随之而来,敖德萨同样也未能幸免。除了对"毒气"(事实上是极其稀薄绝对无害的)的担忧,不寻常的天文现象通常也会产生恐惧。在民间信仰中,彗星是灾难的预兆。在敖德萨和整个沙皇俄国南部地区,有人利用公众的担忧,兜售特殊的护身符大赚一笔。[3]

然而,当彗星抵达时,它变成了一个美丽而神奇而非恐怖的东西。伽莫夫爬上他家的屋顶,凝视着它的壮美。此后不久,他暗下决心,希望成为一名天文学家(更多的灵感应该来自他所读的书,而不是彗星),后来他变成物理学家了。他的父亲给他买了一架望远镜,小伽莫夫很好地利用了它。成年后,他的工作横跨物理和天文这两个领域。

不幸的是,伽莫夫的母亲在他9岁那年去世了。父亲独自抚养他,继续支持小男孩的科学兴趣,例如给他买了一台显微镜,还经常带他去看歌剧,丰富他的音乐品味。尽管受到父亲的鼓励,伽莫夫却从未对这种音乐表达方式产生过兴趣。唯一的例外是根据亚历山大·普希金的童话故事改编的歌剧《鲁斯兰与柳德米拉》(*Russlan and Ludmilla*),那是因为这场演出中有一幕特别令人难忘的场景:一个巨人的头颅被砍下后仍然在活动,这激起了伽莫夫的科学好奇心。

革命时代

20世纪初至20世纪第二个十年中期,俄罗斯帝国、德意志帝国和大英帝国由几个表亲统治着:俄国沙皇尼古拉二世(Nicholas II)、德意志皇帝威廉二世(Wilhelm II)、联合王国及其海外治领的国王(英皇)乔治五世(George V)。(受议会民主的约束,乔治国王在很大程度上只是扮演了一个礼仪性的角色。)在一些家庭场合拍摄的照片,如1913年在柏林举行的德皇女儿维多利亚·路易丝(Victoria Louise)公主殿下的婚礼上，人们看到这 3 位君主惊人的相像。由此说来，作为这些君主的臣民，乔治·伽莫夫、阿尔伯特·爱因斯坦和弗雷德·霍伊尔尽管生活在欧洲 3 个截然不同的地区，他们的共同点也超出了人们的想象。第一次世界大战之后，战争创伤犹存，在各自帝国进行的革命性的发展将教会这些科学家，世界上没有什么是一成不变的，科学理论也不例外。他们身上都有一些个性化特征，这些特征与个人主义和基于个人直觉判断的决策有关，也与对宗教教条的不信任以及与科学正统观念的不一致有关，这些特征都可能是因为时局动荡所造成的。

霍伊尔于 1915 年 6 月 24 日出生在英国约克郡西赖丁宾利镇（Bingley）附近的吉尔斯特德（Gilstead）村（现在被宽泛地称为"西约克郡"地区）。与港口敖德萨不同，宾利镇位于内陆。然而，由于其在利兹-利物浦运河（工业时代的主要交通路线）上的突出地位，在当时，它吸引了很多海上往来的商业贸易。宾利有两套船闸系统，分别是三层船闸和五层船闸，尤其是后者，能帮助船只在短时间内爬升数十英尺，这是兴建运河时期的奇迹之一。事实上，五层船闸是英国最陡峭的阶梯设计。从霍伊尔的时代起，直到今天，它都是宾利最著名的旅游景点之一。

吉尔斯特德村本身很小，很舒适，到处都是步行道、草地和一排排工人阶级的房子。有一家叫格伦的酒吧（最初叫哈蒙代尔）是当地的地标，它由霍伊尔的曾祖父本·普雷斯顿（Ben Preston）创建。他是一位著名的诗人，用西约克郡方言写作。普雷斯顿出生于附近的布莱德福德（Braford），他曾在那儿的一家毛纺厂担任分拣员（质量控制员）。30 岁那年，他写了一首动人的诗《快来你奶奶这儿，道伊》（Come to Thy Gronny, Doy）。在算得上是第二次职业生涯的写作和新闻业方面取得成功后，他攒下了足够的钱，随后举家搬到宾利地区，在那里延续了好几代。

在当时,存在一定亲缘关系的人联姻的情况并不罕见。因此,本·普雷斯顿的两位后人本·霍伊尔(Ben Hoyle)和梅布尔·皮卡德(Mabel Pickard)结婚了。他们的母亲是姐妹,所以本和梅布尔实际是表亲。他们最终成为弗雷德·霍伊尔的父母,所以霍伊尔的家谱略显复杂。

本·霍伊尔和他的同名祖先本·普雷斯顿一样,在布莱德福德的羊毛行业工作,是一位受人尊敬的布料商。梅布尔是一位才华横溢的音乐家,在皇家音乐学院接受过训练,后来成为一名教师。然而,他们结婚后,梅布尔改姓霍伊尔,并且当时的社会规则要求她放弃职业,成为一名家庭主妇。有一段时间她确实这样做了。

但在弗雷德出生前不到一年,欧洲就陷入了第一次世界大战,英国于1914年8月4日参战。随着战争的持续,需要更多的战士,已经30多岁的本·霍伊尔被征召入伍。他作为一支机枪小分队的领导人,战斗了近3年(从1915年,就在弗雷德出生后,一直到1918年)。这是一个危险的岗位,只有一小部分士兵能在战场上存活几个月以上。因此,弗雷德很小的时候父亲就不在身边,他害怕永远失去父亲。

与此同时,梅布尔需要维持生计。女性因丈夫上了战场能够获得特殊的教学许可,但她不想让弗雷德·霍伊尔一个人待一整天,所以她更喜欢下午或晚上的工作。尽管她是一位受过古典训练的钢琴家,比起散拍节奏音乐(拉格泰姆音乐)而言她更熟悉贝多芬,但她还是申请了一份在当地影院里担任伴奏的工作。随着无声电影的胶卷盘开始转动,她灵巧的手指在琴键上舞动起来。不过,当老板意识到她演奏的是严肃的古典音乐,而不是当时流行的更为庸俗的电影音乐后,便解雇了她。然而,很快,顾客们怨声载道,老板不得不把她请回来。看来顾客们买门票主要是为了听她的演奏,而不是看电影。

就这样,还是个小男孩的弗雷德独自度过了相当长的时间。他那火爆的独立和固执是不是源于他长时间的独处呢?还是因为他的本

英国西约克郡吉尔斯特德的房子,弗雷德·霍伊尔早年在这里度过,现在悬挂着一块蓝色牌匾。图片来源:保罗·哈尔彭拍摄。

英国约克郡吉尔斯特德的格伦酒吧,原名为哈蒙德代尔酒吧,由弗雷德·霍伊尔的曾祖父、著名诗人本·普雷斯顿建造。图片来源:保罗·哈尔彭拍摄。

性使然？有句老话说："你可以告诉约克郡人，但你不能告诉他太多。"[4]这是伴随人一生的个性，弗雷德·霍伊尔在确立自己的观点后，别人就很难说服他改变观点了。战争结束后，父亲安全地回到了吉尔斯特德。尽管弗雷德担惊受怕了好一阵，但好在不必像许多人所担心的那样 3 岁时便成为家里的男主人。

一家人又能在贝多芬的音乐声中放松下来，一定很愉快。刚开始每天听母亲弹钢琴，到后来又从父亲那里学习小提琴，弗雷德·霍伊尔对音乐有了终生的热爱。中年时他与美国作曲家利奥·斯密特合作，为两部歌剧创作了剧本，是他的众多成就之一。

霍伊尔的儿子杰弗里（Geoffrey）说："从很小的时候起，音乐就成为父亲生活中不可或缺的一部分，既能激发智力，又能放松身心。他的父母经常在家里举办音乐晚会。"[5]

另一方面，霍伊尔对科学的兴趣源于天生的好奇心。他父亲从战争中回来后不久，修复了祖父的一只旧钟，这激发了他对时间本质的浓厚兴趣。"时间是什么？"他用同样的问题使父母双双陷入困扰，当然他也得到了不同的答案。直到他终于明白，他们的反应都与时钟指针的运动有关。[6]"科学对我父亲来说是没有边界的，"霍伊尔的女儿伊丽莎白（Elizabeth）说，"很小的时候，他就自学成才。他以开放的心态对待大多数学科，对待大多数人也是如此。"[7]

数学对霍伊尔而言很容易。4 岁时，他已是乘法高手。几年后，他通过在电影院里辨识无声电影的标题卡，从而学会了阅读。也许是因为母亲职业的关系，他对电影产生了热情。他有可能存在视觉问题，他的阅读是从读电影屏幕上的大字开始的，这或许可以归因于他对电影的热爱。

到了 1921 年，霍伊尔有了一个小妹妹，名叫琼（Joan）。母亲梅布尔忙得不可开交，两个孩子占用了她的大部分时间。她病了一段时间，可能患有产后抑郁症。[8]

在童年的后期,霍伊尔又因为阅读了父母的一本书而爱上了化学。他的父亲还有一套基本上没用过的化学实验装置,小霍伊尔被深深地迷住了。[9]他在家里进行了许多实验,甚至还制造了火药。有一次,他有机会独自出去旅行,他就乘坐有轨电车前往布莱德福德,突然进入一家批发药店,要求购买玻璃管和浓硫酸。这可是一种高度危险的化学品,如果处理不当,可能会导致严重烧伤。不过,虽然还是一个孩子,但他似乎知道自己在做什么,他的要求得到了满足。[10]

霍伊尔还对父亲的无线电接收机产生了兴趣。[9]吉尔斯特德仍与世界其他地区存在一定的隔离,这种情况在那个地区很普遍,不过那里的人们也帮着修理小装置,那儿仿佛是工业的避风港。业余无线电提供了一种现成的、朴素的与他人联络的方式。

简而言之,对霍伊尔来说,学习是件有趣的事。会令他厌恶的是正规教育。他更喜欢自己思考,而不是被告知该做什么。专制、恶霸和任何等级的有权势的官僚都让他反感。

一战结束后,居民们渴望恢复正常生活。然而,政治革命和科学革命在全球各地爆发。在俄罗斯,列宁和布尔什维克接管了政权,从圣彼得堡到莫斯科,再到敖德萨,不少地方仍处在混乱之中。

在某种程度上讲,霍伊尔所表现出来的特征有点像约瑟夫·康拉德(Joseph Conrad)的小说《在西方的目光下》(*Under Western Eyes*)中提到的俄国革命家。由于在莫宁顿路小学(Mornington Road School)期间有遭受虐待的创伤,霍伊尔与小说中的一个主要角色拉祖莫夫(Razumov)产生了共鸣,后者被暴徒殴打,击中两个耳朵并导致失聪。

霍伊尔在学校经历的可怕的事件始于一项看似无害的作业。老师让每位学生摘一朵花,谈谈它的特点。霍伊尔摘得一个品种,发现它长着6片花瓣。当他把它带进学校时,老师认为这种花只有5片花瓣。

霍伊尔则坚持自己的观点,指出老师一定没有数清楚。

老师很生气,把霍伊尔拉到一边,朝他头部左侧狠狠地打了一拳。震惊和痛苦的记忆萦绕多年。霍伊尔开始逃学,去了很远的地方——去五层船闸、去草地、去沼泽地,只是为了逃离那个可怕的地方。最终他的母亲把他送到了埃尔德威克小学(Eldwick School),虽然学校离家有一段距离,但那时他已经是一名优秀的徒步者了。后来,霍伊尔的左耳聋了,很可能是因为老师的击打。他想起了康拉德小说中的一段话:"拉祖莫夫……的耳朵上方的脑袋一侧受到了巨大的打击。与此同时,他听到了微弱而沉闷的爆炸声,好像有人向墙的另一侧开了枪。这种暴行唤醒了他内心深处强烈的愤怒。"[11]

《在西方的目光下》完成于俄国 1905 年革命失败之时。从那时起到 1917 年,特别是在第一次世界大战期间,粮食短缺、经济崩溃,以及人们对沙皇政权下日益严重的不平等现象的逐渐认识,为抗议活动的兴起以及最终推翻君主制奠定了基础。布尔什维克革命后,苏俄又发生了内战。在这动荡岁月中,敖德萨成为对立双方的标志性战果——红军和反共分子多年来一直在争夺这座城市的控制权。

那几年伽莫夫恰好在读高中,只要学校还正常开放,他就还能上学。但冲突和燃料短缺一再打乱他的学业。幸运的是,和霍伊尔一样,他很聪明,能够自学很多东西。例如,当他的同学们在高中代数上苦苦挣扎时,伽莫夫却觉得这太简单了。结果,他自学了微分方程,这是一门专为高水平大学开设的课程。

正是在那段时间,伽莫夫第一次遇见英国人。在食物和饮用水都很匮乏的时期,来自英国和法国等其他国家的船只为港口带来了宝贵的补给,港口通过一条著名的又长又陡的阶梯与城市的主要部分相连,后来这条阶梯[因为 1925 年的电影《战舰波将金号》(*Battleship Potemkin*)]被称为"波将金阶梯"(Potemkin stairs)。但是,饮用水不能被泵到市中心，只能通过码头附近缓慢的公共水龙头提供。市民们每天都在排队等待这个宝贵的机会。伽莫夫的家庭琐事之一就是提着水桶，排队等候，慢慢地往桶里装满水，然后沿着无数级台阶把它们拖回家。

一天，伽莫夫手里拎着水桶在港口附近散步，发现一名英国水手站在船的附近。水手问他做什么，他决定练习一下英语，回答说他需要一些水。"没问题。"水手答道，伽莫夫用船上的软管很快把桶装满了。附近的其他人看到竟然那么迅速和容易啊，随后他们的水桶也被装满了。伽莫夫拖着水桶登上长长的阶梯，但到了阶梯顶端，才意识到自己被骗了。这些水仅仅是从海水中抽取的盐水，是不可饮用的。不过，他并没有咒骂英国人，反而开怀大笑。这算是他第一次体验到英国人恶作剧般的幽默感。

当敖德萨从俄国革命后的动荡中恢复过来后，国际新闻头条宣布了一场截然不同的革命：一场推翻了传统空间和时间观念的革命。1919年5月29日，南半球部分地区出现日全食天象。阿瑟·爱丁顿和弗兰克·戴森(Frank Dyson)组织的两支英国探险队测量了被月球遮挡的太阳附近星光的视差，以验证爱因斯坦关于引力的理论（即广义相对论）的预言。当年11月6日举行的皇家学会和皇家天文学会(Royal Astronomical Society, RAS)联合会议上，他们对数据进行了分析和报告。爱丁顿和戴森得出结论，他们的研究结果与广义相对论一致。在随后的日子里，爱因斯坦一跃成为世界知名人物。11月7日，《泰晤士报》(*The Times*)头版刊登了这场"科学革命"，题为《宇宙新理论：牛顿思想被推翻》(New Theory of the Universe: Newtonian Ideas Overthrown)。[12]

伽莫夫在高中时期不知何故察觉到爱因斯坦的相对论，并开始接受它。他开始探索其含义，对这个年龄来说有些超前。他就读于敖德萨的诺沃罗西亚大学（Novorossiya University），渴望学习科学，尤其是物理学。然而，由于苏俄内战，那里的大学生活一团糟。让伽莫夫非常失望的是，由于大学缺乏足够的人员和合适的演示设备，物理系主任表示无法进行理想的物理讲座，也确实没有举办过任何讲座。数学的课程还好，但这远远不够。一年后，沮丧的伽莫夫恳求父亲让他转到更好的大学。父亲卖掉了家里的一些白银，这使得伽莫夫在1922年18岁时踏上了改变人生的旅程，前往圣彼得堡（当时称为彼得格勒，后来称为列宁格勒），就读于那里的一所优秀大学，修读了卓越的物理学课程。[13]

塑造宇宙黏土

爱因斯坦取得成功的过程是历经多年铸就的。1905年引入狭义相对论后，他意识到这一理论是不完整的，并开始思考如何扩展它。狭义相对论以其简单原始的形式出现，适用于物体以匀速运动的情况，而不适用于物体存在加速度的运动——加速、减速或转弯的情况都含有加速度变化。狭义相对论也没有解决引力的影响。简而言之，它无法描述自然界中的大部分现象。

爱因斯坦认为他需要解决牛顿万有引力概念中引力可以发生远程相互作用的问题；相反，爱因斯坦认为引力的变化不是瞬间的。牛顿将引力想象为一种无形的牵引线，将地球与太阳联系在一起，并使地球保持在轨道上。但如果不知怎么的，太阳突然消失了呢？根据牛顿的物理学，地球将立即自由地沿直线进入太空。但是阳光到达地球大约需要8分钟。很显然，因太阳的突然消失而产生的任何影响都必须至少花上相同的时间才能与黑暗降临保持同步。如果在人们发现太阳消失之前，地球就飞驰而去，那将是非常离奇的结果。从本质上讲，由于狭义相对论排除了比光更快的相互作用，所以牛顿的引力模型反映出瞬时的远距作用在爱因斯坦看来一定是错误的。

爱因斯坦通过一个非常聪明的思想实验找到了前进的道路，这个实验涉及物体的自由落体。他想象有人从屋顶上摔下来，这个人在开始下落的同时扔下一个物体，比如工具箱。他一边下落，一边注意到物体正以相同的速度在他旁边下落。如果他不知道自己和物体正在下落，那么他有可能会相信他和物体彼此间是静止的。因此，如果你想象在人和物体周围有一个大气泡包裹着，那么在这个气泡中就会存在一个类似于处于惯性状态的系统。所谓惯性是指物体静止或以恒定速度作直线运动。这幅图景使爱因斯坦得出了等效原理，在这样的时空中你无法将自由落体系统与惯性系统区分开来。

等效原理的一个令人惊讶的结果是光在重力环境中会发生弯曲。我们可以通过想象一个玻璃电梯以接近光速的高速自由落体来了解这一切是如何发生的。假设有一个激光器对准电梯对面墙上的一个点。如果你在电梯里观察激光，由于在电梯这个局部的空间中，你是无法区分电梯是下落还是静止的，因此在你看来，激光似乎是走直线的。然而，如果有人站在地面上看电梯，光线从位于电梯中间的激光器离开，随着电梯下降时，他们会看到激光从一面墙的中间出发后在空间中逐渐下降，打到对面墙上明显比中点更低的位置。因此，光线将像从悬崖处飞滚而出的皮球一样遵循抛物线轨迹。（水平匀速运动与重力引起的垂直向下的加速度相叠加，就会产生一条抛物线路径。）如果他们忽略电梯本身，只专注于激光束，那么光就相当于在重力的影响下发生了弯曲。

这个思想实验带给爱因斯坦一个绝妙的主意。想象一下，如果整个宇宙可以被描述为一个复杂的由局部惯性组成的网络——就像有一个个并排着自由下落的玻璃电梯——每个电梯都在其局部区域的质量或能量的引力作用下坠落。那么从每个局部框架内观察，光都以直线传播。然而，某人根据框架观察到的直线运动，当其他人从不同的角度观察时有可能会变得弯曲。因此，要跟踪光在空间中的路径，需要根据每个观察点的不同修改参考系，以适应这些差异。其结果是一张由光轨迹勾勒出的全局地图，在每一个由物质和能量形成的局部区域内，光有着各自的反应。爱因斯坦在1915年完成了无与伦比的广义相对论，它所描述的全局地图的"地形"是由每个区域的质量和能量决定的。根据爱因斯坦的方程式，物质和能量就像一块沉重的岩石撞上湿乎乎的原本平坦的黏土上，空间和时间的结构就这样被扭曲了。空间的扭曲也反过来改变了宇宙中所有物质运动的路径。因此，爱因斯坦能够以一种自然的方式解释行星为什么围绕太阳运动，因为太阳巨大的质量扭曲了附近的空间，于是牛顿所说引力是"看不见的线"这一不太令人满意的解释被相对论取代了。

在关于广义相对论的开创性论文中，爱因斯坦做出了几个关键的实验预测。其中一项预测是，由于太阳的质量扭曲了空间，星光将在太阳附近弯曲。爱因斯坦知道他无法在白天正常时间（太亮看不到星星）检测他的预测，当然也不能在晚上（没有星光从太阳附近经过）进行。然而，日全食将为测试星光的弯曲提供完美的条件。

战争期间，很少有德国科学家与英国同行保持联系。不过，自认为是和平主义者和国际主义者的爱因斯坦是为数不多的例外。他和爱丁顿保持着密切的联系，爱丁顿也是一位和平主义者，对广义相对论也非常感兴趣。因此，爱丁顿和戴森在1919年组织了一次重要的天文观测任务，前往南半球，特别是巴西的索布拉尔（Sobral）和西非海岸的普林西比岛（Príncipe），以检验爱因斯坦的假设，这一切是多么的顺理成章。爱因斯坦对团队的观测结果感到高兴，十分感谢爱丁顿的坚持。

弗雷德·霍伊尔从 9 岁到 11 岁期间就读于埃尔德威克小学,之后转入宾利文法学校(Bingley Grammar School)。图片来源:保罗·哈尔彭拍摄。

恒星和原子

当爱因斯坦成为世界名人时,爱丁顿早已享有盛名,尤其是在英国。日食研究的成功帮助爱丁顿开启了科学普及者的第二职业,同时他还继续着自己作为科学研究者的主要使命。他写了许多畅销书,包括几本最早用英语描述爱因斯坦理论的科普著作。他最终被封为爵士,是为数不多的获得这一荣誉的科学家之一,受此殊荣的还包括牛顿等知名人士。

弗雷德·霍伊尔也是受到爱丁顿影响的年轻人之一。当时还在读高中的他从宾利公共图书馆借阅了爱丁顿于 1927 年出版的著作《恒星和原子》(*Stars and Atoms*)。这本书基于爱丁顿在牛津大学所做的讲座和报告,试着去回答例如恒星内部发生了什么这类问题,阐述了他新颖的想法——化学元素的核聚变反应为恒星提供了能量。尽管那一时期霍伊尔的第一爱好依然是化学,但是天文学的热情也已经被点燃了。爱丁顿的书完美地展示出两种兴趣将在恒星核合成的研究中汇聚到一起,最终让霍伊尔成为该领域真正的先驱。

霍伊尔把他对星星的迷恋追溯到前往埃尔德威克小学的前几天。那时,他已经在一定程度上克服了莫宁顿路小学的"植物学创伤"事件所引发的对学校的焦虑。由于几个月的旷课,他落下了一段学业,但很快就赶上并超过了其他学生。他也开始自由自在地与其他孩子玩游戏,其中有一种类似捉迷藏的夜间游戏。一天,他在寻找藏身之处时,

无头钉子巷是霍伊尔童年故居附近的一条步道,他在那里第一次看到了星空的奇观。图片来源:保罗·哈尔彭拍摄。

走到了无头钉子巷(Sparable Lane),这是一条未铺设路面的小道,穿越了他家附近的一片小树林,这条小道十分狭窄,所以基本上是一条小巷子。(sparable一词来自"sparrow bill",意思是无头的细钉子,这条小巷基本就长这个样子。)小巷的一侧有一堵墙,能够俯瞰山谷,他和一个朋友爬上了墙,就在那里,他对宇宙的奇迹顿悟了。

他后来回忆说:"在那完美的星光之夜,当我站在墙上时,我似乎与天空相连接,而不是与大地接触。天空布满了成千上万的光点,从大地的一端延伸至另一端。在那个特别干燥、寒冷的夜晚,这些光点显得异常明亮。我们在那里待了大概一个半小时。随着时间的推移,我越来越感到——敬畏,我想——那是对天空的敬畏。当我回来的时候……我已经下了决心……我要弄清楚头顶的东西究竟是什么。"[14]

尽管埃尔德威克比莫宁顿路更好些,但仍然不能满足这位才华横溢的年轻思想家的需求,特别是当他开始研究原子与恒星的奥秘时。学校的各个班级里有着不同年龄和能力的学生,但没有让霍伊尔感受到挑战。鉴于他对科学的浓厚兴趣,父母希望给他寻找一所学术型的高中,为他上大学做好准备。而最近的这类学校是小镇对面的宾利文法学校。为了获得奖学金,霍伊尔需要参加竞争激烈的入学资格考试。

然而,当面临严峻的考试时,霍伊尔的焦虑情绪又回来了。他费尽心力做得很慢,跳过了一些数学题,把英语语言和理解部分的内容应付了过去。对于他所回答的数学题,确实都答对了。所以,当他考完试回家,自己也不确定究竟是通过了还是没通过。

奇怪的是,他的考试失败了,但又通过了。他收到的第一封信告诉他没有通过。他被压垮了。然而,父母发现宾利地区的通过率远低于当年的水平,于是很快就爆发了一场丑闻。如果单纯按纸面成绩来计算考试结果,那么没有人能被宾利文法学校录取。在多次投诉后,曾在剑桥接受过数学培训的校长艾伦·斯迈尔斯(Alan Smailes)把霍伊尔叫到学校进行了一次私人面试，并与化学系主任进行了讨论。霍伊尔一定给他俩留下了深刻印象，因为他们很快就给他颁发了奖学金。就这样霍伊尔进入了宾利文法学校。

霍伊尔很幸运获得了奖学金。尽管他的教育过程基本上是靠自我激励的，而不是由教师激发的，但他开始对自己的学习更加自信了。高中时光飞逝而过，他上升到班级第一名，他越来越确信自己想从事化学职业。他想，这应该很容易实现。那时他的分数很高，他所需要的只是获得西约克郡官方授予的奖学金，这样他就能够在利兹大学学习化学，那儿也许是约克郡最好的理科大学。[5]

然而又发生一次奇怪的逆转，霍伊尔一开始通过考试，但第二次资格考试却没有通过——这次是大学的入学考试而不是高中。他在考试中取得的分数虽然远远谈不上完美，但通常情况下也应该差不多，但是那年当局特别严格，决定提高录取标准，以期更接近全国平均水平。因此，尽管霍伊尔在考试后很确定自己很快就要去利兹了，但命运最终还是捉弄了他。

不过，即使是一片丑陋的杂草田也可能长着四叶草。校长斯迈尔斯看到了霍伊尔的失望，决定用自己的羽翼呵护他，帮助他找到一个大学。熟悉剑桥大学的斯迈尔斯敦促霍伊尔学习化学、物理和数学奖学金考试的材料。一开始，霍伊尔觉得那些习题集让人难以承受，但斯迈尔斯耐心地指导他。虽然霍伊尔的心仍在利兹，但是他听从了斯迈尔斯的建议，渐渐去了解剑桥大学并准备参加考试。经过几次尝试，霍伊尔最终被剑桥伊曼纽尔学院（Emmanuel College）自然科学专业录取。这也是斯迈尔斯曾经就读的学院。霍伊尔抛开了他对利兹和化学的梦想，跟随导师的脚步，决定在剑桥完成数学荣誉学位考试（mathematics tripos），其中包括了理论物理学和数学。[5] 1933 年秋天，他开始在那里上大学，那年他 18 岁。

正是在剑桥大学,爱丁顿推测了宇宙的物质构成,狄拉克探索了量子世界的精细玄妙之处,卡文迪什实验室以欧内斯特·卢瑟福为首的研究人员探索了原子核的性质[詹姆斯·查德威克(James Chadwick)于1932年在卡文迪什实验室发现了中子]。霍伊尔也将在那里留下自己的印记,主要是天体物理学和宇宙学。霍伊尔的童年开始于广义相对论诞生的那一年,而结束时他的面前是探索宏大宇宙奥义之路。

精心创造宇宙

剑桥大学与宇宙学研究的联系由来已久。早在17世纪晚期,牛顿就在那里将宇宙构想为一个类似钟表的实体,由上帝创造并启动。牛顿曾设想,在《创世记》中,上帝创造了地球和天空之后,天空中的星空图案基本保持不变,直到时间的尽头。牛顿运动定律和引力定律是经典物理学的核心,它要求天体在运动中像机械一样运转。牛顿是一位虔诚的基督徒,他相信只有神圣的意志才能改变他们永恒无尽的节奏。

1917年,爱因斯坦完成广义相对论后不久,决定将其形式应用于宇宙研究。他没想到会导致革命性的结果。相反,他希望重现稳定永恒的牛顿宇宙,但有一个关键区别:物体处于惯性状态(静止或匀速运动)时,他不想用绝对空间和绝对时间来解释其运动状态,而是希望应用马赫原理,一个由奥地利思想家恩斯特·马赫(Ernst Mach)提出的概念,惯性是由遥远恒星的共同影响所决定的。对爱因斯坦来说,比起牛顿对无形的时间和空间一成不变的度量,马赫关于惯性的概念似乎显得更为明确。因此,爱因斯坦热切希望他的理论能够复现牛顿的静态宇宙,但需要以自然的、具体的、自洽的方式体现马赫的精神。

在爱因斯坦刚刚开始探索宇宙学的那个时代,宇宙模型要简单得多,因为当时还没有河外星系和星系团的概念。天文学家认为天空中的螺旋结构，例如仙女座星云——现在我们知道它是遥远的星系，而每个星系都充满了至少数十亿颗恒星，但在当时它被认为只是银河系中的星云（气体云）。在没有考虑其他星系存在的情况下，爱因斯坦只需要找到一种方法来支持稳定的、相对均匀的恒星就可以了。

为了得出广义相对论方程的解，爱因斯坦做了一些简化的假设。其中一个假设是宇宙在任何给定的时间上都是均匀的。就像坚果和葡萄干混合在一碗粥当中，宇宙里的恒星、气体等混合在一起的任何部分看起来应该与其他任何部分大致相同。对应于广义相对论中，物质和能量的分布决定了空间的几何结构，所以在宇宙任何给定区域的曲率应该与其他区域大致相同。也就是说，宇宙应该像大理石窗台一样的光滑、一样的规则。

此外，爱因斯坦还假设了空间各向同性，这是一个比均匀性更强的条件。从地球向太空看去，天文学家在各个方向上计算的恒星数量大致相同。这意味着所有方向的物质分布大致相同。从广义相对论来看，这意味着在地球的任何方向上空间几何都必须具有相同的曲率。将各向同性与均匀性相结合，就有了对空间形态的限制，即在任何一点的所有方向上看起来都是一样的，就像是一张无限延伸出去的纸，或是一个完美的球。

事实上，只有3种类型的空间是完全各向同性和均匀的。第一种是超平面，它是无限的、完全平直的平面形成的三维结构。人们可以把它想象成一个无限大的盒子。数学家称其为零曲率。

第二种是多维球，即拥有三维表面的球（三维球体的表面是二维的）。在非欧几何（描述弯曲空间的数学）的语言中，它具有正曲率。想象一下，所有的空间都像一个地球一样蜷缩起来，没有真正的边界，只有各个方向的巨大循环。就像在地球上一样，如果你向东飞行足够长的时间，你将环绕地球一周，最终回到起点，如果宇宙飞船有可能在超球宇宙中飞行这么长时间的话，那么飞船也会发生同样的情况；飞船将环绕宇宙一周返回家园。（当然，这样的壮举远远超越了当今任何可想象的推进系统所能创造的动力。）

最后，也就是第三种可能性是双曲面，或负曲率空间，即类似马鞍形状的高维物体。就像马鞍在某些方向上是向下弯曲的（想象一下从马的侧面看马鞍子），而在其他方向上是向上弯曲的（想想马鞍的前部和后部，都是向上倾斜的，用以提供支撑），双曲面空间在沿着中轴方向有着不同的弯曲形式。一片完美的薯片具有相似的特征，也是沿着两个不同的方向以两种不同的方式弯曲。与平面（超平面）的几何形态相似，双曲面也是无限的。一名航天员向任何方向出发都不会回到她或他的出发点。双曲空间的另一种形容是"开放的"（无限），而不是"封闭"（有界）的多维球空间。所以第三种可能代表了一种特殊情况，同样是无限的，曲率为零。

有人可能会想，如果空间是弯曲的，那么它实际上会往哪个地方突出呢？有两种方法可以回答这个问题。第一个是假设一个看不见的额外维度（超越普通的 3 个空间维度和时间维度），它的存在纯粹是为了让空间弯曲，就像地球的地核、地幔和地壳共同支撑起地球的球形表面一样。科学家们原来对地球内部知之甚少，但他们可以推断出存在着一个核心（至少在几何学上是成立的），仅仅是因为他们已经确定了地球的外部结构必须围绕着某个东西弯曲。即使组成地球的材料是如此坚硬，我们无法钻透，但仍然可以做出这样的推断。那么类似地，我们可以假设空间围绕着一个无法触及的维度弯曲。

然而，物理学家传统上并不喜欢在他们的模型中添加一个实验上无法验证的特性。（说起来，这一传统在近年来已经有些过时了。）拥有一个不受限制的额外维度似乎不太实际。幸运的是，还有一种方法可以观察弯曲的非欧几何图形，而且不需要额外的维度。雅诺什·鲍耶

(János Bolyai)、卡尔·高斯和尼古拉·罗巴切夫斯基(Nikolai Lobachevsky)等19世纪的一批数学家向大家展示,可以简单地放宽平面几何的一般规则,从而使空间更具可塑性。高中时学习的欧几里得几何标准有着严格的定理,例如三角形内角之和总是180°,正方形内角和总是360°,然而非欧几何避开了这种限制,从而带来了更大的灵活性。

因此,根据非欧几何,如果在空间的某个区域中,一个三角形内角和超过180°(想象截取赤道上的一段弧线再和北极相连的两条经线围成的一个三角形),那么它就具有正曲率(即理论上的"向外"凸起)。内角和小于180°的三角形具有负曲率。最后,一个内角和正好等于180°的三角形,所对应的空间就是平直的。

在3种各向同性且均匀的空间中,爱因斯坦选择了正曲率的情况作为他的第一个宇宙模型。为了建立起同时满足马赫原理的条件——将惯性表述为遥远恒星的综合影响——他需要一个有限的宇宙,因为无限数量的遥远恒星会错误地产生无限的效应。由于爱因斯坦希望假设一个永恒的、静止的宇宙,因此他把空间想象成一个超球体。这样,空间才是有限的,但就像地球一样,没有绝对的物理边界。

无运动的物质还是无物质的运动

在确定了所有的几何约束条件后,爱因斯坦已经为解决他的广义相对论方程做好了准备,它可以将空间和物质联系起来。在该方程中,他将多维球几何与均匀的质量混合体结合在一起,大致近似于均匀分布着无数恒星的宇宙。然后,他寻找可行的数学解决方案,稳定的而不是动态的方案。这表明,他和同时代人都相信,空间是随着时间而保持恒定的。

但是突然间他意识到广义相对论方程有一个重大问题。他发现在数学上得到的宇宙解要么膨胀,要么崩塌,却不会保持稳定的状态。他更希望得到一个静态的宇宙,以符合他那个时代的科学共识,即平均而言,宇宙在亿万年里不会发生整体性的变化,但他知道得不出这个结论。不过,爱因斯坦并没有考虑一个动态的宇宙,对静态宇宙的偏好让他专心致志地努力使方程成立。

最后,爱因斯坦祭出最后一招:在广义相对论方程描述几何性质的一边增添了一个稳定项,他称之为宇宙学常数(cosmological constant),用希腊字母 λ 表示。因此,他用包含宇宙学常数的"三方连接"取代了物质和几何之间的"双向连接"。令他欣慰的是,他发现了看似稳定的解,具有正曲率,物质有限分布,以及一个宇宙学常数。尽管这种方法就像是一座优雅的建筑加了一副脚手架一样,既人为又丑陋,但至少它保住了牛顿静态宇宙的观点,同时满足惯性的马赫解释。

诚然,从一开始爱因斯坦对宇宙学常数就不那么确定。对习惯于以明确的物理原则为出发点的他而言,随意插入一个额外的常数项显得很奇怪。他向荷兰物理学家威廉·德西特(Willem de Sitter)寄去了一份论文副本,将自己的发明描述为"怪异的"(outlandish)。大约在同一时间,他还写信给好朋友,同样在荷兰的物理学家保罗·埃伦费斯特(Paul Ehrenfest),告知他,估计自己会被证明为精神错乱,会因对引力理论的所作所为被送往精神病院。

德西特立即着手探索爱因斯坦用宇宙学常数修正后的广义相对论新表述的含义。他像是一个带着新工具摆弄模型的孩子,看看能否找到爱因斯坦所创造的静态宇宙模型以外的解决方案。真正的物理宇宙只有一个,因此,考虑到爱因斯坦对空间和物质提出的合理限制,理想情况下应该有一个特殊解。假如存在更多解,那么研究人员将不得不找出宇宙其他行为方式的原因。

令他吃惊的是,德西特确实发现了第二种截然不同的解。德西特可以假设宇宙根本不具有质量或能量，一样可以求解方程，而不是像爱因斯坦所预测的那样，宇宙被光滑平均分布的物质填充。相反，他得到的宇宙是绝对的虚无。

德西特将物质和能量排除在外，在广义相对论的背景下测试马赫原理的逻辑结论，马赫原理指出宇宙是动态的还是静态的将取决于其所含内容。如果惯性系统需要物质来建立，那么物质的缺失将产生一个没有惯性的稳定宇宙。如果宇宙的物质具有动态的特征，那么缺乏物质自然就不会创造动态的宇宙。然而，德西特的解却并非如此，它显示了一个呈指数增长的宇宙。但是，事实上，恰恰是虚无推动了最致命的增长。

德西特的新模型对爱因斯坦来说不是什么好消息，爱因斯坦希望宇宙学常数能确保宇宙稳定。但很明显，方程仍然允许一个失控的结果。德西特在所发表的一篇相关论文的结尾处写了一句评语："爱因斯坦原始理论的主要吸引力之一在于，它在没有引入任何新假设或经验常数的情况下就解释了这么多情况。然而，不能否认，这个宇宙学常数的引入削弱了原本的对称性和优雅性。"这对爱因斯坦而言无疑是一个沉重的打击。

爱因斯坦对引力展开谨慎的探索，其部分原因是为了让静态牛顿宇宙更直观，并与马赫对实在的强调相一致。然而，对于爱因斯坦首个宇宙学研究成果，正如德西特所表明的态度，很明显爱因斯坦没有抓住重点。

爱因斯坦不小心误入歧途了，让自己成为一名特立独行的理论家。他对广义相对论的修订版本是建立在他对宇宙的个人直觉基础上的，他认为自己的冲动是合乎逻辑，必须是正确的，他是在和自己赌气。他曾将宇宙想象成一种稳定的帐篷，由其自身的内部结构和恒星的综合影响支撑。当这个想法不起作用时，他没有考虑替代方案，而是坚持用宇宙学常数来支撑它，以保持它的稳定性。

事实上，我们现在知道，随着时间的推移，空间确实会膨胀。爱因斯坦保持宇宙静止的愿望被证明是个真正的错误。是天文学家埃德温·哈勃在1929年的发现（如维斯托·斯里弗等人所预期的）让爱因斯坦在这个问题上做出让步。哈勃观察到遥远的星系，即所谓的"岛宇宙"(island universes)，它们本身就在远离我们，并且距离越远的速度越快。爱因斯坦最终承认宇宙是动态的，并抛弃了宇宙学常数。

在20世纪20年代，甚至早在哈勃观测之前，理论物理学家亚历山大·弗里德曼和乔治·勒梅特就引入了包含物质的宇宙动力学模型，而且比德西特的模型更贴近实际。由于爱因斯坦坚持稳恒态宇宙的概念，因此忽视了这一模型——直到后来当他看到宇宙膨胀理论的曙光时，才为自己的错误感到遗憾。在哈勃的测量表明了宇宙正在膨胀之后，20世纪30年代出现了一系列其他宇宙膨胀模型，其中也包括爱因斯坦本人参与的几个模型。

尽管爱因斯坦关于静态宇宙的直觉被证明是错误的，但宇宙学常数并没有被人遗忘。当霍伊尔和他的同事赫尔曼·邦迪、托马斯·戈尔德提出宇宙的稳恒态模型时，他们将德西特的虚无宇宙模型与宇宙学常数结合在一起。霍伊尔与邦迪和戈尔德不同，他选择用一个被称为"创生场"(creation field)的能生成物质的实体来替代宇宙学常数。不管如何，从动力学效果来说它与宇宙学常数的影响是相似的。

更重要的是，20世纪90年代末，当天文学家发现宇宙不仅在膨胀，而且还在加速膨胀时，被人抛弃的爱因斯坦的那个常数项又复活了。宇宙学常数似乎描述了这种额外的增长。尽管爱因斯坦在提出这一概念时并不是有意为之，但有时旧的想法会被重新拿出来用于新的目的。

爱因斯坦当然不是第一个也不是最后一个依靠直觉做事情的杰出

科学家。就这个意义而言,伽莫夫和霍伊尔算是都追随了他的脚步,基于出色的直觉提出了非凡的想法。在 20 世纪 40 年代末,每个人都试图用自己对物理宇宙的直觉概念,来为早期思想家提出的宇宙膨胀的框架模型加以细化。其结果是产生了对膨胀的宇宙针锋相对的描述:大爆炸理论和稳恒态理论。

与爱因斯坦一样,伽莫夫和霍伊尔也是特立独行的、有强直觉的思想家,其自身观念有时候也会有所欠缺。通常,伽莫夫会放弃某个想法或将其交给别人继续发展。霍伊尔则固执而独立,即使他的直觉没有可靠的证据支持,他也会坚持到底。在他的晚年,他一直主张对稳恒态宇宙进行各种解释,尽管越来越多的证据似乎已经证明这个概念是错误的。一个科学模型想要建立在对真实和美感的直觉之上是很难办到的。冲动的灵感可能被证明是非常正确的,也可能是明显错误的。

第二章

战场准备:
宇宙学交锋一触即发

> 如果考虑一个有物理边界的容积,物质粒子将不断离开它。为了保持宇宙密度的恒定,空间中必须不断形成新的粒子。
>
> ——阿尔伯特·爱因斯坦,《宇宙学问题》(*Zum Kosmologischen Problem*),科马克·奥雷费泰格(Cormac O'Raifeartaigh)和布伦丹·麦肯(Brendan McCann)翻译

当弗雷德·霍伊尔小时候惊叹于吉尔斯特德上空的繁星之时,当乔治·伽莫夫将其儿时的天文望远镜对准敖德萨的夜空之时,没有人能料到,人类对宇宙空间的概念会在很短的时间内疾速拓展。我们很快就会认识到,宇宙比我们过去认为的要大得多。它充满了星系,而且,大部分星系正在远离我们,这表明宇宙空间正在膨胀。即使是爱因斯坦对万有引力做出杰出而新颖的解释时,也完全没有想到它会被用来描述宇宙学的这场革命。甚至当德西特指出为什么动态的宇宙是可能的时候,他和爱因斯坦都仍然认为这个解不过是数学上的一个离奇之处,而不是一个真正的将替代传统静态宇宙概念的方案。但维斯

托·斯里弗、亨丽爱塔·勒维特、埃德温·哈勃等人一系列关键的观测结果很快将冲垮静态宇宙的沙堡。宇宙在膨胀的确凿证据最终激起了针锋相对的解释：由乔治·勒梅特提出的大爆炸理论，以及霍伊尔、邦迪、戈尔德等提出的稳恒态宇宙。

1915年，霍伊尔和广义相对论诞生的那一年，亚利桑那州弗拉格斯塔夫（Flagstaff）洛厄尔天文台（Lowell Observatory）的美国天文学家维斯托·斯里弗注意到天空中被称为旋涡状星云（spiral nebulae）的奇怪目标。星云的意思是"气体云"。在新的观测证据逐渐表明它们还可能另有所指之前，大多数天文学家认为星云是银河系内恒星的孵化器。斯里弗使用自己开发出来的光谱学方法测定了15个这样的旋涡状天体的径向速度（即星云朝向或背离我们运动的速度），发现几乎所有的这类天体都在以极快的速度远离我们；只有包括仙女座大星云在内的极个别目标朝着我们移动。令人困惑的是，斯里弗调查得到的星云平均移动速度是银河系中普通恒星的20倍。

斯里弗利用多普勒频移效应测量径向速度的技术至今仍在使用，该技术利用摄谱仪将来自星体的光分解成一系列光谱线，然后分析它们的位置，恒星上发现的元素都有标准模型与之对应。通常，某种元素的气态原子中电子从一种状态跳到另一种状态时会发射一定频率的光，元素的发射光谱就是这样形成的彩虹图案（在可见光波段中是有颜色的）。相应地，吸收光谱则描述了被吸收光的一定频率模式。根据量子力学，这种能量状态的变化是有规律的，由特殊规则所决定的概率，这些规则表现出每个元素的原子有着特定的能级排列方式，并决定了原子有怎样的运动方式。因此，元素的光谱模式是一种可预测的频率分布，就像在商店中对相同的商品会使用相同的条形码。

我们以氢原子气体为例。根据量子力学的测定，氢原子存在着一个固定的阶梯式的能级，电子可以占据其中任何一个能级。因此，电子只能下降或上升一定数量的能量,在这个过程中发射或吸收特定频率的光子(光粒子)。遵循量子规则,每个光子的频率取决于其能量:光子能量越大频率越高。于是这个规则产生了标准的发射光谱或吸收光谱的形态。

然而,物理学家克里斯蒂安·多普勒(Christian Doppler)指出,对于从一个特定的源发射的任何波,如果向观测者移动的话(在观测者看来),其频率会向更高的一端移动,远离观测者则会使波的频率向更低的一端移动。对声音而言,朝观察者方向运动产生的多普勒频移体现为音调变高,而远离观察者的运动使声波向更低沉的音调偏移。当一台消防车朝向我们飞驰而来时,我们就能听到多普勒效应,它的汽笛声听起来像是一声尖锐的哀鸣。然后,它迅速离开,同样的汽笛声听起来却像是低沉的轰鸣。

多普勒对声音进行过专门的测试,但他所描述的效果也适用于光。如果一个光源,比如一颗恒星,正在向我们移动,它的光谱会向频率更高或更蓝的一端移动,这被称为"蓝移"。相反,如果一个光源从我们身边往远处飞驰而去,那么它的频率就会向更低的方向移动,这被称为"红移"。斯里弗认识到,这种方法可以用来确定遥远星体向内或向外的速度,比如他观察到的所谓旋涡状星云。然而,当他收集到这些数据后,却无法充分解释所发现的巨大的径向速度,以及为什么大多数"星云"都在远离我们。

在斯里弗进行这项观测的时候,有一个少数理论认为,旋涡状的星云是银河系之外其他星系或"岛宇宙"。像伊曼努尔·康德(Immanuel Kant)和埃德加·爱伦·坡(Edgar Allan Poe)[在其最后一部作品《尤里卡》(*Eureka*)中]这样的思想家曾对此进行过推测,但没有证据。不过,很快这样的证据就出现了。斯里弗的结果就是绝大多数星系正在远离我们——表明宇宙正在膨胀的早期证据。霍伊尔和其他人后来会辩称，斯里弗的发现没有足够的可信度。

具有讽刺意味的是，对旋涡状星云距离和速度的测量手段是唾手可得的。1912年，哈佛天文台的亨丽爱塔·勒维特发现了造父变星（一种典型的变星）的光变周期（恒星辐射具有规律性脉冲的时间间隔）与亮度之间的显著关系。她看的不是星云，而是大麦哲伦星云和小麦哲伦星云中的天体，天文学家最终会发现大小麦云都是银河系所在的本星系群中的矮星系。她的公式具有普适性，于是可以将造父变星用作"标准烛光"：指一种绝对亮度已知的天体，对其输出功率的预测犹如阅读60瓦灯泡上的标签一样可靠。一旦你知道灯泡本身有多亮，那么你就可以计算出它在黑暗的走廊里实际照得有多远：首先，你测量一下它看上去有多亮，再与其实际亮度进行比较，因为光照强度随距离增加而降低是有标准的，这样你就可以知道灯泡与你之间的距离了。但是，勒维特是一个"计算器"（专用于描述那些做艰巨计算的人的名词），由于她不是教授，所以也没多大权力选择新的研究项目，只能被要求继续进行另一项任务。不幸的是，她于1921年去世，享年53岁，未能亲眼见证她极其强大的公式所得到的累累硕果——这个公式现在被称为勒维特定律（Leavitt's law）。

1920年，两位著名天文学家哈罗·沙普利（Harlow Shapley）和希伯·柯蒂斯（Heber Curtis）在华盛顿特区史密森尼学会（Smithsonian Institution）刚刚落成的自然历史大楼（现为美国国家自然历史博物馆）中举行了一场关于宇宙大小的大辩论（这是后来人们对该事件的称呼）。沙普利认为，旋涡状星云是银河系内遥远的居民，他预测银河系比以前认为的要大得多。柯蒂斯则断言，旋涡状星云是类似于我们银河系的星系，但远远超出了银河系的边界。他认为，宇宙中充满了旋涡状星系，包含了银河系、仙女座星系以及其他许多星系。为了支持他的观点，柯蒂斯还坚持认为银河系必须相对较小些。简而言之，沙普利正确之处在于其认为银河系是巨大的,而柯蒂斯的正确之处在于其认为银河系只是众多星系中的一个。事实证明,宇宙比他们两人以及和他们同时代的人所能想象的还要大得多。

要描述一个巨大的、不断膨胀的宇宙,需要同时考虑物质和运动的宇宙学模型。因此,爱因斯坦和德西特 1917 年的模型注定都不会成功。幸运的是,广义相对论带来了很多惊喜,其中一些与新的观测证据相吻合。在圣彼得堡,一位聪明的数学家亚历山大·弗里德曼正要指导乔治·伽莫夫解开爱因斯坦方程的动态解。

圣彼得堡的学者

1922 年,当 18 岁的乔治·伽莫夫抵达圣彼得堡时,他几乎独自一人生活在一个与他原来所在的南部港口城市截然不同的地方。这座城市刚刚失去了作为一个庞大帝国首都的地位,现在莫斯科统治着新成立的苏联。与其他曾经的帝国城市在革命后所出现的情况一样,财富从宫殿和其他奢华的建筑中流失,使它们变得像一具具流尽最后一滴血的尸体一样。好在,大学依然坚持提供高质量的教育。

在上大学之前,伽莫夫会见了他父亲的一位朋友,林业研究所气象学教授 V. N. 奥伯连斯基(V. N. Obolensky)。奥伯连斯基为伽莫夫提供了一份其一生中为数不多的工作之一——在气象站记录天气数据(如气压和风速)。经过一段时间的测量后,他便准备做一些更有创意的事情。进入大学后,他的思想就转向了爱因斯坦的理论。这很自然地促使他考虑与弗里德曼合作。伽莫夫回忆道:

> 当时我主要对相对论感兴趣……教相对论的是弗里德曼教授,他证明了爱因斯坦是错误的,他的宇宙学方程有一个依

赖于时间的解……事实上我认为我会和弗里德曼一起工作……他是一位数学教授,但他是对数学的应用感兴趣,他主要从事的是氢气动力学……他对相对论数学也很感兴趣,然后他就发现了爱因斯坦的这个错误,并公布了我们现在所称的弗里德曼宇宙……他开设了相对论课程——我上的第一门正式的数学相对论课程就是他教的。[1]

弗里德曼向伽莫夫讲授的相对论课程将被证明改变了一切。伽莫夫开始陶醉于理论物理学的乐趣,预测宇宙中让人感觉意想不到的奇

俄国物理学家亚历山大·弗里德曼,动态宇宙学的先驱。图片来源:AIP Emilio Segrè 视觉档案馆。

怪现象——时钟会变慢、量尺会变短，等等。他很幸运，在现代物理学最具革命性的时代中成年。

伽莫夫后来了解到，弗里德曼确实从他的空气动力学研究中抽出时间来探索广义相对论的潜在可能性。弗里德曼回顾了爱因斯坦和德西特最早的步骤，研究了3种不同的几何结构，它们是各向同性的（在所有方向上都保持相同性质）和均匀的（在所有地方都相同）。回忆一下，这些几何结构分别是正曲率的多维球、负曲率的双曲面和零曲率的超平面，它们分别是球面、马鞍面和平面在三维空间上的推广。

此后，弗里德曼十分巧妙地定义了一个"标度因子"，它可以表示空间大小随时间的变化。标度因子增加一倍，那么空间上的点彼此之间的距离将增加两倍。想象一下，分别在一个篮球上、一个可变形的马鞍上，以及一片橡胶上画一系列均匀分布的点。如果将篮球充气至撑开，上面的圆点彼此均匀地分开。同样地，如果均匀地拉伸马鞍，或同时从各个方向均匀地拉伸橡胶，其上画的圆点也会以均匀的方式分开。相反，将篮球撒气，或压缩马鞍和橡胶，它们上面的点就会越来越靠近。

弗里德曼令每种形状都包含了一个可变的标度因子，这可以建立起爱因斯坦广义相对论方程中关于时空的部分。也就是说，他让几何形式（正曲率、负曲率或平面）决定空间的形状，而可变的标度因子决定空间的大小。而针对方程的另一端，也就是描述质量和能量的部分，他使用了物质密度。其数值同样也不是固定的。最后，他将宇宙学常数也作为方程中的一个项，为了考虑其存在与否可能会起到什么作用。

简而言之，弗里德曼着眼于动力学方程，为宇宙建立起一个类似热气球的模型。把加热器的温度调高，它就会膨胀。把温度降下来，它就会收缩。宇宙中物质的密度就是这个热气球的加热器。

为了解出爱因斯坦方程，找到与每个几何形态相对应的动力学结果，弗里德曼需要约束密度项。对于正曲率空间，密度需要大于某个临界值。对于负曲率,密度需要小于临界值。最后,要促成零曲率的空间,宇宙密度必须与临界值刚好相等。

这3种可能性引导弗里德曼提出了3种不同的解。如果去掉宇宙学常数,他发现宇宙为正曲率,即密度相对较高(与临界值相比),导致标度因子从小开始一直增长到达一个最大值(对应于超球体的最大半径),然后则开始收缩到一个点。因此,它代表了一个"封闭的宇宙",在空间和时间上都是有限的。这种情况后来被普遍称为"大收缩"(big crunch)。

另一种情况,密度相对较低(低于临界),宇宙空间为负曲率,产生一个永远保持增长的标度因子,但随着时间的推移增长速度逐渐放缓,不会再收缩。这样一个"开放的宇宙"的场景在现代被称为"大鸣咽"[big whimper,取自艾略特著名诗歌《空心人》(The Hollow Men)中的一段话:"这就是世界的结局。并非轰然落幕,而是鸣咽而终。"]

最后一个是由零曲率空间所表示的宇宙,它将永远在崩溃的边缘摇摇欲坠,但永远不会崩溃,就像一个小心谨慎的走钢丝的人,他知道一次失误会结束他的职业生涯,但他始终优雅地一场接着一场表演。幸运的是,他每次都能保持平衡。同样,对于"平直宇宙"(flat universe)而言,即使是最轻微的密度过量也会引发最终的坍塌。但是,如果密度精确地保持在临界值上,空间也将永远膨胀下去。

理解这3种情况,你不需要掌握广义相对论所蕴含的高等数学。想象一下发射一枚由机器人控制的火箭,希望它能冲破大气层,进入太空,最终成为一颗卫星绕地球运行。在第一次尝试时,给它装上一个沉重的货物(代表一个过于稠密的宇宙)再进行发射。它飞向天空的时候一直在减速。它释放掉一些压舱物来增加推力,但还不够。它装载了过多的货物,无法摆脱地球的引力。当它到达最高点时便向地球坠落,最后撞向距离发射台不远的海洋。这种情况代表了"闭宇宙"(closed universe)模型,将以"大收缩"结束。

用第二枚火箭再试一次。这一次,搭载的货物要少得多(代表一个密度不足的宇宙)。当火箭上升时,它抛弃了大部分货物。它以足够的动量进入太空并继续前进。随着时间的推移,它会越来越慢,但不会像卫星一样被地球引力捕获。因此,它不是在绕地球轨道运行,而是越过地球轨道继续前进。这个场景代表了"开宇宙"(open universe)模型,以"大呜咽"结束。

最后,你很仔细地计算所需货物的重量,使用第三枚火箭进行最后一次尝试。你将其发射,它向天空爬去。它的上升速度比第一种情况慢,但比第二种情况快。当你看到它开始绕地球运行时,你和你的团队将陷入欢庆的海洋。临界的货物重量(代表宇宙的临界密度)恰到好处,这将导致类似"平直宇宙"的情况。

弗里德曼在一篇题为《空间的曲率》(Die Krümmung des Raumes)的论文中写下了他的研究结果。文章发表在著名的德国杂志《物理学期刊》(*Zeitschrift für Physik*)上,这本杂志拥有很多海外读者(德语在当时是与英语和法语并列的科学世界的通用语)。这篇文章为考虑宇宙演化的可能性提供了一个方向。但鉴于当时还没有证据表明宇宙在膨胀(除了斯里弗的尚未得到正确解释的数据),大多数读者可能依然将弗里德曼的结果视为纯粹的数学题。

然而,爱因斯坦认为这篇文章是一种冒犯,因为他对自己支持静态宇宙的合理性有着哲学层面的考量。他在《物理学期刊》上发表了一篇简短的评论,回应了弗里德曼的论文,指出这篇论文"似乎很可疑",因为物质密度居然可以变化。他认为,他对原始方程施加的约束(具体说就是宇宙学常数)应该使物质密度保持不变,而宇宙大小也应保持不变。因此,在爱因斯坦看来,很简单,弗里德曼错了。没什么可讨论的。

弗里德曼对爱因斯坦完全没有抓住自己的核心观点而感到沮丧。

他想探索的是非稳恒态解的丰富性,包括具有负曲率的解。他并没有质疑爱因斯坦的宇宙学模型,只不过他提出了一个全新的有趣的可能性。

弗里德曼给爱因斯坦写了一封信,更加清晰地表明他的观点,并希望爱因斯坦改正自己的结果,如果可能的话。他详述了自己的计算,向爱因斯坦指出了这些计算的有效性,并企盼他回信。"尊敬的教授,"他恳求道,"信函中所讨论的计算是否正确,请您不要拒绝告知我。"[2]

过了一段时间,弗里德曼并未收到回信,他很生气。如果论文继续被他人认为是错误的,这将成为自己职业生涯上一个不必要的污点,然而只要爱因斯坦经过重新审视,便能轻而易举地将其抹去。幸运的是,弗里德曼学校的一位同事尤里·克鲁特诺夫(Yuri Krutnov)教授刚好在计划一次难得的出访柏林的活动(在当时的苏联出国旅行需要特别许可)。弗里德曼请求克鲁特诺夫与爱因斯坦会面,解释一下具体情况。

多亏克鲁特诺夫出手,爱因斯坦意识到他如此武断地否定弗里德曼的工作是不对的。他在《物理学期刊》上发表了一篇短文,解释说他误判了弗里德曼的论文。他写道:"我认为弗里德曼先生的研究结果是正确的,是有启发性的。"[3] 根据伽莫夫的说法,爱因斯坦也向弗里德曼表达了他个人的歉意,尽管是在一封"有点暴躁的信"中。[4]

失去的机会

伽莫夫非常喜欢弗里德曼的课程"相对论的数学基础",他热切希望能与这位才华横溢的教授合作开展研究项目。如果伽莫夫能够如愿,那么物理学史可能会有很大不同。

由于加利福尼亚州威尔逊山天文台的埃德温·哈勃的工作,天文学在确定宇宙的规模和内容方面取得了非凡的成功。哈勃是一位天赋异禀的天文学家，也是一位杰出的人物。他出生于密苏里州的乡村，早年擅长各种运动，包括棒球、篮球、跑步和拳击，似乎注定要成为一名运动员。在芝加哥大学就读期间，他率领篮球冠军队在 1907 年和 1908 年取得了巨大成功。尽管他对天文学有热情，但当时他甚至还没有学习科学，他正在考虑攻读法律学位。后来，牛津大学的罗德奖学金（Rhodes Scholarship）改变了他的生活。他改掉了中西部口音，开始带着时髦的英国口音，抽着烟斗，穿着花呢夹克或斗篷。他也从法律预科转到了科学。1913 年回到美国后，他在印第安纳州的新奥尔巴尼高中教了一年物理、数学和西班牙语，同时还执教该校的篮球队。随后，他回到芝加哥大学，并于 1917 年获得天文学博士学位。多亏了芝加哥大学叶凯士天文台的这段经历，他被招聘去威尔逊山，在那里他将成为一名出色的星空守望者。

哈勃测定出仙女座星系正确的距离，从而使大辩论一锤定音。1923 年，他花了好几个月，用世界最大的胡克望远镜拍摄了仙女座星系的大量细节特征的照片，其中包括一类变星，后来表明它是造父变星。通过比对曝光的照相底片，他绘制出这颗变星的"光变曲线"（视亮度随时间变化的曲线）。这为他提供了恒星的光变周期，再利用勒维特定律，就可以得出恒星固有的光度（即光源本身输出的能量）。最后，就像观察标准烛光一样，再比较视亮度和光度，他就可以计算出恒星的距离。1924 年末，他发现了 12 颗造父变星，让他提高了估算距离的精度。他以不可辩驳的方式确定仙女座星系远在银河系边界以外。由于它距离遥远，哈勃能估计出它比过去认为的大得多，它根本不是星云，而是一个发育完全的星系——银河系的姊妹星系。

正是因为有着这样革命性的结论，伽莫夫进入该领域可谓恰逢其时。唉，可惜的是，他与弗里德曼合作的梦想最终还是没能实现。1925

年7月，弗里德曼戴上他的气象帽（是的，与相对论无关）坐上了一个记录数据的探测气球，飞向苏联的天空。气球升到了20 000英尺以上的高度，他开始收集气象数据，希望能帮助他建立有关高空稀薄大气的特殊模型。不幸的是，他没有对严酷的环境做好充分的准备，人被冻伤了。不久后，也许是为了恢复，他前往克里米亚（Crimea）度假。就在回家途中，他发起高烧，被诊断为伤寒。虽然他被送医救治，但仍然在两周后的1925年9月16日去世，年仅37岁。

失去导师令伽莫夫悲痛欲绝。物理系指派他与克鲁特诺夫一起工作。克鲁特诺夫为他提供了一个项目，研究如何将量子能量的概念（以离散化状态传递的能量）应用于钟摆的行为。伽莫夫发现，这个项目比研究空间与时间的本质枯燥得多。更糟糕的是，由于更换了导师，这意味着他的大学生涯还将再延长一年。那时，随着列宁的去世，伽莫夫所在大学已经随这座城市一同更名为列宁格勒大学。

伽莫夫在沮丧中找到了些许消遣。他结识了一小群学习理论物理的同学，其中包括列夫·朗道，昵称为"道"（Dau），德米特里·伊万年科（Dmitri Ivanenko），昵称为"季姆"（Dim）。伽莫夫的昵称为"乔"（Geo）。于是，这3个朋友自称为"三个火枪手"。通常，两位女学生朋友——喜欢画漫画（伽莫夫自己也将掌握这项技能）的伊琳娜·索科尔斯卡娅（Irina Sokolskya）和有写诗歌天赋的叶夫根尼娅·卡涅盖瑟（Yevgenia Kanegeisser）也会加入他们的社交活动。与此同时，伽莫夫发现了能让人兴奋的好东西——酒精，尤其是伏特加。不幸的是，他养成了酗酒的习惯，这最终对他的健康造成了损害。他对打网球产生了兴趣，这是相对更健康的一面。和霍伊尔一样，他最喜欢的消遣之一是看电影，他可以轻松愉悦地享受大银幕上英雄们的冒险。

看电影助长了伽莫夫反对墨守成规的心态。电影中的英雄们常常违背别人的期望。持枪者可能会亲自出手解决问题匡扶正义，即使从严格意义上讲违反了法律。遇险的水手可能会找到一种临时的方法来修复受损的船只。对于那些反叛者来说，会不惜一切代价地维护个人自由。因此，在好莱坞电影中，主人公经常来到古板文明之外的土地上——公海、偏远的荒岛、狂野的西部、外太空和其他边疆。传统上，美国代表了这些可能性的梦幻场景——荒芜凄凉的景色和看似无尽的道路，可以通过徒步旅行、骑摩托车或其他方式进行探索。伽莫夫与霍伊尔以及他们那个时代的很多人分享了反叛、逃亡和对边境向往的浪漫观点。

三个火枪手激发了彼此的思维方式，就像当年与爱因斯坦一同学习的朋友们被称为"奥林匹亚科学院"，正是在他们的激励下，爱因斯坦创立了相对论。伽莫夫和其他几位火枪手探索了新发展起来的量子力学的含义，并就这一主题合作了几篇研究论文。晚年的朗道成为一位多产的苏联物理学家，对低温物理学作出了开创性的贡献，也因对液氦超流体性的解释获得 1962 年诺贝尔奖。液氦在冷却到一定温度下能够无摩擦地流动，这就是超导现象。伊万年科也对物理学作出了重要的贡献，特别是在核物理学和粒子理论方面。

原始原子

导师的不幸离世是一个可怕的打击。不过伽莫夫仍然很幸运，他有机会接触到相对论的课程，这门对他职业生涯起着巨大作用的课程在 20 世纪 20 年代中期还鲜有教授。当时物理课程几乎完全以牛顿和麦克斯韦的经典方法为基础，19 世纪末热力学算是最时髦的学科，而相对论则尚未进入正典。

在全球范围内，除了爱因斯坦本人之外，当时该学科最著名的教授或许是剑桥大学三一学院（Trinity College, Cambridge）的阿瑟·爱丁顿。爱丁顿是那次著名的检验广义相对论预言的日食探测队的组织者之一，有着极高的名望。他对物理学所渗透出的哲学内涵有着浓厚的兴趣，对新的思想持开放态度，并且有高超的写作技巧，他是爱因斯坦工作的完美阐释者。他的著作包括《恒星和原子》，这本书也是霍伊尔的灵感来源之一；《空间、时间和引力》(Space, Time, and Gravitation)，这是第一批关于广义相对论的畅销书之一；《相对论的数学原理》(The Mathematical Theory of Relativity)，这是最早的相关内容的教科书之一；还有很多其他作品，不胜枚举。

乔治·勒梅特是爱丁顿在广义相对论领域最成功的学生之一。勒

比利时科学家、牧师乔治·勒梅特，他提出宇宙曾经有着极高的密度。图片来源：多萝西·戴维斯·洛坎蒂(Dorothy Davis Locanthi)拍摄，AIP Emilio Segrè 视觉档案馆提供，洛坎蒂收藏。

梅特于1894年出生于比利时的沙勒罗瓦（Charleroi），他对数学和物理极富天赋与热情，同时对天主教也有着深深的信仰。作为一个非常虔诚的人，他认为自己对科学和对宗教的热衷是严格区分又能完全兼容的。1920年，他毕业于天主教鲁汶大学（Catholic University of Louvain），获得物理学和数学博士学位，然后加入神学院接受牧师培训。1923年受戒后，他有机会在剑桥大学进修，在爱丁顿的指导下度过了一年。经过爱丁顿的悉心调教，他成为相对论思想的杰出信徒。随后，他在哈佛天文台与沙普利一起工作了一年。1927年，基于他在爱丁顿身边的经历，依靠对广义相对论和宇宙学的计算，勒梅特从麻省理工学院获得了博士学位，然后回到鲁汶担任物理学教授。

剑桥大学三一学院的钟楼。图片来源：保罗·哈尔彭拍摄。

就在这一年,勒梅特发表了一篇引人关注的论文——《考虑河外星云视向速度的质量恒定、半径不断增大的均匀宇宙》(Un Univers homogène de masse constante et de rayon croissant rendant compte de la vitesse radiale des nébuleuses extragalactiques)。这是第一次利用观测数据来证明宇宙正在膨胀的研究成果。勒梅特将斯里弗的多普勒频移结果与哈勃的发现进行了结合。斯里弗详细描述了许多旋涡状星云存在着巨大的退行速度;哈勃的发现则表明,至少有一些星云(可能是星系)位于银河系之外,从而推断出遥远的星系正在后退(远离我们)。

勒梅特认为,合乎逻辑的结论是,宇宙空间正在膨胀。爱因斯坦的有物质无运动的静态宇宙和德西特的有运动而无物质的空虚宇宙看来并不是你死我活的唯一选择。有运动的物质所组成的宇宙显然成了第三种可能。勒梅特以一种类似于弗里德曼(他并不了解后者的工作)的方式,精确地展示了广义相对论如何预测一个充满物质的、球状的、正在膨胀的宇宙。他想象宇宙是从一个固定的半径开始,在经历了短暂的静止后开始膨胀,就像是一条原本"稳定"的河豚,在感觉到捕食者时突然开始膨胀。也正是由于这篇重要的论文,许多历史学家认为勒梅特才是"宇宙大爆炸之父"。

为什么勒梅特关于宇宙膨胀的大胆推测没有在全世界范围内成为头条新闻呢?首先,他在比利时的一份杂志上发表了用法语撰写的论文,其他国家的科学家几乎没有读过这篇论文。此外,勒梅特是一个安静而谦逊的牧师,几乎没想过要抛头露面。当然,他喜欢与爱因斯坦等熟悉广义相对论的科学家分享他的想法,但是并不愿意在媒体上发表自己的观点。

当时爱因斯坦碰巧在比利时参加著名的1927年索尔维会议,那次会议以他与玻尔就量子力学的解释展开的激烈辩论而闻名于世。勒梅特利用这个机会与爱因斯坦交流了他的模型。而爱因斯坦反过来向这位年轻的理论物理学家介绍了弗里德曼早期的模型,并对膨胀的宇宙保持怀疑态度。

与此同时,哈勃继续利用威尔逊山上的胡克望远镜,通过标准烛光方法比较造父变星的视亮度和固有的发光能力(光度),对其他旋涡状星系(当时仍常被称为"河外星云")进行距离测量。当他将自己的数据与斯里弗的径向速度结果相结合时,注意到了一个明显的规律。除了那些与我们最近的星系,比如仙女座星系和大小麦哲伦星系,它们与银

美国天文学家埃德温·哈勃坐在胡克望远镜前。哈勃发现了星系退行的证据,勒梅特等人对此解释为宇宙正在膨胀。图片来源:海尔天文台,AIP Emilio Segrè 视觉档案馆提供。

河系一起组成了本星系群,宇宙空间中所有其他星系都在以一定的速度相对于我们的星系退行,并且退行的速度随距离的增加而增加。换句话说,星系距离越远,退行速度越快。他计算了速度和距离之间的比例,这一比例现在被称为哈勃常数(the Hubble constant)。1929年,他向天文学界宣布了自己的研究结果,引起巨大的震惊。

勒梅特利用更早期、更零散的数据也发现了同样的效果。然而,同样由于该报告发表在比利时的一份杂志上,国际社会对他的结果基本上还是缺乏了解。2018年,国际天文学联合会投票改变了这一理论的名称,即描述星系退行速度与之距离成正比的哈勃定律(Hubble's law),更名为哈勃-勒梅特定律(Hubble-Lemaître law)。

哈勃论文发表后不久,全球天文学界便开始转而接受膨胀的宇宙。宇宙在不断膨胀,这很自然地解释了星系越远且运动速度越快的事实。我们可以通过想象在体育场举行一场音乐会,来描述这种情况。观众围坐在一个圆形舞台周围,相邻两排间隔3英尺。假设一名安全检查员突然决定,观众间隔距离必须变成"两倍";也就是说,两排之间的距离必须增加到6英尺。如果照此执行,第一排将向后移动3英尺,挪到距离舞台6英尺的位置。然而,第二排也必须向后移动6英尺,距离舞台12英尺;第三排向后移动9英尺,离舞台18英尺,依此类推。如果所有操作同时进行,那么第二排的移动速度必须是第一排的两倍;第三排的移动速度必须是第一排的3倍,依此类推。因此,随着体育场座位布局不断扩大,座位向外移动的速度与座位和舞台之间的距离成正比。在膨胀的宇宙中正在发生的也是同样的事情。因此,哈勃常数是宇宙膨胀速率的量度。

不过,哈勃本人并不十分拥护这种超前的解释。天文学家艾伦·桑德奇(Allan Sandage)在很多方面都称得上是哈勃的门生,他曾在加利福尼亚州的多个天文台与哈勃密切合作,他说哈勃不太愿意在没有排除所有其他可能性的情况下,将这种现象归因于宇宙膨胀。他认为自己的职责只是展示分析过的数据,至于解释权则留给其他人。

哈勃"显然想坐在墙头,"桑德奇回忆说,"他明确表示,'好吧,真正的膨胀解释应该有很多困难。如果没有真正的膨胀,而是因为一些我们尚未知晓的物理定律,才形成这样一种关系;如果膨胀确实存在,那么也应该认为它们存在另一种运行方式。'他总是讨论两种可能性。"[5]

爱丁顿催促勒梅特将其1927年的论文翻译成英文,在《皇家天文学会月报》(Monthly Notices of the Royal Astronomical Society)上发表,这样能让文章传递给更多的读者。勒梅特对此表示认同,于是在1931年出版了英文版。然而,令人感到奇怪的是,原文中某些部分却在译文中被省略了,包括他早期对哈勃常数的估计。

许多年来,这一遗漏始终是个谜。其他的一些段落清楚地表明,勒梅特不仅是第一个根据观测数据预测到宇宙正在膨胀的人,并且也是第一个推演出哈勃定律和哈勃常数的人。有没有可能是月报的编辑遗漏了某些东西从而力挺哈勃呢?

2011年,天文学家兼科学作家马里奥·利维奥(Mario Livio)解开了缺失文本之谜。[6]他从勒梅特写给编辑的一封信中发现了真相。事实证明,亲自翻译论文的勒梅特省略了自己的某些发现,因为他并不想让读者从哈勃的结果中分心,哈勃的结果是基于更广泛的数据。勒梅特极其谦虚,对历史如何看待他并不太感兴趣。他只期望得到最准确的估计,而他认为哈勃而不是自己的结论更为准确。

当时,勒梅特也确实有意淡化1927年的论文,因为他想更突出关于宇宙起源的新观点。他认为宇宙并不是一开始就很大的,半径有限,并以此为起点变得更大,而是始于一个超致密的物质球,从一个点膨胀到今天的大小,就像一个生物从胚胎开始成长一样。他把他的想法称为"原始原子"(primeval atom)假说,也叫"宇宙蛋"(cosmic egg)。

1931年9月，在伦敦举行的英国科学促进协会成立百年的纪念会议上，勒梅特公布了他关于宇宙诞生的观点，德西特和其他著名天文学家也出席了那次会议。勒梅特发现，在关于时间的绝对开端方面，自己与爱丁顿等许多其他天文学家存在分歧，人们发现"创世于一瞬间"的概念更接近于神学而非科学。尽管勒梅特本人总是小心翼翼地将科学与宗教区分开来，但作为一位牧师，暗示某种具有"创世时刻"特征的事实可能会让那些对宗教信仰持怀疑态度的人进一步疏远他。事实上，对"创世"概念的蔑视倒是在激发人们对稳恒态模型的兴趣上起到了推动的作用。

稳恒态的预言

1931年1月29日，在前往加州理工学院做科学咨询的途中，爱因斯坦有机会参观了威尔逊山天文台，并与哈勃有过一次会面。毫无疑问，哈勃本人很高兴有机会向爱因斯坦展示他所使用的那台巨大的望远镜，这正是他取得突破性发现的地方。会面的时候，爱因斯坦已经否定了原来所认为的宇宙是静态的想法。与哈勃不同，爱因斯坦反而成了一个皈依在膨胀宇宙之下的信徒，他坚信宇宙确实在不断膨胀。

爱因斯坦后来与伽莫夫的谈话中讲到他如何认为在1917年加入宇宙学常数是一个错误。如果不去画蛇添足的话，他就会得出弗里德曼和勒梅特的计算结果，从而预言一个膨胀的宇宙。伽莫夫回忆说，爱因斯坦称之为"他一生中犯下的最大错误"[7]［请注意，莱纳斯·鲍林(Linus Pauling)也曾说过，爱因斯坦告诉他写给富兰克林·罗斯福总统关于原子弹研究的信是"他一生中的一个重大错误"，所以说这些回忆只能被视为轶事，而非既定事实。］

有了哈勃观测的结果，爱因斯坦对弗里德曼、勒梅特和德西特的新发现大加赞赏，他也开始构建自己的膨胀宇宙学。他的修补工作也是他固执的体现。他觉得有必要为任何问题找到最优雅的解决方案，那样的方案似乎也应该是最自然的。

1931年4月，爱因斯坦提交出版了自己首个膨胀宇宙模型（也称为"弗里德曼-爱因斯坦宇宙"）。此时，他已经放弃了宇宙学常数，恢复到他最初的广义相对论。它基本上使用哈勃常数作为设置时间尺度和其他与弗里德曼正曲率解相关的参数的手段。于是，这个模型再现了弗里德曼的大收缩场景，即宇宙未来将膨胀一段时间，达到最大半径，然后开始收缩。

学者科马克·奥雷费泰格和布伦丹·麦肯最近指出，在计算（自开始膨胀以来）宇宙的年龄时，爱因斯坦却在数学上犯了一个错误。[8]他预测出（如果计算正确的话）宇宙年龄大约为20亿年。这可比地球、太阳，以及我们今天看到的大多数恒星的年龄低得多，这显然是没有道理的。虽然他最终估计宇宙年龄大约有100亿年，但他并没有通过数学方法证明这个数字的正确性。估计值偏低（就算加上修正）的一个原因是当时观测能力的限制，哈勃常数的值并不精确。在后来的几十年里，现代技术为其建立了更精确的值。然而，即使我们为爱因斯坦改正了相应的计算，也引入当代的哈勃常数的值进行计算，爱因斯坦1931年的模型仍然无法完全准确地确定宇宙的年龄。因为它没有考虑到被称为暗能量和暗物质的不可见物质的存在，这两种物质都在驱动着宇宙。此外，爱因斯坦的模型假设空间是整体正曲率的，而当前的观测表明宇宙是平直的。

反映爱因斯坦计算错误来源的一条主要线索是牛津科学史博物馆（Oxford's History of Science Museum）内的一块黑板，它保存了爱因斯坦1931年5月19日在牛津大学发表的宇宙学公开演讲中所写的内容，该演讲是罗德系列讲座的一部分。多年来，这块黑板一直陈列在那儿，但上面并没有恰当地标注相关讲座基于什么宇宙学理论。奥雷费泰格确定爱因斯坦写的方程与其第一次发表的膨胀宇宙模型相匹配。此外，通过验算，奥雷费泰格发现爱因斯坦在对哈勃常数进行单位系统换算时，似乎存在着一个数量级的错误，从而导致宇宙半径和年龄有所偏差。[9]所以，假如你把账单列错了，请振作起来——因为即使是爱因斯坦，也偶尔会在数学上犯下愚蠢的错误。

奥雷费泰格还有一项更重要的发现是关于爱因斯坦未曾发表的一份手稿，上面用德语写着标题"关于宇宙学的问题"(On the Cosmological Problem)。这份手稿与1931年4月发表的论文《广义相对论的宇宙学问题》(On the Cosmological Problem of the General Theory of Relativity)几乎完全相同。先前的学者认为这篇未发表的论文只是已发表文章的草稿。相反，奥雷费泰格惊讶地发现，手稿中提出了一个完全不同的模型，一个似乎可以预测宇宙稳恒态理论的模型。虽然它通过模拟膨胀的宇宙来解释哈勃的发现，但它是通过假设不断产生新的粒子来保持宇宙学常数以及宇宙中恒定的物质的总密度。换句话说，尽管宇宙在膨胀，但随着时间的推移，宇宙仍将保持相同的整体外观。

奥雷费泰格回忆起他发现爱因斯坦此前未经确认的作品时的"尤里卡"时刻："我从椅子上一跃而起，手里拿着打印稿，沿着走廊跑到我的同事——一位精通德语的数学老师布伦丹·麦肯的办公室，一路上大声喊道'我想我有重要发现！'"[10]

在科学领域，绝对原创的想法并不多见。一个概念常常被不同的思想家以不同的形式一次又一次地重复发现，直到最后，也许由于一位有说服力的发言者提出了一个特别有说服力的论点，或者存在乐观的实验验证的前景，这些概念才会广为人知。所以说，爱因斯坦会攥着稳恒态宇宙的概念许久都不愿撒手，后来霍伊尔也独立地发展了这个概念；而邦迪和戈尔德也在同一时期提出了另一种形式的稳恒态宇宙，如果说来也就不奇怪了。

那么，有人可能会想，是什么吸引了爱因斯坦，从而使他得出一个不断创造物质的宇宙，而他又为什么放弃了对稳恒态模型的发展，甚至没有发表呢？考虑到爱因斯坦对静态宇宙的偏爱，一个既能保持物质与能量的稳定密度，同时又能符合哈勃之重大发现（强烈暗示正在膨胀）的宇宙，对他而言显然是很有吸引力的。

是什么使自然法则看起来优雅而简单，这种直觉是很难被抛弃的。爱因斯坦经常想象有一个神，他如何为宇宙制定基本规则。在空间和时间上保持一致性似乎是一种十分理想的特质。在发展广义相对论时，他将空间和时间描绘成一个统一的四维时空。因此，即使在接受了空间正在膨胀的概念之后，他仍在努力寻找一种方法，让新的物质继续缓慢填充空间，以使其随时间保持一致。这样做才能让宇宙在空间和时间上回到整体一致性。霍伊尔、邦迪和戈尔德后来也通过自己的工作，以一种直观的方式得出了相同的概念。同样地，他们发现这个概念太引人入胜了，以至于无法置之不理。

奥雷费泰格和他的合作者描述了可能是什么原因让爱因斯坦放弃沿着这条道路继续创造新的想法。[11]根据爱因斯坦为他的模型所建立的方程式，除了一个完全虚无的宇宙外，得不到其他物理解。主要的问题是，他没有考虑到如何在太空中产生新的物质来填补星系后退留下的空白。这项工作需要更多的思考，更多的毅力——多年以后霍伊尔通过艰苦卓绝的努力充分体现出来——他极力让稳恒态模型保持理论上的可行性。

也许爱因斯坦在宇宙学方面最成功的尝试是另一篇论文《关于宇宙膨胀与宇宙平均密度之间的关系》(On the Relation Between the Expansion and the Mean Density of the Universe)，是与德西特合著并于1932年发表的。文中，他们不仅放弃了宇宙学常数，而且还放弃了爱因斯坦早期模型中的正曲率（多维球空间）。由此得出了相反的结论，爱因斯坦-德西特宇宙是平直的，这意味着它将永远膨胀。由于该模型描述简单，从而引起了人们广泛而持久的兴趣。

在整个20世纪30年代早期，爱因斯坦在美国和比利时多次与勒梅特会面，讨论他们在宇宙学方面共同的兴趣点，以及各种观点。虽然两人都致力于发展宇宙学，但爱因斯坦和爱丁顿一样，不喜欢勒梅特原始原子的概念。爱因斯坦之所以厌恶，主要是因为这样的宇宙，其起点会是一个奇点（密度无穷大的点）。他不喜欢科学中不确定的"悬疑剧情"。他建议勒梅特修改模型，从而避免任何奇异的初始状态，但结果证明这个想法反而是行不通的。

尽管如此，爱因斯坦仍提名勒梅特获得法朗基奖（Francqui Prize），这是比利时最高科学荣誉；爱丁顿是评审委员会的成员。该奖项由比利时国王利奥波德三世（Leopold Ⅲ）于1934年颁发，这也是勒梅特因其开创性的理论工作而获得的众多荣誉之一。

将宇宙学带入生活

1933年1月，普林斯顿大学物理学家霍华德·罗伯逊（Howard Robertson）发表了一篇有影响力的综述《相对论宇宙学》（Relativistic Cosmology），这篇文章将激励霍伊尔及其他许多人在这一领域进一步研究。它总结了到那时为止发展起来的各向同性、物质均匀分布的模型总体情况。罗伯逊和曾在爱丁顿手下学习过一段时间的英国数学物理学家阿瑟·沃克（Arthur Walker）分析后建立了一套完整的解，因此，各向同性的均匀宇宙的最一般表达形式被称为弗里德曼-勒梅特-罗伯逊-沃克度规（FLRW metric），它将成为宇宙大爆炸理论空间动力学的几何基础。

不过,请注意,物理宇宙学所涉及的内容远不止空间如何膨胀。宇宙中充满了物质,充满了复杂的结构,从恒星到星系,甚至是更大的集团,如星系团。从零开始构造这种结构,那就需要一个能说清楚宇宙在不同发展阶段的状态如何影响其物质的模型。广义相对论不足以提供这些信息,而是需要热物理学、原子物理学、核物理学、粒子物理学等相关学科的辅助。

爱丁顿在1926年发表了他的专著《恒星内部结构》(*The Internal Constitution of the Stars*),拉开了这场运动的帷幕。在书中,他提出4个氢原子核聚合在一起能将它们转化为氦原子核,并在这个过程中释放出能量(借助爱因斯坦著名的质量-能量转换方程 $E=mc^2$)。这种转化方式为太阳及其他恒星提供了燃料。他对产生能量的恒星聚变的初步分析很有见地,但并不完整;他提出这个想法时,人们对原子核还没有更多的了解。当时并不是所有的成分都已为人所知。1932年詹姆斯·查德威克发现了中子,这改变了整个物理学领域。这需要新一代科学家——像伽莫夫、霍伊尔和他们的同事们探索将极大和极小联系在一起的奥秘:核物理和粒子物理被应用于天体物理学和宇宙学上。

从1933年秋天起,霍伊尔进入剑桥大学学习,这为他提供了许多建立这种联系的机会。尽管在上大学之前,他的主要科学兴趣是化学和天文学,自从他听了当时一些最伟大的头脑的讲座后,他开始转向物理和数学。特别是爱丁顿关于广义相对论的演讲让他大开眼界。

霍伊尔当时还无法直接与爱丁顿交谈,但7年后,当霍伊尔在剑桥圣约翰学院担任专业职位时,他们终于有了交往。他需要爱丁顿为一件与皇家天文学会有关的事务签名,他认为这项任务只需要不到一分钟的时间。他不确定爱丁顿是在讲座中记住他的,还是在广义相对论综合考试中记住他的。不管怎样他们最终相谈甚欢,聊了大约两个小时。[12]

在谈话中,霍伊尔和爱丁顿讨论了恒星后期如何获得燃料的问题。爱丁顿有一个关于恒星演化的著名理论,但当它应用于太阳时却出现了问题。根据他的模型,太阳核心的温度太低了,4个氢原子无法同时融合成氦并通过这个过程释放光能。当他的同事们指出这个问题时,他尖刻地回应说,它们应该找一个更热的地方。

有趣的是,在霍伊尔和爱丁顿的讨论中,提到了伽莫夫的研究。伽莫夫在一篇论文中提出,氢转化为锂是一种可以在相对较低的温度下发生的核反应过程。霍伊尔向爱丁顿解释说,他对伽莫夫的想法持怀疑态度,因为没有找到足够的锂,无法支持这个过程是经常发生的。

伽莫夫能出现在剑桥的这次谈话中,正表明自列宁格勒大学的学生时代以来,这颗新星已经冉冉升起(不好意思使用了双关语)。当哈勃、勒梅特、爱因斯坦等人正在推进对膨胀宇宙的观测和数学描述时,伽莫夫一直在欧洲和美国,为核物理学作出了开创性的贡献。在这个过程中,他在剑桥和其他地方已经名声大噪。这些突破最终将极大地推进天体物理学和宇宙学的发展。

第三章
解锁原子核

>这就是原子,由玻尔创造。
>这就是由玻尔创造的原子中的原子核。
>这是一个看起来像原子核一样的液滴,由玻尔创造的原子中的原子核……
>
>——鲁道夫·派尔斯(Rudolf Peierls),
>《玻尔创造的原子》(The Atom That Bohr Built),
>《诙谐物理学杂志》(Journal of Jocular Physics),
>1955 年

20 世纪 20 和 30 年代,当宇宙学取得巨大进步的同时,量子力学的发展也让原子物理学和核物理学取得了非凡的进步。尽管对这些领域的贡献是来自全世界的,但其中有 3 个最重要的发展中心:哥本哈根和哥廷根是理论中心,以及剑桥,特别是卡文迪什实验室,可称实验中心。在这些中心进行的研究将被证明对天体物理学和宇宙学的进一步发展有着至关重要的作用。

太阳和其他恒星之所以发光是因为核反应,并且元素就是在它们的核心锻造而成的,尽管今天看来这些反应过程似乎是显而易见的,但其中的联系也并非如此顺理成章。由于恒星核心的温度不足以让类似爱丁顿所提出的简单模型发挥作用。氢原子核如何克服斥力融合在一起成为氦原子核,科学家们面对这个问题只剩下挠头了。沿着元素阶梯向上看,更没人能够解释3个氢原子核是如何融合成一个碳原子核的。因此,需要像伽莫夫(解决氢聚变问题)、德国出生的物理学家汉斯·贝特(深入探究恒星演化过程中核聚变序列)和后来的霍伊尔(解决碳的形成问题)这样的思想天才,才能实现将天体物理学与核物理相结合,在解释恒星能量和元素形成方面取得质的飞跃。伽莫夫将原本纯粹是核物理学家的贝特带入这个新兴的跨学科领域,霍伊尔也紧随其后。因此,我们可以这样认为,导致核天体物理学诞生的一连串事件始于伽莫夫前往量子王国的旅程——他先后访问了哥廷根、哥本哈根和剑桥——量子王国的3个中心。

在1928年的苏联,要想前往其他国家并不是很容易,但也并非不可能。伽莫夫就获得了去哥廷根暑期学校的机会,那儿会在大学两个学期之间的假期中举办讲座。他很高兴能一边体验异国风情,一边练习基本的德语(有时候会将德语与基础的英语混淆),还能探索一座历史悠久的城市,关键是那里有一所以数学和科学闻名的大学。正是在这座城市,他认识了好几位数学界大人物,如卡尔·高斯——非欧几何的开创者之一,赫尔曼·闵可夫斯基——提出了时空作为一个统一的四维实体的概念,还有大卫·希尔伯特——在发展量子力学和广义相对论的数学框架方面发挥了至关重要作用。实际上,"量子力学"一词也是由创新物理学家马克斯·玻恩在那里创造的。就在伽莫夫访问的两年前,在玻恩的推动下,维尔纳·海森伯的矩阵力学和埃尔温·薛定谔的波动力学这两个理论体系相统一,成功地描述了原子及其他电子系统的物理机制。伽莫夫非常了解这一理论,并很快将其应用于核物理,这是连量子物理学的开创者都没有预料到的。

打破势垒

伽莫夫喜欢泡在哥廷根大学庞大的图书馆里。有一天,他偶然发现了一篇文章(这篇文章将使他取得最伟大的成就之一):解释了带正电的粒子是如何进入和离开同样带正电的原子核的,而我们知道同种电荷应当是相互排斥的。该报告由著名实验物理学家、卡文迪什实验室主任欧内斯特·卢瑟福撰写,描述了在铀样品中发现快速移动的α粒子(带正电的氦核)散射。不知为何,在这个过程中,α粒子突破了一个本应严格禁止它们穿过的能量势垒。这个问题触及一个更根本的问题:镭-226和铀-238等放射性原子核所释放的α粒子是如何突破它们逃逸所需的能量阈值的?这个过程被称为α衰变。

这就好比一辆过山车,它沿着轨道从第一个峰顶加速滑下来,随后遇到更高的第二个峰顶。尽管它在下降过程中积累了很多能量,但并不足以将它推向更高的高度。只有当绝对不存在摩擦力的情况下,它才能爬上第二个坡,但只能达到与第一座峰顶相同的高度。同样,带正电的α粒子在面对电斥力所造成的能量势垒时,如果没有足够的动能帮助它穿越,它就应该会被弹开。但在卡文迪什实验室的卢瑟福团队所观察到的并不是这样。

卢瑟福虽然不是一个理论家,但他也经常喜欢尝试自己做出解释。在这方面,他与哈勃大不相同,哈勃把理论问题留给了理论家。卢瑟福的想法是,α粒子是在一对带负电的电子的"护送"下突破能量势垒的,并且是在两个方向上,这对电子正好平衡了α粒子的正电荷,这样就使抛射体物质整体上处于电中性。一旦完成任务,电子就会回落到原子核中,这就是研究人员没有检测到它们的原因。被电中和的α粒子不会受到任何电斥力势垒的阻碍。

伽莫夫觉得卢瑟福的解释有些牵强。假设一对电子在被需要的时候在特定的短暂时间内发挥作用,然后又要求它们在不被需要的时候迅速离开现场,这听上去太匪夷所思了。回到刚才的类比中,这很可能就像一个无规律的间歇泉在过山车的轨道下适时地喷发,将挣扎着爬坡的过山车推上第二座峰顶,在完成它的工作后立即消失在地下。

一些理论家抓着最复杂的问题穷追不舍,花费数月或数年来寻找解决方案。但伽莫夫向来不是那种理论家。相反,他喜欢巧妙地发现科学中唾手可得的果实,以聪明、直观的方式发现它们。随着他职业生涯逐渐成熟,他会提供自己的预感,然后他的学生或同事会提供他所需的计算来支持他。

伽莫夫记得量子力学中的一些例子,电子能够以经典物理学禁止的方式穿过能量势垒。法国物理学家德布罗意已经证明,电子可以被描述为"物质波":电荷团分布在一定的空间范围中。薛定谔发现了一个与德布罗意的想法相匹配的方程,该方程描述了这种"波函数"(表示这种波在空间上如何分布的术语)在力存在的情况下是如何表现的。然后,为了将薛定谔方程与海森伯的跃迁理论相调和,玻恩将波函数重新解释为"概率分布",而不是物质分布。也就是说,它代表了电子位于空间中任何一点的可能性。在某些情况下,由某种力所产生的能量势垒会允许波函数的尾部实现穿越——也就是说,尽管在经典物理学中能量势垒会阻挡粒子,但事实是,相应的粒子是有机会穿过能量势垒的。(从数学上讲,概率分布函数的尾部代表概率呈指数级下降,就像是烈日下的冰块变得越来越小。)

伽莫夫迅速建立了原子核的势垒模型。带正电的核粒子喜欢停留在一个微小的区域(也就是现在所说的"强相互作用"范围,仅限原子核内),如果(因电斥力的存在)分开一定距离,那就会损失一定的"亲和性",只要它们相距足够远,那么这两个粒子最终会重获自由(由于电斥力随着距离的增加而减小)。通过引入薛定谔方程,伽莫夫能够绘制出原子核中α粒子的波函数,并表明它们拥有延伸到势垒之外的"尾巴"。他能够从模型中计算出α粒子的衰变率及其穿越核屏障的概率。

他以典型的快速而令人印象深刻却并不总是追求面面俱到的"伽莫夫风格",一夜之间解决了整个问题。伽莫夫将结果与尤金·维格纳(Eugene Wigner)分享,维格纳对此留下了深刻的印象。维格纳是希尔伯特十分杰出的助手,出生于匈牙利,后来也获得了诺贝尔物理学奖。伽莫夫发表这一结果后获得了极大的赞誉,不过,结果发现普林斯顿大学的两位物理学家罗纳德·格尼(Ronald Gurney)和爱德华·康登(Edward Condon)也独立解决了同样的问题。因此,这三者都被认为解决了长期困扰物理学界的α衰变之谜。鉴于伽莫夫对α衰变的开创性研究,列宁格勒大学于当年授予其博士学位。

玻尔搭建的原子大厦

在从哥廷根返回列宁格勒的路上,伽莫夫短暂访问了哥本哈根。他认为这可能是他参观量子物理圣地、拜见"圣人"尼尔斯·玻尔的唯一机会了。他在没有提前告知的情况下到达玻尔理论物理研究所,向玻尔的秘书贝蒂·舒尔茨(Betty Schultz)询问是否可以预约。她回答说可能需要几天时间,伽莫夫解释说,他在哥本哈根只能停留一天。听到这一消息后,玻尔挤出了时间,在当天下午与伽莫夫见了一面。

两位物理学家一拍即合。伽莫夫解释了他关于α粒子衰变和隧穿效应的理论,这引起了玻尔的兴趣。令伽莫夫非常惊讶的是,玻尔当场向他提供了为期一年的嘉士伯奖学金(由著名的丹麦啤酒厂资助)。伽莫夫欣然接受。他将利用这个机会进一步研究α粒子衰变和粒子碰撞

位于丹麦哥本哈根的尼尔斯·玻尔理论物理研究所。图片来源：保罗·哈尔彭拍摄。

的过程。

很快,伽莫夫在哥本哈根有了宾至如归的感受。他喜欢这儿发生的一切,"这个研究所充满着年轻理论物理学家,以及他们关于原子、原子核和通用量子理论的新想法。"[1]

伽莫夫当年的主要贡献之一是原子核的"液滴"模型。他提出该模型是为理解原子核是如何聚合在一起的,以及在什么情况下,某些粒子或粒子团可能在辐射过程中断裂。他向玻尔提出了一个直观的想法,将原子核想象成一种黏稠的、不可压缩的流体。对聚集在一起的液滴能够描绘其表面张力等物理量,这样或许可以深入了解原子核是如何结合的。玻尔接受了这个概念,后来与美国物理学家约翰·惠勒(John Wheeler)进一步发展了这个概念。

伽莫夫在哥本哈根度过了几个月,他注意到玻尔理论物理研究所的研究人员都很崇拜玻尔,也发现了玻尔的怪癖很有趣,尤其是他经常表现出来的一种冷漠。例如,玻尔喜欢攀岩,经常试图炫耀自己的技术。有一天,他告诉研究人员,他将展示如何丈量建筑的墙壁。随后在所有人惊讶的目光注视下,他开始爬上一家商业机构的一侧外墙。然而,很快,从这一小股人群中走出了一名忧心忡忡的警察。玻尔选择的那栋大楼碰巧是一家银行,警方认为他试图抢劫这家银行。[2]

伽莫夫也把自己的轻浮带到了研究所。有一次,年轻的物理学学生弗里茨·卡尔卡(Fritz Kalckar)来访,被大楼另一个房间传来的令人不安的爆裂声吓了一跳。这个天真的学生脑子里的第一个念头是玻尔正在用原子进行危险的实验,从而造成了小型爆炸。当他进入发出噪声的房间时,发现原来是伽莫夫和另一个学生在打乒乓球。[3]

由于伽莫夫的丹麦语、英语和德语(该研究所使用的 3 种主要语言)都还在不断学习中,所以他带给人们欢乐的一种方式是他的漫画,这项技能可能是他从列宁格勒大学的朋友伊琳娜·索科尔斯基娅那里学到的。他还很快发现,除了娱乐作用以外,这样的漫画还可以提供信息。

玻尔研究所每年都会举行一次会议,作为一项传统,大会最终以年轻研究人员轻松愉快的一系列有趣表演结束。伽莫夫多次展现了他的漫画技巧。1931 年,也就是玻尔成立研究所十周年纪念活动上,他绘制了一系列详细介绍量子物理历史的漫画,其中用米老鼠[模仿了华特·迪士尼(Walt Disney)所绘制和配音的卡通形象]扮演玻尔。第二年,恰逢德国著名作家歌德逝世 100 周年,研究人员模仿排演了《浮士德》,由科学家马克斯·德尔布吕克(Max Delbrück,后来获得诺贝尔奖)改编。在剧本中,玻尔被描绘成上帝,爱因斯坦被描绘成滋生跳蚤的国王,爱丁顿则被描绘成大天使。物理学家沃尔夫冈·泡利因经常撰写尖酸刻薄的评论被选为魔鬼,保罗·埃伦费斯特(Paul Ehrenfest)

因看上去烦恼缠身而被选为浮士德。德尔布吕克邀请伽莫夫为这个献给玻尔和玻尔研究所的话剧脚本绘制插画。于是伽莫夫创作了恶魔般的泡利、头发蓬乱的爱因斯坦和圣洁的爱丁顿等搞笑漫画。

伽莫夫对其他科学家的调侃总是很温和。他希望他们接受这个笑话，而不是被嘲笑所吓倒。正如伊戈尔·伽莫夫（Igor Gamow）回忆的那样："父亲有一种习惯，那就是脑子里想到什么就要说出来。父亲很可爱，从不吝啬。父亲只是单纯地热爱科学。"[2]

伽莫夫不仅在他的公开作品中表现出轻快的幽默。在他的私人信件中也充满了双关语、愚蠢的评论和有趣的涂鸦。物理学家弗里曼·戴森回忆说，"伽莫夫喜欢通过手写信件，以一种令人愉快的个人风格进行交流。"[4]

除了乒乓球和幽默的年度戏剧外，看电影也是玻尔研究所研究人员的主要消遣之一，尤其是西部片。不同于现实中量子世界的捉摸不定，这些娱乐节目中勇敢的英雄和邪恶的坏蛋之间泾渭分明。在看过一部牛仔电影后，伽莫夫向玻尔提出了一个问题："为什么电影中的英雄人物总是比反派角色更快地拔枪？毕竟，在恶棍想好要做什么的时候，英雄是毫无准备的。他需要提前行动才行。"[5]

玻尔却不以为然，他是永远的乐观主义者。他认为，好人会表现得更为冷静。只要没有罪恶感，好人就会比陷入困境的坏人更快地扣动扳机。

但作为科学家，他们知道自己需要亲自检验自己的假设。第二天，玻尔和伽莫夫组成了两支队伍——英雄队和反派队——每支队伍都配备了玩具手枪。伽莫夫小队躲藏起来，对玻尔小队发动了偷袭。每个人都拔枪相向，但玻尔率先开了枪。看来玻尔说对了！

对西方电影和牛仔英雄的热爱激发了伽莫夫的灵感，他将自己的俄语昵称进行了美国化处理，变成了"Geo"。从那时起，他坚持让每个人都拼写为"Geo",但发音为"Joe"(乔)。伊戈尔·伽莫夫解释道:"我父亲又高又瘦。'Joe'(乔)是英雄。牛仔总能更快地拔出手枪。父亲总是对马和牛仔充满热情。"[2]

伽莫夫对牛仔的认同也影响了他对科学的非正统态度。他喜欢像一个孤独的骑手一样去新的边疆冒险,留下自己的记号。然而,他并不喜欢在那个前哨基地驻留,而是更愿意前往新的地方——他是个永远的独行侠。

与卢瑟福会面

玻尔与卢瑟福一直保持着长期的联系,最早可以追溯到他根据卢瑟福团队收集的散射数据发展出尚不成熟的原子模型(想象为电子围绕微小原子核旋转)的时候。玻尔鼓励伽莫夫在圣诞节期间去拜访卢瑟福。玻尔知道卢瑟福脾气暴躁[卢瑟福的绰号之一"鳄鱼"(crocodile)源自他对人的攻击方式],因此他鼓励伽莫夫带上图表,证明他对 α 粒子散射的理论预测与卢瑟福团队获得的一些实验室结果相匹配。他们预计卢瑟福看到这一确认会很高兴的。这一策略非常奏效,伽莫夫给卢瑟福留下深刻印象,他们相处得很好。随后伽莫夫兴高采烈地回到哥本哈根。

几个月后,当伽莫夫为期一年的嘉士伯奖学金即将到期时,他和玻尔进行了一次会面,决定他下一步应该做什么。他还不想全职回到列宁格勒。前往卡文迪什并与卢瑟福共事一年似乎才是完美的解决方案。在玻尔的支持下,伽莫夫获得了为期一年的洛克菲勒奖学金,这将为他的留下提供资金。在丹麦土地上的一年令伽莫夫收获颇丰,次年夏天他去了一趟苏联(在那里他因核物理的发现受到媒体的赞誉),再往后就开始了一场对他而言极富启发性的英国冒险。(霍伊尔当时还

剑桥大学卡文迪什实验室。图片来源：保罗·哈尔彭拍摄。

在念高中，尚未进入剑桥学习，所以两人不会有交集。）

抵达剑桥后，伽莫夫买了一辆二手摩托车作为交通工具，他会在休假期间去乡下闲逛。1930年夏天，当他的好朋友朗道来访时，他们一起骑车游遍了英格兰和苏格兰。对伽莫夫来说，这辆车不仅是一种交通出行手段，同时也是他大胆独立的象征。它赋予伽莫夫旅行的自由。

但并不是每个人都有同样的感受。有一次，电子的发现者、卡文迪什实验室的前主任、卢瑟福的导师汤姆孙（J. J. Thomson）看到伽莫夫骑着摩托车，吓得喘不过气来。据传，汤姆孙是这样说的："快把他从摩托车上拽下来，如果他死了，物理学将倒退20年。"[2]

在剑桥，伽莫夫遇到了才华横溢的物理学家保罗·狄拉克，他对量子力学数学形式的贡献可以说是决定性的，他还正确地预测了反物质的存在。狄拉克是圣约翰学院的一名研究员，很快就获得卢卡斯数学教授席位，这个席位曾由艾萨克·牛顿担任，狄拉克之后则是斯蒂芬·霍金。沉默寡言的狄拉克和爱开玩笑的伽莫夫有着深厚的感情。狄拉克话特别少，他经常留出很长的空档来收集自己的想法，而伽莫夫却很乐意填补空白。狄拉克童年受到约束，情感上有些障碍，伽莫夫向他介绍了一些简单的消遣，给他带来了快乐。例如，他让狄拉克知道了福尔摩斯的故事和米老鼠漫画，还教他如何骑摩托车。[6]

和玻尔研究所一样，卡文迪什实验室也有举办年度庆祝活动的传统。每年研究人员都会演唱由汤姆孙配写的歌词，奉献一首和谐而特殊的物理学颂歌。有一首他们演唱的流行歌曲是《离子矿》（Ions Mine），汤姆孙写的歌词，使用的是民歌《克莱门汀》（Clementine）的曲调。开头是这样唱的：

> 线圈、蜡和麻线，
> 躺在尘土飞扬的实验室。
> 多么荣耀的原子，
> 不断重组不断电离。
> 哦，亲爱的！哦，亲爱的！
> 哦，我亲爱的离子！
> 当你又一次重组，
> 你将消失，永远消失！[7]

伽莫夫的儿子伊戈尔·伽莫夫说，父亲晚年会哼唱他自己翻唱的歌曲，讲述的是一个名叫"克莱门汀"的核反应堆。伽莫夫最喜欢的西部片之一亨利·方达（Henry Fonda）主演的《我亲爱的克莱门汀》（*My Darling Clementine*）有可能是其灵感的源头。[8]但可以想见他也同样回想起了卡文迪什的"唱诗班"。

当然,伽莫夫去卡文迪什实验室是为了做研究而非消遣。他之所以能忙里偷闲找到不少乐趣,主要因为他解决问题的速度极快。他不喜欢花费很多时间和精力陷入又笨又烦的冗长的计算中,他擅长发现科学难题的最直观的解决办法,并且尽情享受。了不起的直觉就是他的标签。

很快他就为卢瑟福的研究目标作出了一项贡献。卡文迪什实验室的这位主任有一个雄心勃勃的计划,用各种类型的离子轰击原子核,目的是像用锤子砸核桃一样把它们敲开。他找到伽莫夫寻求意见。最简单的离子是氢离子,它只有一个质子。卢瑟福要求伽莫夫计算将质子射入原子核的理想能量,即刚好有足够的能量破坏原子核的能量势垒将原子核撞碎。伽莫夫当然欣然应允。

几乎就是一瞬间的事,伽莫夫带着所要的估算回到卢瑟福那儿。他解释说,对同一目标而言,质子撞击所需的能量是 α 粒子的 1/16。质子的质量大约是 α 粒子的 1/4,所以只需要达到 α 粒子速度的一半就可以了。将这些数字代入物理学入门书籍中的标准动能公式,很快就能得到答案。

卢瑟福对伽莫夫的如此简单的答案感到十分惊讶。"就这么简单吗?"他很好奇,"我以为你会把那些该死的公式写满一张纸。"

伽莫夫向他保证的确很容易,卢瑟福这才相信这一数值。他请来了两位年轻的助手约翰·科克罗夫特(John Cockcroft)和欧内斯特·沃尔顿(Ernest Walton)来检验伽莫夫的计算。他们正在建造世界上第一个线性加速器,目的是通过提升电压来加速粒子,并将粒子抛射出去撞击目标原子。卢瑟福曾指示他们要将"100万伏电压加到一个肥皂盒上"。最终伽莫夫的运算结果被证明非常有帮助,因为他们用一台只输出 60 万伏电压的机器就能实现预期的结果。

在部分受到伽莫夫计算的启发后，科克罗夫特-沃尔顿实验推动物理学世界发生革命性的变化。尽管伽莫夫没有亲眼看到这个项目的成果，但在1932年4月，他很高兴地听到好消息，该团队用质子轰击锂原子核，将每个锂原子核分裂成两个氦-4原子核以及额外的能量。产生的能量刚好等于初始质量和最终质量的差乘以光速的平方，为爱因斯坦著名的公式提供了首个实验验证依据。此外，该实验还首次证明了一种元素可以转化为另一种元素：这是对昔日炼金术士的梦想的科学诠释。

差不多就在这个时候，同样在卢瑟福手下工作的詹姆斯·查德威克发现了中子，这是另一个里程碑事件。两年后，科克罗夫特-沃尔顿实验所引发的革命将随着第一次成功的核聚变实验得到进一步扩展，这项实验同样是在卡文迪什实验室进行的。马克·奥利芬特（Mark Oliphant）将氘（氢的同位素，含有1个质子和1个中子）转化为氚（氢的另一种同位素，含有1个质子和2个中子）、氦-3（氦的同位素，含有2个中子和1个质子）和更常见的氦-4（含有2个质子和2个中子）。

回想起早些时候与弗里茨·豪特曼斯（Fritz Houtermans）、罗伯特·阿特金森（Robert Atkinson）两位研究人员的讨论，他们试图巩固爱丁顿关于太阳的能量源自核聚变的观点，伽莫夫立即意识到这些实验关系到天体物理学。在伽莫夫（和他的隧穿想法）的帮助下，豪特曼斯和阿特金森总结出一个简单的公式来描述恒星中的聚变过程。伽莫夫开始思考恒星中的核反应（以及更为根本的大爆炸本身）是如何产生化学元素的。他的探索帮助建立起核天体物理学这一跨学科领域，以一种前所未有的、发人深省的方式将极大的东西和极小的东西结合在一起。

在卡文迪什的奖学金到期后，伽莫夫骑着他的摩托车返回哥本哈根。玻尔安排他在研究所待到1931年春天。在那段时间里，伽莫夫抓人眼球的摩托车成为人们艳羡的东西。许多研究人员，甚至是运动能力很强的玻尔本人，都请求伽莫夫能允许他们骑着它在城市里转一圈。伽莫夫愉快地答应了。

1931年的冬春两季，伽莫夫继续享受哥本哈根———一座令人愉悦、充满节日氛围的城市，即便是在这一年中最黑暗、最寒冷的月份。在某种程度上，他已经成为玻尔家庭的一员。有时玻尔的孩子们会和他一起打球，并称他为"伽莫夫叔叔"。[9]唯一不走运的事是他与玻尔一起前往挪威山区滑雪，发生了一次意外，导致他右膝扭伤，此后这个伤痛一直伴随着他。除此以外，这一时期是他一生中极其美好的时光，理论研究和娱乐填满了他的生活。然而，遗憾的是，由于签证即将到期，他必须返回列宁格勒了。他就此告别，同时也希望能很快再回到能让自己蓬勃发展的知识海洋中。

离开苏联

尽管距离伽莫夫上次回到苏联还不到两年，但形势发生了巨大变化。

此外，出国旅行受到限制。伽莫夫需要获得一本新的护照，然而这变得很难。对于喜欢科学真理和国际合作的伽莫夫来说，他怎么能在这样的条件下发展呢？

但为了维持自己的生活，伽莫夫必须努力工作。他发现自己需要获得5种不同的学术头衔，包括大学教授，以及列宁格勒多个研究所如镭研究所的职位，才能获得足够的工资来过上舒适的生活。他所能想到的就是如何离开这个国家，回到哥本哈根，或是其他地方。

在他回来后的几个月里，有一件重要的事发生，他爱上了一个非凡的女人。她是一位优雅的物理学家，名叫柳波芙·沃霍明采娃

(Lyubov Vokhmintseva),后来她获得了一个昵称"罗"(Rho)。他们非常般配,不是性格,而是兴趣方面;他们相处的时候经常发生激烈的争论。和"乔"一样,"罗"也熟悉文化和科学。她生性放荡不羁,喜欢诗歌、摄影和芭蕾舞。他们在一次热闹的聚会上认识,不久后结婚,多年来形影不离。

"乔"和"罗"很快就开始策划离开苏联。他们设计了一个大胆的计划,向南前往克里米亚,从一个港口小镇驾驶一艘小船,穿过黑海(距离他们计划的登船点170英里*),逃往土耳其。到那儿之后,他们打算声称自己是丹麦公民(伽莫夫能说足够多的丹麦语),要求被送到丹麦驻伊斯坦布尔大使馆,在那里打电话给玻尔寻求帮助。[10]

他们疯狂的计划一开始看起来很有希望。伽莫夫设法购买了一艘橡胶皮划艇,把它带到预定出发地,装满了足够5天吃喝的食物,还带上了几瓶白兰地来打发时间,计划好从克里米亚码头出发。第一天,天空很平静,他们取得了相当大的进展。不幸的是,随后天气急转直下,下起暴风雨。为了活命,他们努力回到了海岸,在距离出发地约60英里的地方上岸,还在克里米亚地区。不过,至少他们完好无缺地回来了,也没有人怀疑这无非是一次愉快的郊游出了些意外而已。

伽莫夫夫妇还考虑过从摩尔曼斯克市(Murmansk)附近的北部边境离开。一些萨米人——北极地区的土著人欣然提出要带领潜在的难民穿越冰冻的平原,到达挪威边境,获得自由。但经过一番研究后,伽莫夫意识到,许多所谓的向导实际上从苏联边防部队那里赚了很多钱。他们会从客户那里收取资金,随后又将客户出卖给边防部队获得奖励。幸亏他俩足够聪明,才不会上当受骗。

与此同时,由于伽莫夫对会议邀请和其他信件都没有回应,玻尔开

---

* 1英里=1.609 3千米。——译者注

始担心起来。伽莫夫错过了在罗马举行的一次重要会议,他真的很想参加,但由于苏联和意大利之间的政治因素,他无法参加。玻尔感到不对劲。1933 年,一场关于核物理的大型会议即将召开,这就是在比利时举行的著名的索尔维会议,这已是该系列会议的第 7 次了。如果伽莫夫不在场,那将是一个巨大的损失。玻尔苦思冥想如何把他带到那里。

解决办法是正式邀请伽莫夫作为苏联的代表出席第 7 次索尔维会议。玻尔安排会议主席保罗·朗之万(Paul Langevin)直接向莫斯科官员提出请求。朗之万是一位著名的法国物理学家,同时也是左翼政治活跃分子,曾公开声援法国共产党。官方的认可一定会起作用。

莫斯科官员似乎为伽莫夫提供了一个金子般的出国访问的机会,这让经历了一次非法离境努力的伽莫夫大吃一惊。不过他面临的主要问题是,索尔维会议的邀请只针对他一个人。如果不带上"罗",他绝不离开。在过去的几年里,携妻子参加会议还相对简单,不过现在当局已经采取了严厉措施。因此,他花了很长时间,包括与尼古拉·布哈林(Nikolai Bukharin,负责科学政策)和维亚切斯拉夫·莫洛托夫(Vyacheslav Molotv,斯大林的属下)等政府高级官员会面,尽力说服苏联政府,他需要她。最后,伽莫夫威胁不去参会,这可能会让苏联政权感到尴尬,于是后来他和"罗"都获得了新的护照和旅行许可。他们抓住了难得的机会。很快便匆匆忙忙地赶往苏芬边境,前往哥本哈根参加会议。伽莫夫这一别就再也没有回到他的祖国。

1933 年 10 月的索尔维会议被历史所铭记,不仅因为某某某出席了,也因为有些人的缺席。玻尔、海森伯、卢瑟福、查德威克、科克罗夫特、沃尔顿、德国出生的核物理学家鲁道夫·佩尔斯(Rudolf Peierls)和法国先驱科学家玛丽·居里等出席了会议,但是也不难发现爱因斯坦缺席了。当年早些时候,纳粹在德国掌权,实施了迫害政策,并试图趁爱因斯坦访问加州理工学院及返回欧洲的途中没收他的财产,因此爱因斯坦决定不返回德国。他一直居住在比利时,此后他因受到纳粹的威胁而变得过于危险,短暂地住在英国,最后在新泽西州普林斯顿新成立的高等研究所任职。他在索尔维会议之前就搬走了,并且再也不会回到欧洲了。佩尔斯和爱因斯坦一样也是犹太人,也需要逃离德国,他选择了英国作为最终目的地。

索尔维会议结束后,玻尔鼓励伽莫夫返回苏联,以免让朗之万感到尴尬,因为是朗之万在玻尔的要求下不遗余力地给伽莫夫发出邀请。伽莫夫与居里讨论了自己的处境,居里又与朗之万进行了长谈。他们最主要的决定就是让伽莫夫在巴黎的居里实验室工作一段时间,这将为他在苏联以外寻得一个新的职位提供时间。也许是考虑到欧洲在希特勒等人的威胁下前途堪忧,玻尔随后建议伽莫夫移居美国。

几年前就已移居美国的荷兰量子物理学家塞缪尔·古德斯米特(Samuel Goudsmit),数月来他一直邀请伽莫夫去位于安娜堡(Ann Arbor)的密歇根大学(University of Michigan)访问几个月。因此,伽莫夫写信给古德斯米特表示接受这份工作,认为大学将是一个很好的起点。与此同时,由于访问时间是1934年夏天,所以他在巴黎、哥本哈根和剑桥停留了几个月,等待穿越大西洋的时机。

"乔"和"罗"安全抵达安娜堡后,古德斯米特献上了热情的欢迎。伽莫夫刚刚安顿下来,了解了这个庞大的大学校园后不久,这位荷兰物理学家就向他请求帮助。一位名叫汤普金斯(Tompkins)的数学研究生刚到,能不能带汤普金斯到四处看看?[2] 伽莫夫照办了。古德斯米特随后告诉他,汤普金斯和另一名学生可以协助他完成任何日常任务。[10]

伽莫夫喜欢文字游戏。出于某种原因,他与"汤普金斯"这个名字产生了共鸣。几年后的1938年,他在一系列有趣的文章和书籍中创造了一个角色，他借用"汤普金斯"为这个角色赋予了姓氏。这些著作讲述了一个困惑的银行职员陷入奇怪的困境中，这些困境反映了现代科学一些令人生奇的内容。对于虚构角色"汤普金斯"的名，他选择字母缩写"C. H. G."，分别代表3个基本常数：光速、普朗克常数（来自量子理论）和引力常数。伽莫夫不仅写出了赏心悦目的充满科学色彩的文本，还为这本书绘制了插图（根据一些图案的临摹）。[2]"汤普金斯先生"系列是科普作品的里程碑之作。

波托马克河上的"哥本哈根"

伽莫夫还在寻找合适的职位，机会终于降临了。在访问密歇根州时，核工程师劳伦斯·哈夫斯塔德（Lawrence Hafstad）向他传达了一条来自华盛顿卡内基科学研究所同事梅尔·图夫（Merle Tuve）的充满希望的信息。图夫和哈夫斯塔德以及另一位科学家奥德·达尔（Odd Dahl）一直在用强大的范德格拉夫发电机（一种产生高电压的装置）加速质子轰击锂，以寻找核物理过程的副产品。他们的实验与卢瑟福团队的工作有共同点，尤其是科克罗夫特与沃尔顿的实验，区别只在于他们使用了不同类型的粒子加速器。图夫想聘请一位理论核物理学家来帮助他对实验进行解释，不过没有经费。他已经联系了乔治·华盛顿大学（George Washington University，GWU）校长克洛伊德·赫克·马尔温（Cloyd Heck Marvin），建议在他们那儿设立一个理论物理的岗位，以支持这两个机构的工作，也好在两者之间建立一座交流的桥梁。马尔温同意了，并且两人商议后认为，伽莫夫是一位很合适的候选人。

伽莫夫很兴奋，请哈夫斯塔德转达他的兴趣。很快，他就收到了马尔温的信，邀请他访问位于华盛顿特区雾谷街区（Foggy Bottom district）的乔治·华盛顿大学。伽莫夫一看到"华盛顿"几个字，便立即订购了前往华盛顿州西雅图的机票。就在即将飞往太平洋西北部前，他才意识到自己的错误，赶紧将目的地改为东海岸的首都华盛顿。

从伽莫夫在苏联政府机构中争取到让妻子陪同他一起前往索尔维的许可来看，他有着出色的谈判技巧。在与马尔温讨论乔治·华盛顿大学的职位时，他也必须充分利用自己的技能。伽莫夫尽力说服马尔温，实际上应该提供两个职位：一个给他，另一个则给第二位杰出的能够与他合作的理论物理学家。马尔温一接受了意见，伽莫夫就建议第二个职位聘请匈牙利物理学家爱德华·泰勒（Edward Teller）来担任。1931年春天，伽莫夫在哥本哈根遇到了泰勒，当时两人还一同骑摩托车穿行丹麦，随后在1934年春天又第二次共同骑行。

这两位移民美国的理论物理学家非常"般配"。伽莫夫很高兴能从泰勒那里得到一些想法，并希望将一部分想法坚持下去，他鼓励泰勒完成富有成效的计算。他们其中一次最成功的合作被称为 β 衰变中的伽莫夫-泰勒跃迁，发表于1936年。β 衰变是原子核发射 β 粒子（高能电子）的放射性过程。伽莫夫和泰勒的论文为这个过程的其中一种方式提出了具体的法则和概率。

与此同时，"罗"不得不适应一种新的文化，因为她未曾有太多在国外生活的经历。对她而言每天都有惊喜。其中最震惊的一次，是她在邮箱中发现了一个奇怪的包裹，没有寄信人地址。她拆开后，里面弹出一只鳄鱼宝宝，它咔地一下咬住了她的手指。她想知道这是否是丈夫的恶作剧。事实证明，恶作剧的始作俑者是狄拉克。当时狄拉克正在佛罗里达度假，想给他们送一份礼物。他最终承认自己是匿名发件人。但是伽莫夫一家不知道该怎么处理这只小鳄鱼，结果它只存活了几个月。[11]

很快，伽莫夫就进入了日常生活的节奏。通常，他会在早上打电话给泰勒，分享一些他对潜在新研究方向的想法。泰勒会非常耐心地听取伽莫夫的想法。他也不得不这样做。伽莫夫的大多数想法是没有用的,正如伽莫夫的儿子所描述的:"泰勒和父亲很亲近。每天早上父亲都会给他打电话,告诉他一个新想法,但经常是错的。"[2]

伽莫夫的儿子出生于1935年11月4日,名叫鲁斯捷姆·伊戈尔·伽莫夫(Rustem Igor Gamow),但人们通常叫他伊戈尔。这家人在华盛顿郊区贝塞斯达(Bethesda)买了一栋房子。有一次,爱因斯坦来做客吃晚饭,这让伊戈尔能够吹嘘一辈子"自己遇到了那位天才"。然而,他实际上不太记得那次晚餐了,因为当时他很小,还坐在高脚椅上呢。[12]伽莫夫一家和泰勒一家经常聚会。"罗"和泰勒的妻子奥古斯塔·玛丽亚(Augusta Maria)特别亲近,玛丽亚的昵称是"米奇"(Mici)。

有一次两个家庭一起在佛罗里达州迈阿密共度圣诞节假期,却一度出现了罕见的紧张气氛。就在海滩上沐浴着温暖的阳光时,伽莫夫和妻子发生了激烈的争论。后来,在晚餐时,"罗"对泰勒夫妇脱口而出:"'乔'真的很反犹太,他无法忍受迈阿密的所有犹太人。"[13]她的话让丈夫非常尴尬,尤其是因为泰勒是犹太人,刚刚从欧洲的反犹主义中逃脱出来。

伊戈尔事后指出,伽莫夫是否反犹太人,这个问题很复杂。当谈到一个陌生人时,他的父亲经常会问:"他是犹太人吗?"另一方面,他的大多数好朋友都是犹太人,从朗道到泰勒,他都很崇拜他们。[2]在那次让人感到紧张的假日晚餐之后,泰勒决定和伽莫夫谈谈。在他们的谈话最后,泰勒如释重负。据说后来这个问题再也没有出现过。

作为接受大学任命的第二个条件,伽莫夫要求马尔温在GWU成立一个由卡内基研究所共同资助的年度物理会议。伽莫夫的目的是将"哥本哈根精神"带到华盛顿,促进国际理论家之间富有成效的讨论。马尔温热情地表示同意。泰勒在规划年度学术会议方面发挥了重要作用,因此,他的一部分工作就是组织会议。

1935 年华盛顿理论物理会议首次举行。该会议每年举办一届,直到 1947 年,除了第二次世界大战期间停了 3 年。会议主题包括核物理学、分子物理学、低温物理学、生物物理学和天体物理学。如其所愿,这些会议吸引了来自世界各地的名人。

其中一位经常在大会上演讲的人是康奈尔大学核物理学家汉斯·贝特。他出生在德国,为躲避纳粹而离开了祖国。1938 年举行的第四届华盛顿会议重点关注恒星能量及其核反应过程,这促使贝特将研究方向从标准核物理转向爱丁顿、豪特曼斯、阿特金森、伽莫夫等人的道路。他原本已对氘核做出了一定开创性的工作,但现在他要试图解开恒星如何通过核聚变提供动力的问题。在这一领域,他也很快取得了巨大的进步,于 1939 年发表了一系列的论文。《恒星内的能量生产》(Energy Production in Stars)已经成为天体物理学的必读之作。

贝特有一项关键发现,一定程度上是源自 1938 年的会议讨论。恒星通过两个不同的核反应将氢聚变成氦,具体是哪一种过程将取决于恒星的质量及其核心的化学成分。第一种过程主要发生在质量较小的恒星中,被称为质子-质子链(proton-proton chain)。两个质子结合产生氘核(其中一个经历 β 衰变),氘核与另一个质子融合产生氦-3,氦-3 与另一质子融合(经历 β 衰变)。近期研究表明,这个过程提供了太阳上大约 99% 的能量。第二种过程叫作碳氮氧循环(carbon-nitrogen-oxygen cycle),主要发生在具有足够数量的碳-12 的较重恒星中。该过程依靠中间元素来催化,即通过吞噬质子,也就是氢核,最终(在每个循环结束时)生成 α 粒子,即氦-4 核。太阳能量中有大约 1% 来自这种反应过程。贝特没有解释碳-12 是如何在一开始就被产生出来的。在未来的几年里,包括霍伊尔在内的其他物理学家最终会解决这个难题。

华盛顿会议中最著名的一次是 1939 年举行的第五届会议,玻尔在会上发表了一篇相当戏剧性的声明。尽管会议的主旨是低温物理学，但他却向与会者宣布，在纳粹德国工作的奥托·哈恩（Otto Hahn）和弗里茨·施特拉斯曼（Fritz Strassmann）在一次成功的核裂变过程中成功地让铀核裂变。伽莫夫在前一天收到了预先警告：他打电话给泰勒说："玻尔疯了，他说铀会裂变。"[14]

许多与会者立即意识到纳粹启动"超级炸弹"计划的可能。接踵而至的惊恐促使匈牙利物理学家利奥·西拉德（Leo Szilard）起草了一封致富兰克林·罗斯福总统的信，警告纳粹拥有开发原子弹的危险潜力，爱因斯坦和他在信上联合署名后寄出。"曼哈顿计划"作为美国领导的一项旨在生产制造第一批核武器的项目，正是来自对这一警告的快速响应。贝特和泰勒在此间发挥了关键作用。

尽管爱因斯坦内心深处是一个和平主义者，但纳粹自1933年初上台以来的恐怖统治让他相信，需要不惜一切代价阻止他们。他的物理学家同僚们，其中许多人已经逃离了那个凶残的政权，完全同意爱因斯坦的观点。随着欧洲深陷动荡泥潭，物理学界和世界各地所有相关人士都感到有责任采取行动。

剑桥大地震

1933年10月，欧洲的物理学即将进入一段充满不确定性的时代，就在此时霍伊尔成为剑桥大学的一名学生。因为希特勒的关系，许多欧洲大陆的著名物理学家都选择了移民。虽然一些人重新定居在英国或爱尔兰，如鲁道夫·佩尔斯和马克斯·玻恩（Max Born，因反犹太的法律而被解职），但大多数人最终都留在了美国，比如泰勒和贝特，因此美国实际上成了新的科学中心。例如，就在霍伊尔抵达剑桥的同一个月，爱因斯坦定居普林斯顿。

这一时期也标志着科学宇宙学第一波浪潮的结束。爱因斯坦在很大程度上暂时离开了这个话题，转而关注其他兴趣点。也许是因为罗伯逊当年发表的综述文章《相对论宇宙学》让宇宙学看起来高深莫测。再加上 1934 年德西特去世，在接下去的好几年里，只能靠勒梅特擎起火炬继续传递。

还有，在经过 10 年令人难以置信的创新发展后，量子力学的神奇引擎也已经开动起来了。伽莫夫在归纳物理学发展历史时将这一时期称为"震动物理学的 30 年"，不过紧接着进展却放缓了。大多数理论物理学家都转投核物理学，但由于需要越来越强大的加速器来产生新的结果，这一领域的发展也受到了阻碍。20 世纪 30 年代的经济状况和在那一年代末开始的第二次世界大战使物理世界的重心转向美国。

尽管如此，霍伊尔学业的前 3 年并没有受到动荡的影响。他成功完成数学荣誉学位考试，对教授们的水准感到敬畏。他也很钦佩卢瑟福团队在卡文迪什实验室所做的工作，开始考虑自己的职业生涯是否应该在卡文迪什这样的实验室使用理论物理和数学方法来解释实验结果。实际上这意味着要追随玻恩、佩尔斯、伽莫夫等理论物理学家的脚步，他们将原始观测数据转化为理论预测模型。在剑桥，数学还包括理论物理学，这正是牛顿、麦克斯韦、爱丁顿、狄拉克等人在破译宇宙运行法则的辉煌职业生涯中曾经走过的道路。

昔日宾利文法学校的男孩现在已经是一个青年人了，对他而言这是一段充满活力、乐观向上的时光，他感到兴奋，精力充沛。大学国际象棋俱乐部为他提供了一种有趣的消遣方式，他还加入了一个长跑俱乐部。很快，他在英国各地旅行时结识了很多好朋友，练就了强壮的体魄。他在夏天去湖区、约克郡山谷徒步，在多山的苏格兰高地度过充满挑战的两个月。一旦他喜欢上在山区徒步旅行，就再也停不下来了。

对霍伊尔来说，徒步旅行完美地表达了他对个体自由的热爱，就像摩托车之于伽莫夫。霍伊尔认为，许多机构都在萎缩，朝不保夕，但大自然仍然是开放和持久的。所以，他尽可能地找机会出行，陶醉于英国壮丽的美景之中。

1936年春天，这是霍伊尔本科的最后一个学期，他最后的几项课程是佩尔斯和玻恩等人讲授的量子场论（对粒子相互作用的量子物理解释）领域的课程，他们当时都在剑桥任教。玻恩的课在每个星期一。某个星期日，霍伊尔的徒步旅行团自发决定做一次40英里的快步走，从剑桥大学到乡村打个来回。这是一次很艰难的尝试，即便对耐力已经得到提升的霍伊尔来说也是如此。第二天，他出现在玻恩的课堂上，疲惫地拖着传统的学袍，还有那双疼痛酸胀的腿。尴尬的是，缓慢的步伐让他迟到了，他不得不以蜗牛般的速度挪过讲台，而此时玻恩已经站在那儿准备开始教课——这一幕把同学们全逗乐了。

在研究生阶段，霍伊尔请求佩尔斯担任他的导师，这将使他有望为卡文迪什实验室的核物理实验结果进行理论解释。佩尔斯同意了，一切都已安排妥当。霍伊尔获得了学士学位，渴望取得新的成就。

但在1937年10月19日，也就是霍伊尔开始在剑桥大学就读的整整4年后，灾难发生了。他的希望破灭了，仿佛雨水重重地砸在湿透的秋叶上。卢瑟福去世了，是绞窄性疝气击倒了这位伟大的物理学家。

这位卡文迪什实验室传奇舵手的骨灰现在安葬在威斯敏斯特教堂，距离牛顿不远。这下实验室群龙无首了。随后，科克罗夫特接手了，但卡文迪什实验室已经失去了大部分魔力。美国的很多研究中心获得了更多的资金，如加州大学伯克利分校的欧内斯特·劳伦斯实验室（Ernest Lawrence's Lab），凭借其一系列越来越强大的回旋加速器（环形加速器），一举获得了学术研究的领跑位置。

1935年，查德威克离开去到利物浦大学（Liverpool University），这对剑桥来说是一个巨大的损失。1936年秋爱丁堡大学又抢走了玻恩。卢瑟福的逝世带来了更多连带损失。许多助手在这个曾经辉煌的实验室里看不到什么未来，纷纷选择离开。

马克·奥利芬特将其杰出的核物理研究带到了伯明翰大学（University of Birmingham），他又成功地招募佩尔斯加入（巧合的是，就差不多发生在卢瑟福去世的时候），这对霍伊尔的计划是一个沉重的打击。没有了导师，霍伊尔很难做出抉择。他曾考虑追随佩尔斯，但最终还是决定留在剑桥，寻找一位新的导师。

就在这时候，1926 年 3 月，希特勒公然违反标志着第一次世界大战胜利结束的《凡尔赛条约》，对与法国接壤的德国莱茵兰（Rhineland）地区重新军事化，并随后对德国周边的其他国家进行武力恫吓。霍伊尔产生了不祥预感，认为第二次世界大战即将爆发。也许他的职业生涯会因武装冲突而被迫中断。

尽管如此，他还是坚持了下来，选择了佩尔斯在离开前所提出的量子场论主题作为他的研究项目。大多数情况下，他只想一个人独立工作。但他被告知需要再找一位新的导师，尽管这只是一个技术上需要考虑的问题，于是他找到了莫里斯·普赖斯（Maurice Pryce），这是一位很年轻的研究人员，刚刚来到这里。这时候，霍伊尔在卡文迪什实验室已经获得了帮助解决技术问题的宝贵经验（这些问题伽莫夫在几年前遇到过，而佩尔斯是最近才遇到），这将是他一生珍视的。经过这些事，他对科克罗夫特也有了很深的了解。

霍伊尔受邀参加一个著名的研究讨论小组，他们经常在晚上举行会议，他当选为这个小组的秘书，这才发现自己身处一个招募演讲者的职务。普赖斯推荐了狄拉克和一位被人称为"雷"（Ray）的天文学家雷蒙德·利特尔顿（Raymond Lyttleton）。

听说要联系这位当时已经获得诺贝尔奖的著名物理学家，这让霍伊尔十分紧张。他鼓起勇气给狄拉克打电话发出邀请。

"稍等，我先搁下电话思考一下，"狄拉克说，"然后给您回复。"[15]

霍伊尔被狄拉克不同寻常的措辞弄糊涂了，只能在沉默的电话线上等了又等。最后，狄拉克再次拿起电话，给出了肯定的回答。当然，这个长时间的停顿仿佛让他成为健谈者中的约翰·凯奇（John Cage）*。

狄拉克的演讲是一场富有启发性的讨论，他围绕着这样一个想法展开，即可以通过"超前势"（advanced potential）——信号及时地向后方传递致使粒子减速等概念来解决某些解释加速电子行为的数学难题。这个概念吸引了霍伊尔，也对其他研究它的人产生了深远的影响。此后不久，约翰·惠勒和理查德·费曼在普林斯顿大学合作，对这个想法开展探索，并提出了一个名为"惠勒-费曼吸收理论"（Wheeler-Feynman absorber theory）的建议。大约30年后的1964年，霍伊尔和他的学生贾杨特·纳利卡（Jayant Narlikar）在一份针对广义相对论的修改建议中也重提这个概念，目的是更好地结合马赫原理。

然而到了邀请利特尔顿来讨论小组发言时，事情发生了意想不到的转变。利特尔顿告诉霍伊尔他太忙了，没有时间参加研讨会。事后霍伊尔漫不经心地问他是否碰巧需要帮助。利特尔顿向他描述了正在进行的一个项目，观察恒星通过空间中的气体云时会发生什么。根据沙普利的一个想法，利特尔顿能想到的就是恒星只会经历摩擦。但霍伊尔有一个深刻的见解，认为事情远没有那么简单。在与利特尔顿的讨论中，他提出了"吸积"（accretion）的概念，即在引力的作用下，恒星会清除一些没有固定形态的物质，并得以生长。[16]霍伊尔的机智想法促使他与利特尔顿联合发表了一篇论文，并与这位天文学家合作了10多年。他将重点从核物理学和量子物理学转移到天体物理学，并且未

---

* 约翰·凯奇以另类的方式演绎过一段"无声音乐"作品《4′33″》。——译者注

来将在这一领域作出其个人最为关键的贡献。

霍伊尔正竭尽全力地完成博士学位,似乎一切进展得很顺利的时候,厄运的号角再次鸣响。普赖斯出人意料地离开剑桥前往利物浦,于是霍伊尔再次失去了一位导师。

狄拉克喜欢独自思考,从不带博士生,他这个做法众所周知。但霍伊尔急于完成博士学位,他向狄拉克提出了一个让他无法拒绝的提议。他请狄拉克担任导师,但霍伊尔基本上是自己完成他的项目。狄拉克同意了,霍伊尔最终于1939年在狄拉克名义上的指导下完成了他的学位。

在那段时间里,霍伊尔遇到了一位来自柴郡(Cheshire)的迷人年轻女子芭芭拉·克拉克(Barbara Clark),她将成为他一生的挚爱。那年5月,霍伊尔大学一年级的一位老朋友理查德·比瑟姆(Richard Beetham)恰好在剑桥访问,现在已经成为一名教师,他邀请霍伊尔去一家很受欢迎的休闲餐厅多萝西餐馆(Dorothy Café)与他会面,这家餐厅的绰号是"多特"(Dot)。霍伊尔到达后,看见两位年轻女士与比瑟姆一起坐在桌子旁。

比瑟姆带来了他曾经的学生克拉克姐妹,珍妮(Jeanne)和芭芭拉。珍妮当时在哈默顿学院(Homerton College)学习,力求成为一名教师。芭芭拉则正在剑桥大学的格顿学院(Girton College)进行入学面试,霍伊尔立刻就迷上了她。

霍伊尔和芭芭拉的恋爱以火箭般的速度发展。7月,霍伊尔开车来看望她,两人情投意合。到了8月,彼此相处已非常融洽,一起在湖区度过了一个浪漫的假期。12月28日,他们在柴郡举行了幸福的婚礼,又在约克郡山谷度过蜜月,这样也算是向各自的家乡表达了敬意。

雷达上的超新星

霍伊尔完婚的时候,已被任命为剑桥圣约翰学院(St. John's College)的研究员,聘用期3年,加入了狄拉克和科克罗夫特的团队,他们都支持了他的申请。然而,1939年9月第二次世界大战爆发,英国很快陷入这场战争,不仅要将希特勒从他征服的土地上赶出去,还要阻止他入侵英国。霍伊尔极不情愿地推迟了研究生涯,加入了这场战争。

在等待了数月作战任务后,霍伊尔于1940年秋天收到了入伍通知。他以一名平民的身份而不是一名军官或新兵被选中加入英国海

剑桥圣约翰学院正门。图片来源:保罗·哈尔彭拍摄。

军雷达部队。为了学习这门技术,他被送到朴次茅斯(Portsmouth)的海军信号学院(Admiralty Signals School,ASS)。与他一直在学习的数学和物理相比,雷达技术对他来说很容易。然后,他被分配到奇切斯特(Chichester)附近纳特伯恩(Nutbourne)的一个秘密实验室,在那里他研究数学模型,目的是确定一架正在执行攻击任务的飞机的高度。

那时,芭芭拉正怀着他们的第一个孩子。杰弗里·霍伊尔(Geoffrey Hoyle)出生于1941年1月12日。他们3人暂时住在附近一个名叫东阿什林(East Ashling)的小村庄的一间简陋小屋内,由于煤炭短缺,芭芭拉不得不在那里靠露营炉具做饭。[17]等有机会了,他们才搬去方廷顿(Funtingdon),住进了更好的房子。

到了1942年秋天,由于才华出众,霍伊尔被任命为一个新成立的秘密单位"XRC8分部"的主管,该单位隶属于威特利(Witley)海军部信号机构(Admiralty Signal Establishment,ASE)里的一个部门。(海军部信号机构本质上就是海军信号学院换了一个名称而已,出于安全目的,后者被转移到了一个更偏远的地方。)奥地利-英国物理学家赫尔曼·邦迪被任命为副主任。在战争的头两年半里,他移民到英国并被当作低风险的"敌方外国人"(enemy alien,意思是来自敌对国家的友好人士)拘留,直到最后被释放。另一位奥地利物理学家托马斯·"汤米"(Tommy)·戈尔德也加入进来,他也有过先被拘留后被释放的相似经历。在他们的雷达研究项目中,该小组研究了一种名为"反常传播"(anomalous propagation)的现象,即水蒸气对信号的短波分量的影响。

戈尔德在附近找了一个三居室的农舍居住,之后邦迪也住了进来。霍伊尔(有时还和他的家人)经常在工作日的时候去那儿过夜;他和芭芭拉肩负着照顾孩子杰弗里的责任,不愿再搬家了。

下班后，霍伊尔、邦迪和戈尔德会秉烛夜谈，讨论天体物理学，特别是霍伊尔与利特尔顿的恒星吸积的研究，霍伊尔设法将这项工作持续下去。邦迪很快就参与到霍伊尔、利特尔顿的研究项目中。在短短几年内，霍伊尔分别与邦迪和戈尔德创立了稳恒态宇宙的概念。

1944年末，霍伊尔第一次有机会访问美国。英国海军信号机构请他作为代表出席在华盛顿特区海军研究实验室举行的关于反常传播的会议。他利用这次访问与包括亨利·诺利斯·罗素（Henry Norris Russell）、沃尔特·亚当斯（Walter Adams）和沃尔特·巴德（Walter Baade）在内的美国天文学界建立了至关重要的联系，这将最终指引他研究超新星爆炸的反应过程——重元素正是在这一过程中产生和释放的。

杰弗里·霍伊尔回顾了父亲在第一次访问美国时走过的大迂回路线：

> 会议前3天，我父亲选择去普林斯顿大学天文台看望亨利·诺利斯·罗素。罗素为他写了一封给威尔逊山天文台沃尔特·亚当斯的介绍信。在西海岸之行中，他在沃尔特·巴德主持的天文台度过周末，巴德发现了两个明显不同的星族，由此开启了对恒星演化和星系演化的研究。巴德向霍伊尔介绍了美国天文学3年来的最新进展。他们讨论了大质量濒死恒星的爆缩*以及恒星坍缩引发的核爆炸。[16]

霍伊尔与利特尔顿的相遇让他了解了恒星天体物理学，他与巴德的会面又让他得以熟悉该领域的一个关键问题：当大质量的恒星死亡

---

* 指恒星在结构上失去平衡时向内急剧收缩的现象。——译者注

时会发生什么？巴德让他意识到恒星爆发时的巨大威力——温度可以高达数千亿度。他和另一位天文学家弗里茨·兹威基（Fritz Zwicky）创造了"超新星"（supernova）一词来描述这种剧烈爆炸的过程。霍伊尔后来为我们展示了这种超新星爆炸将如何有助于解释为什么太阳系，特别是地球本身能够富含生命所需的更重的元素。

巴德提出的星族帮助霍伊尔建立起新的研究方向的相关概念。巴德根据恒星的性质将其分为两种星族：星族Ⅰ和星族Ⅱ。（20世纪70年代又引入了星族Ⅲ的概念。）星族Ⅰ的恒星，例如太阳，通常更年轻、更明亮。它们经常出现在星系的外围区域，就像我们的太阳处在银河系的外侧旋臂上。光谱分析表明它们富含"金属"。天文学家用金属一词来指代氢和氦以外的元素。根据这个定义，碳和氧是金属，尽管按照化学的标准来看，它们似乎根本不是金属。

相比之下，星族Ⅱ的恒星往往更古老、更暗淡。通常它们居住在相对拥挤的星系中心区域，如银河系的中心，或另一种被称为球状星团的区域。天文学家称它们为"贫金属"，这表明它们几乎完全由氢和氦组成。巴德的理论认为，当这些恒星到达它们的晚年，即将耗尽它们的主要燃料时，它们的核心会突然坍缩。恒星核心的收缩与挤压反过来将引发恒星外层的巨大爆炸，形成超新星爆发。

受到与巴德偶然讨论的启发，霍伊尔决定要精确确定恒星中所有化学元素的形成方式，特别是在星族Ⅱ的恒星中。他将为大家展示大质量恒星坍缩核心的巨大温度是如何产生更重的元素的，以及坍缩恒星中产生的金属散射作用是如何帮助产生那些最终在亿万年后形成星族Ⅰ的恒星及其行星系统的成分的。这样说来，地球上的大多数元素最初可能来自一颗或多颗星族Ⅱ恒星，是它们的爆炸释放出此类物质。在第二次世界大战结束后的十多年里，这个主题占用了他的时间和精力，并最终促成了数篇改变天体物理学进程的开创性论文。

但霍伊尔从来不是一个同时只关注一个话题的人。战争结束后不久,在一次看电影的过程中,他与邦迪、戈尔德产生了一场对宇宙学的大胆探索,这将帮助重新唤醒该领域的讨论。在两篇独立的论文中——一篇由霍伊尔撰写,另一篇由邦迪和戈尔德撰写——提出一种创新的、但最终留有缺陷的稳恒态宇宙模型,它将与大爆炸模型分庭抗礼。

第四章

死亡之夜的回响：
层出不穷的理论

> 我反复出现的梦境，不是一个毫无意义的心理游戏。
> ——沃尔特·克雷格（Walter Craig），1945年电影《死亡之夜》(The Dead of Night)中的主角

从20世纪30年代中期到40年代中期，很少有物理学家在宇宙学领域发表论文。集中在动态宇宙上的一股子劲儿几乎已完全减弱了。那个闲散年代伊始，许多研究人员思考霍华德·罗伯逊的工作，他描绘了均匀的、各向同性的宇宙的所有可能性，像是对这个学科盖棺定论。要不是在一场关于恐怖电影的讨论中，对永恒宇宙又产生了新的真知灼见，也许还真就波澜不惊了呢。

霍伊尔、邦迪和戈尔德在战争期间成了亲密的朋友，此后也一直如此。从1945年秋天起，霍伊尔接受了拖延已久的圣约翰学院的研究生奖学金，邦迪在三一学院教授数学，他们经常在剑桥聚会，戈尔德时不时地加入他们。戈尔德继续在海军担任研究员，直到1947年接受了卡文迪什实验室的职务。

大概是在1946年或1947年初的一个晚上，他们三人决定暂时放下对天文学的热烈讨论，前往剑桥的一家电影院。霍伊尔从小就对电影情有独钟，那时候他母亲的工作就是在电影院弹钢琴，为无声电影的场景增添戏剧化元素。吸引霍伊尔爱上电影的部分原因是破解惊悚片和谋杀悬疑片中的复杂情节——这种类型的影片在英国电影产业中具有重要地位。就像对心爱的国际象棋一样，他喜欢尝试预测棋局。这种追求也与他对科学的态度相称——他像一个自主行动的侦探一样解读世界，追踪他人可能无法找到的线索。

三位科学家坐下来一起看了一部恐怖电影《死亡之夜》。这部电影有一个不同寻常的情节转折方式，它将开头和结尾连接在一个看似无穷无尽的循环中。这个恐怖故事错综复杂的阴谋在他们的脑海中留下了不可磨灭的印记。

故事的开端是一位建筑师沃尔特·克雷格（Walter Graig）来到一座乡村别墅，该别墅的主人埃利奥特·福利（Eliot Foley）邀请他做客一次聚会，克雷格曾为建筑设计提出过建议。尽管表面上看这是克雷格与一生中素未谋面的陌生人的聚会，但他透露似乎对那些人都很熟悉，因为他能反复梦见他们处在那个环境中，而且十分生动。克雷格告诉那些可疑的同伴他预感到会发生什么糟糕的事情，随后他们各自分享了自己噩梦般的幻象，这些构成了电影大部分的恐怖场景。其中最可怕（也是最著名）的是一个腹语演员被他的邪恶玩偶雨果折磨。随着恐怖故事愈演愈烈，克雷格就像被恶魔附身一样，突然被一种不可抗拒的谋杀冲动所压倒。在一个完全出乎意料的情节转折中，他残忍地杀死了其中一位客人（没有明显原因），接着被警察逮捕，最后被关进了牢房，结果雨果在牢房里咧嘴笑着嘲讽他，并且要掐死他。

克雷格突然醒来。这简直是一场噩梦。他很害怕，但说不清楚为什么。电话铃响了，是福利邀请他到家里做客（但克雷格认为这是第一次接到邀请)。在那一刻,出于某种原因,克雷格暂时没有意识到乡间别墅与他的噩梦有关。乡间旅行似乎是一种放松的逃避方式,于是克雷格坐上他的车,开车前往别墅,所有的事件都在重复轮回——这意味着他们将永远这样继续下去。

霍伊尔、邦迪和戈尔德离开电影院,回到三一学院邦迪的房间。邦迪给其他人递上从亲戚那儿弄来的朗姆酒。他们一边喝酒一边讨论这部电影,戈尔德突然说道:"假如宇宙也是这样呢?"[1]

戈尔德的评论引发了一场漫长讨论,如何想象一个随着时间的推移看起来大致相同、没有开始也没有结束的膨胀宇宙。就像有人走进电影院,一遍又一遍地循环播放电影《死亡之夜》,可以随机地从任意一段开始观看,那些观看宇宙这部"电影"的人也可以在任何时候开始,看到的都是类似的画面。主要的问题是如何填补不断膨胀的星系之间不断扩大的空隙。三人开始思考新物质是如何渗入宇宙并在星系退行留下的空隙中形成新的结构的。这是像霍伊尔这样的直觉思想家依靠直觉推动科学发展的一个典型案例,一部恐怖电影的视觉场面催生了一个全新的宇宙模型,这真让人感到惊奇。

不断孵化新粒子

戈尔德的言论引发的疑问一直被搁置到1948年初,因为这三位物理学家都身兼多个大学职务,有着各种科研项目需要去完成。比方说霍伊尔,他不仅开始了一个新的职位,而且刚成家不久,现在他有了两个孩子。女儿伊丽莎白·珍妮·霍伊尔[Elizabeth Jeanne Hoyle,现名伊丽莎白·珍妮·巴特勒(Elizabeth Jeanne Butler)]出生于1944年12月。

在一定程度上受到与巴德讨论的启发,霍伊尔的主要研究重点转移到了化学元素如何在恒星内核中产生这一问题上。在 1946 年的一篇论文《从氢开始的元素核合成》(The Synthesis of the Elements from Hydrogen)中,他勾勒出了一个概念雏形:比太阳重得多的恒星在耗尽其主要燃料来源氢之后,它们的核心会灾难性地收缩,并产生足够高的温度,为进一步的核聚变过程创造条件。最终,这些较重的元素会被释放到太空中。这个概念未来会得到更充分的发展。

霍伊尔预感到围绕宇宙学的争论即将来临,他将自己的观点与伽莫夫和巴西物理学家马里奥·舍恩伯格(Mário Schoenberg,也拼写为 Schenberg)在 1941 年发表的一篇题为《恒星坍缩的中微子理论》(The Neutrino Theory of Stellar Collapse)的论文中的观点进行了对比。伽莫夫和舍恩伯格认为,当恒星核心发生灾难性收缩时,中微子(一种极轻质的、电中性的粒子)带走了大部分的恒星能量。在伽莫夫式幽默的作用下,他们将中微子的释放过程戏称为"乌卡过程"(Urca process),以里约热内卢著名的乌卡赌场(Urca Casino)命名,因为坍塌的核心失去能量的速度简直就像乌卡赌场的赌徒损失他们的金钱一样快。霍伊尔在他的论文中反驳说,他所提出的核反应将是在这种坍缩过程中释放巨大能量的更有效的方式。

1946 年 12 月 20 日,霍伊尔在伯明翰的一次会议上就这一主题发表了题为《论恒星中重元素的形成》(On the Formation of Heavy Elements in Stars)的演讲。他演讲的主旨是,所有的元素都来自氢,包括金属,即比氢重的元素,都是在大质量恒星的晚期产生的。他的前导师鲁道夫·佩尔斯也在观众席上,他提了一个自然而然的问题:"氢是从哪里来的?"

面对佩尔斯的挑战,霍伊尔开始思考基本粒子是如何从完全虚无来到这宇宙中的。他并不认为勒梅特所说的"一切都是同时创造的"这一原始原子思想好在哪里。霍伊尔认为这种对能量守恒定律和质量守恒定律的巨大忤逆是完全非物理的。他认为,不应该简单地为了方便而罔顾科学规则。因此,粒子——也许是中子——因为它们是电中性的,必须以某种方式非常缓慢地渗入真空当中。他逐渐意识到,"持续创造"的想法似乎与"戈尔德之问"的潜在解决方案很吻合。

即便陷入充满挑战的研究中,霍伊尔仍然留出大量时间与家人在一起。到1947年,他们住在剑桥郊外的一所房子里。他鼓励儿子"杰夫"(Geoff)*树立自己的科学兴趣,他还展示了自己童年使用过的望远镜,为儿子演示如何操作。

杰弗里回忆道:"我记得我父亲把他1925年买的望远镜架在我的卧室里,用它看着月亮从花园里的树上升起。""随着我渐渐长大,我意识到天文学是多么的庞大,人们对它的了解是多么的少,被科学证明的也非常少。我还意识到我父亲对科学的理解是相当了不起的,如果我进入这个行业,可能我总是会被拿来与我父亲比较。所以我选择了其他的职业道路。"[2]

尽管弗雷德在儿子小的时候就注重科学教育,但很显然他在女儿身上并没有这样做,直到女儿长大并表现出兴趣时才对她施加影响。后来,也许也是因为时代在变,据说他在与外孙女的互动中显得更加平等。伊丽莎白回忆道:"那时候父亲们对待孩子的样子与现在可不太一样。我是说,他是我两个女儿的好外公,他总是很想听他们的意见。"[3]

伊丽莎白还提到了父亲的工作风格,说他有一心多用的倾向:"我父亲在工作的同时与家人保持联系的技巧是并行处理!他会坐在我们身边工作,但仍然可以发表评论或回答问题。他在脑子里处理各种事情,我几乎不知道有哪天他没拿着笔记本和铅笔在工作,即使我们都在度假。"[3]

---

* 即杰弗里,Geoff是其昵称。——译者注

1948年初，霍伊尔、邦迪和戈尔德对不断创造新物质的膨胀宇宙写下自己的想法，邦迪和戈尔德这才意识到他们的观点与霍伊尔有着根本的区别。霍伊尔的想法是宇宙稳恒态模型——这是他们三人共同创造的术语——通过添加一个称为"创生场"(creation field)的概念来修正爱因斯坦的广义相对论方程，创生场由字母 C 表示。这里所说的场，从本质上讲是指整个空间的能量分布，每个点都有不同的值。在微观层面上，场随机波动，遵循量子场论的定律，就像在原本静止的池塘表面偶然出现微小的波纹和气泡一样。在霍伊尔的模型中，"创生场"的巨大波动创造了额外的能量，在适当的情况下，额外的能量可以转化为新的粒子（符合爱因斯坦的能量和质量等价原理）。

随着时间的推移，新产生的粒子会在引力作用下相互吸引，形成越来越大的团块。一旦形成足够大的星云，天体物理学告诉我们，它将产生新的天体。如果条件合适，这些星云将开始氢聚变的过程，点燃恒星熔炉，形成闪耀的恒星。最终，这些恒星可能会聚集在一起形成星系。因此，当老的星系消亡时，新的星系又将出现，填补它们留下的空白，使宇宙在各个时期都保持着大致相同的轮廓。这一想法与后来被称为大爆炸的思想形成鲜明对比——大爆炸的宇宙中没有什么能填补星系之间的空隙，宇宙只会随时间慢慢老去。

一个简单的类比可以说明大爆炸宇宙和稳恒态宇宙之间的区别。想象一下，一群游牧者居住在帐篷、小木屋等流动性住所中，靠收割庄稼为生。假设每年秋天，每当他们收割完庄稼时，都会选择背井离乡，把家搬到远离其他人家的地方。如果每个家庭都以这种方式迁徙，那么这个族群每年会变得越来越分散。住所与住所之间的空隙会越来越大，留下废弃的土地。这就是宇宙大爆炸理论所讲的情况，空间会越来越大。相对地，如果每户人家在搬迁之前播种土地，为未来的新收成和新定居点做好准备；如果新的一户人家搬进原来的人家所腾出的空间，那么随着时间的推移，从族群整体上看起来会保持大致相同。这就表示了稳恒态的情况。

邦迪和戈尔德出于几个原因反对创生场概念。首先，他们认为创生场会捕获和搅动新产生的粒子，这些粒子的行为就像疯狂的苍蝇试图从胶水中解脱出来。这种高能粒子的温度将远远超过在探测到的深空中任何一处的温度。霍伊尔与他们一起回看了他的计算，并向他们保证，创生场会让粒子转向，而不是困住他们。因此，新诞生的粒子的温度不会太高。邦迪和戈尔德并不认同这种解释，因为这意味着创生场的存在与广义相对论的一些关键预测相矛盾。例如，一个个能量团或物质团应该相互吸引，而不是排斥。

就像爱因斯坦在 1917 年所提出的静态宇宙学一样，邦迪和戈尔德也希望稳恒态模型能帮助实现马赫原理：惯性是遥远天体的综合影响的结果。他们认为，归根结底，所有的物理现象都应该有切实的解释。因此，他们认为霍伊尔的创生场概念引入了一种从未被人检测到的额外的斥力，这是在迈向错误的方向。

为稳恒态而战

在试图让邦迪和戈尔德加入合作无果后，霍伊尔决定单干。他撰写了《膨胀宇宙的新模型》(A New Model for the Expanding Universe)一文并将其提交给《物理学会会刊》(*Proceedings of the Physical Society*)考虑发表，文中提及了戈尔德最初的想法和邦迪颇有价值的观点。

但令霍伊尔非常沮丧的是，手稿被退了回来，还附有一封相当奇怪的拒绝信。信中写道："你的论文已经得到了学会论文委员会的认真考虑。现在他们遗憾地决定，《会刊》不是最合适的出版媒介，特别是考虑到论文太过简短，这迫使我们拒绝这篇文章，除此以外我们认为都很好。"[4]

拒绝信的最后,建议霍伊尔将论文提交给皇家天文学会,暗指论文的主题并不是真正的物理学。

与此同时,邦迪和戈尔德决定提交他们自己对这一概念的演绎,标题为《膨胀宇宙的稳恒态理论》(The Steady-State Theory of the Expanding Universe)。考虑到霍伊尔的论文可能会在他们之后发表,所以引用了霍伊尔的工作以及他们之间的讨论。事实上,邦迪和戈尔德的论文最终先于霍伊尔一个月发表在同一期刊《皇家天文学会月报》(Monthly Notices of the Royal Astronomical Society)上。(霍伊尔最终还是很不情愿地接受了《物理学会会刊》编辑的建议,将论文提交给了天文学期刊。)

这两篇论文之间唯一的实质性区别是,霍伊尔用创生场修改了广义相对论,而邦迪和戈尔德则用一个宇宙学常数回到了德西特的空模型(虚空宇宙模型)。他们认为宇宙并不完全是空的,而是以每秒约 4×10^{-45}(小数点后面跟着 44 个零和数字 4)磅力/平方英寸*的速度产生新的物质,极其缓慢,以至于根本无法检测到。然而,就像霍伊尔的模型一样,随着时间的推移,通过引力作用,物质会积累成越来越大的团块。最终,氢的质量大到一定程度,足以在核反应过程中被点燃,成为闪亮的恒星。它们又将形成新的星系,填补宇宙膨胀留下的空间,使宇宙的轮廓随时间的推移而大致保持不变。

然而,就文章风格而言,这两篇论文有着很大的不同。霍伊尔的论述切中要害,其中主要是介绍系统的数学方法,用于解决粒子如何在一个不断膨胀的宇宙中不断出现的问题,而宇宙是永恒存在的。

相比之下,邦迪和戈尔德的文章读起来更像是一篇哲学论文,除了

---

* 1 磅力/平方英寸 ≈ 6 894.76 帕。——译者注

最后几页。其中大部分都致力于为一种全新的自然定律辩护,他们称之为"完美宇宙学原理"(perfect cosmological principle),它基于一种更为广泛接受的概念,即"宇宙学原理"(cosmological principle)。

标准宇宙学原理,有时被称为"哥白尼原理"(Copernican principle),是让天文学家假设宇宙是均匀的依据。它将哥白尼等人提出的地球不是太阳系中心的概念继续外推,进一步假设太阳系不是银河系的中心,而银河系又不是宇宙的中心。因此,在这一体系中我们的地位是绝对平权的,我们可以期望宇宙的任何部分平均来看与我们所处的局部是相似的,就像是从一栋房子里向外观察邻居,以此去想象一个巨大楼盘的整体范围和外观。

邦迪和戈尔德将均匀性和一致性的概念与两种猜测性质的想法联系在一起。一个是马赫原理。他们认为,如果惯性在任何地方都是一样的,并且它取决于大质量物体的综合影响,那么空间中质量的分布必须是大致相似的。

第二个想法是狄拉克在1937年的一篇论文中提出的"大数假说"(large numbers hypothesis)。他的目标是帮助证明爱丁顿早期提出的一个观点,即自然界的基本常数(光速、普朗克常数、电子的电荷和质量等)通过某种精确的整数的组合而紧密相连。狄拉克指出,氢原子中电子和质子之间的电动力强度与引力之比约为 10^{39},宇宙质量(当时所假设的)与质子质量之比约为 10^{78},刚好是前一个大数的平方。狄拉克认为,两个天文数字之间的联系不可能是巧合。相反,他认为它们必须有一个基本的起源,他将此等同于以原子单位(atomic unit)表示的宇宙年龄(所谓原子单位是基于普朗克常数的微小时间间隔,用于描述原子过程)。

有两种宇宙学方法可以解释大数假说。狄拉克本人认为,宇宙是动态的,由于宇宙的年龄与电动力和引力的比值有关,较年轻的宇宙中这个比值一定较小,也意味着引力更强。也就是说,在漫长的岁月中,引力一直在减弱。

邦迪和戈尔德有处理这一假说的另一种方法,就是假设基本常数的值必须是不变的,宇宙最终将是永恒的。这就是完美宇宙学原理的由来。它将宇宙学原理扩展到时间和空间:我们不仅居住在均匀空间中普通的位置,而且也一定同样占据均匀时间中的普通时刻。在电影《土拨鼠之日》(*Groundhog Day*)[*]的全球通用版中,每个时代都必须与其他时代大致相同。因此,产生"大数"的物理参数也将是永恒的。

完美的宇宙学原理相当于在所有时间和空间上将马赫原理的微妙平衡(假设它是有效的)给锁定了。研究人员认为,惯性应当是永恒的。如果当前的惯性源于遥远天体巨大质量的拖拽,那么,我们不禁要惊呼,它应该自始至终都是这样的。

由于邦迪和戈尔德的论文在霍伊尔之前发表,这也让一些读者感到困惑。1952年,皇家天文学家、稳恒态的重要倡导者哈罗德·斯宾塞·琼斯爵士(Sir Harold Spencer Jones)写信给霍伊尔,就表达了一种错误的观点,他说邦迪和戈尔德是这个概念真正的提出者,而霍伊尔的论文只是进一步的阐述。[5]霍伊尔担心自己会永远被当成稳恒态模型的解释者和推广者,而不是共同提出者,于是不得不对这个概念的真正历史过程加以解释。像哈罗德爵士那样的误解显然不是恶意的,但这也不会是霍伊尔的贡献最后一次被同事们错误地低估。另一方面,人们对科学媒体传播越来越感兴趣,这将使霍伊尔能够以前所未有的方式直接向公众陈述自己的观点。

汤普金斯先生与电视奇迹

20世纪40年代末,对书籍、文章、广播和电视做解读的科学阐述

---

* 又名《今天暂时停止》。——译者注

者在世界各地都很受欢迎。这一趋势始于 20 世纪 20 年代,当时报业大亨 E. W. 斯克里普斯(E. W. Scripps)创立了科学服务社(Science Service),为媒体提供科学内容,《纽约时报》聘请了第一位专职的科学记者。1945 年 8 月,日本被投下原子弹,第二次世界大战随即结束,媒体科学服务的趋势开始兴起。发展核武器涉及的道德问题表明我们越来越需要让更多公众接受科学教育。

那时候的伽莫夫已经成为世界上杰出的科学普及者之一,霍伊尔也紧随其后。伽莫夫成名的主要原因是他创作的汤普金斯先生(如前文所述,这一角色以他在安娜堡遇到的一名学生的名字命名)的受欢迎程度,这让他获得了新的出版机会。

坚持总能得到回报,这点我们在两位主角身上都能看到。伽莫夫的第一个汤普金斯故事《玩具宇宙》(Toy Universe)讲述了这个角色(在梦中)访问了一个地方,那里的光速只有 10 英里每小时,主人公也因此注意到相对论在现实生活中带来的所有奇怪影响。不过该作品被包括《哈泼斯》(*Harper's*)在内的几本杂志拒绝了,直到 1938 年 12 月,在《探索》(*Discovery*)杂志上才找到了一个合适的归宿。伽莫夫从英国物理学家查尔斯·高尔顿·达尔文(Charles Galton Darwin,著名博物学家查尔斯·达尔文的孙子)那里得知的这个机会,达尔文建议他把这个故事发给《探索》杂志的编辑斯诺。斯诺接下了稿件,伽莫夫从此有了第二职业——科普工作者。

整个 1939 年初,斯诺委托伽莫夫每月为《探索》杂志提交一个新的汤普金斯故事,每个故事都是一个不同的"梦想",阐明科学的某个方面。伽莫夫对该系列的受欢迎程度感到高兴。他自豪地将亲笔签名的复印件寄给 GWU 的马尔温校长,上面还附有各种题词,通常是很幽默的语言。例如,在 1939 年 2 月的封面印的是汤普金斯先生的第 3 个梦想,伽莫夫写道:"致马尔温校长:高雅的东西读来毫不费力——G. 伽莫夫。"

为了不让这个营销机会白白溜走,1939 年底,剑桥大学出版社收集了汤普金斯(到那时为止)的各种故事,以书籍的形式发行。《汤普金斯先生漫游奇境记》(*Mr. Tompkins in Wonderland*)是一本关于主人公所做的自己身处奇怪环境的梦的简编,这本书给人提供了一个愉快的科学入门。很快,伽莫夫与维京出版社(Viking Press)签订了一份合同,为恒星天体物理学撰写一本广受欢迎的导读《太阳的诞生和死亡》(*The Birth and Death of the Sun*),该书于 1940 年出版。1944 年又出版了《汤普金斯先生探索原子》(*Mr. Tompkins Explores the Atom*)。

1947 年,伽莫夫出版了可能是他影响最深远的科普书《从一到无穷大》(*One, Two, Three ... Infinity*),也是维京出版社出版的。这个标题反映出他的一个误解,即某些非洲人[也被称为"霍屯督人"(Hottentots)*]。只能表达前 3 个数字,而将更大的数称为"许多"。尽管这是个误解,但这个标题以一种朗朗上口的方式传达了一个事实,即计数方法并不完全是相同的。书里以轻松的方式探索了数学、物理和生物学中的奇怪概念(例如,左手手套在第 4 个维度中"翻转"后就可以变成右手手套),还配上了伽莫夫巧妙的插图。他亲切地写下:"献给我那想成为牛仔的儿子伊戈尔。"

《从一到无穷大》因其清晰度和独创性而备受赞誉。据报道,就连爱因斯坦也在书架上放了一本汤普金斯先生的书,他称赞这本书"诙谐幽默且激发思维"。[6] 它展示了伽莫夫在掌握和解释广泛的科学领域方面有着非凡天赋,他能做到既有趣又有教育意义。

伽莫夫的科普贡献并不止于此。他为《科学美国人》撰写大量文

---

* 欧洲白人对黑人的歧视性称呼。——译者注

章，还写了很多书籍。在电视上，他作为嘉宾出现在 1948 年 3 月在巴尔的摩（Baltimore）播出的《约翰斯·霍普金斯科学评论》（*Johns Hopkins Science Review*）节目中，其中谈到了宇宙学（尤其是大爆炸理论）。评论家认为这档电视节目是电视作为教育媒介发展的里程碑。

20 世纪 40 年代末，电视开始从实验媒体过渡到大众媒体，能够以前所未有的规模提供娱乐和启蒙。前一类有《德士古星剧场》（*Texaco Star Theater*），由美国国家广播公司（NBC）于 1948 年 6 月开始播出。该节目的明星是受过杂耍训练的喜剧演员米尔顿·伯利（Milton Berle），观众亲切地称他为"米尔顿叔叔"。据报道，他的巨大人气促使许多美国人购置了他们的第一台电视机。

然而，一旦他们购买了电视机，许多观众可能已经决定要为了换换口味而切换频道。1950 年，《约翰斯·霍普金斯科学评论》被杜蒙电视网（DuMont Television Network）买下并在全国播出，这为观众提供了一种教育的选择。他们可以听伽莫夫等真正的科学家解释当前的科学突破，而不是看"米尔顿叔叔"到处扮小丑。考虑到原子时代已经兴起，人们对科学教育有着真切的渴望。

对于那些坐在家里第一次在电视上品尝科学滋味的人来说是一次非同寻常的体验。对科学知之甚少的观众第一次可以在客厅里欣赏演示。节目中的一些科学家收到了兴高采烈的粉丝来信。因此，就其科学阐述者的身份而言，伽莫夫也是广播业的先驱，为后来的像《宇宙》（*Cosmos*）这样热门节目的出现铺平了道路。

为大爆炸命名

霍伊尔涉足科普比伽莫夫晚了大约 10 年，但也持续了许多年。起初，他使用的媒体是广播而不是电视。霍伊尔很快就成为英国广播中令人熟悉的声音。

在20世纪40年代末和50年代初的英国,电视和广播的组织方式与美国不同。由政府运营的英国广播公司,也就是人们常说的BBC,绰号"Beeb",控制着所有的广播,这显然不同于私人电台。20世纪50年代中期,英国独立电视台(ITV)才作为第一个私人电视网被允许运营和制作节目。

BBC播出时间最长的广播节目之一《荒岛唱片》(*Desert Island Discs*),从1942年开播,至今已持续了几十年。该系列基于这样一个假设,如果嘉宾被困在一个孤岛上,他们被允许带上8张唱片、一本书和一件奢侈品,他们会选择哪些。霍伊尔是为数不多的两次受邀参加该节目的人物之一,第一次是在1954年,第二次是在1984年。他选择的音乐包括了莫扎特、巴赫、贝多芬和舒伯特的作品,这反映出小时候可能是母亲让他接触到的一些古典音乐。他第二次选的书(第一次没有选)是《物理学手册》(*Handbook of Physics*)。他选择的奢侈品是一张赛马大会上人群的照片(第一次上节目时所选)和一台便携式望远镜(第二次上节目时所选),反映了他对体育比赛(如远足)和观测天文学的兴趣。

1949年3月28日,霍伊尔受邀在BBC第三频道节目中介绍宇宙学。他将膨胀宇宙的稳恒态模型与其他模型进行比较,那些模型反映了数十亿年前宇宙从超稠密的一个点诞生,在这过程中,他将创造出"有史以来最成功的科学颂词之一"。[7] 不到两周后,他的评论发表在有着很大阅读量的BBC节目指南《听众》(*The Listener*)上,他所描述的"大爆炸"一词很快就传开了。接下来的几十年里,即使在稳恒态概念已渐渐退出公共话语之后,大爆炸仍然是勒梅特提出的原始原子概念的最受欢迎的称呼,这个概念后来被伽莫夫和他的合作者拉尔夫·阿尔弗、罗伯特·赫尔曼进一步发展。

科学历史学家赫尔奇·克拉夫(Helge Kragh)指出,霍伊尔并没有直接针对伽莫夫，没有贬低他新发表的观点，即使他批评了被他称为大爆炸的假说。[8]相反，霍伊尔与那些表面上接受勒梅特的"有限宇宙年龄"概念的人交谈，例如罗伯逊、沃克等人，在探讨这一问题过程中有着开创性的工作。正如大多数物理学家所相信的那样，宇宙膨胀的想法意味着宇宙在过去要小得多。霍伊尔想表明这种推测是很没有必要的。关于伽莫夫，霍伊尔对他在天体核物理方面作出的贡献表示最崇高的敬意。直到20世纪50年代中期，当霍伊尔和伽莫夫的宇宙概念同时出现在媒体上时，他们的分歧才暴露在世人面前。

霍伊尔的儿子杰弗里对此的评论是："我从未听父亲对伽莫夫或勒梅特恶语相向。据我所知，他是觉得大爆炸理论并没有解决宇宙学的问题，所以他一生都在根据新的信息重新审视自己的理论。"[2]

霍伊尔反对宇宙大爆炸，除了对极端违背守恒定律的情况感到厌恶之外，还有一个更为务实的论点。根据哈勃从观测到的造父变星数据中得出的常数计算得到的宇宙年龄似乎在20亿年左右（今天我们知道它实际上是138亿年），这让宇宙比地球、太阳和大多数恒星都要年轻得多。"父母"怎么会比它所生的"孩子"年轻呢？相比之下，稳恒态模型令宇宙持续的时间为无限长，这就完全避免了宇宙年龄的问题。因此，在广播节目中，霍伊尔声称大爆炸与观测结果相悖，而稳恒态则没有这样的挑战。

阿尔弗后来解释道："在早期，宇宙演化模型所得到的宇宙年龄遭遇了严厉的批评。宇宙太年轻了。就算还相信宇宙演化的模型，但当时的哈勃常数显示出的结果是不正常的。事实上，这就是导致稳恒态宇宙横空出世的原因。"[9]

当霍伊尔在广播中声称观测结果似乎与大爆炸假说相矛盾时，他却没有提到稳恒态模型也已经面临自身潜在的挑战。在1948年的一篇论文中，天文学家乔尔·斯特宾斯（Joel Stebbins）和阿尔伯特·惠特福德(Albert Whitford)宣布了一条证据,表明距离较远的椭圆星系(3种主要星系类型之一)的光谱分布(根据颜色排列)与距离较近的椭圆星系不同,它们比依据多普勒红移预测的结果更"偏红"。斯特宾斯和惠特福德将这些结果解释为,证明了距离较远的椭圆星系与距离较近的椭圆星系有着不同的组成,而又因为光速存在滞后现象(光速是有限的),较远的距离同时意味着它们在时间上也更久远。如果推广到宇宙中所有的椭圆星系,这种差异暗示着它们是在亿万年时间中演化而来,这意味着宇宙在过去看起来会非常不同,这与稳恒态所预测的宇宙整体无变化是完全矛盾的。

为了应对被称为"斯特宾斯-惠特福德效应"的挑战,霍伊尔、邦迪和戈尔德很快在剑桥三一学院找到了盟友,年轻的丹尼斯·西阿马(Dennis Sciama)。西阿马在狄拉克的指导下获得了博士学位,他坚信马赫原理需要被纳入广义相对论。他认为稳恒态理论——及其宇宙永恒的概念——是朝着这个目标迈出的重要一步。1954年,他与邦迪、戈尔德共同撰写了一篇关键的论文,批评了斯特宾斯和惠特福德的结论,认为斯特宾斯-惠特福德效应属于宇宙哲学范畴。不久之后,惠特福德收回了他的最初发现,宣布他对数据的持续研究表明,过度红化是他和斯特宾斯所应用的光谱分析方法导致的结果,而不是椭圆星系随时间变化的迹象。稳恒态得以幸存,至少是暂时的。

在整个20世纪50年代,霍伊尔、邦迪和戈尔德继续在各类讲座和媒体上推广稳恒态宇宙。尽管它在英国科学界的受欢迎程度开始上升,但在其他地方却遭到了很大程度的怀疑。伽莫夫说:"根据爱德华·泰勒的说法,稳恒态理论在英国如此流行并不奇怪,这不仅是因为它是由英国的3个儿子(土生土长的英国人)邦迪、戈尔德和霍伊尔提出的,还因为它一直是英国维持其在欧洲现状的政策。"[10]

英国以外的一些批评声音包括爱因斯坦(尽管他很早就探索了稳

恒态模型)和诺贝尔奖得主沃尔夫冈·泡利。爱因斯坦在1952年写给物理学家让-雅克·费尔(Jean-Jacques Fehr)的一封信中表达了他的感受:"霍伊尔先生关于宇宙学的推测,假设原子从太空中产生出来,在我看来,基础太差,不值得认真对待。"[11]

有一次,泡利正好在苏黎世参加了霍伊尔的演讲。泡利向来对其他科学家的理论持极端批评态度,但对瑞士精神分析学家卡尔·荣格(Carl Jung)的"集体无意识"概念却持惊人的开放态度。1951年,泡利在给荣格的助手瑞士精神分析师安妮拉·亚菲(Aniela Jaffé)的信中表达了他对稳恒态的看法:"我很了解霍伊尔,并参加了他在苏黎世的演讲。我觉得他把幻想和科学混合在一起很不好……他的'背景物质'以及无中生有地不断创造物质的想法,让我觉得完全是无稽之谈。我认为没有理由怀疑物理能量守恒定律。我很清楚,这种宇宙学不是物理学,而是无意识投射。"[12]

霍伊尔和泡利将在7年后的1958年布鲁塞尔的索尔维会议上再次会面。泡利以特有的直率告诉他:"我刚刚读了你的小说《黑云》。我觉得它比你在天文学的研究工作要好得多。"[13]

解释宇宙

霍伊尔频繁出现在BBC电台,继续建立起作为一名科学普及者的名望,谈论的范围从天体物理学和宇宙学,继而扩展到天体生物学等相关主题。1949年7月,他与遗传学家西里尔·达林顿(Cyril Darlington)就"宇宙其他地方有无生命"的话题展开辩论。霍伊尔根据宇宙是古老而浩瀚的稳恒态观点,认为在宇宙历史上的许多时期,在某些环绕遥远恒星的其他行星上,生命是很可能出现的。

他认为生命是司空见惯的,还以机智的言辞令他的观点更加生动。

他说:"即使是现在,在某个遥远的地方,另一个叫霍伊尔的人也在对着像你这样的听众广播一个相同的话题。"[14]

与伽莫夫大声而自然地抛出自己的幽默观点不同,霍伊尔的幽默稍微枯燥些,而且往往看起来更像是照本宣科。事实上,霍伊尔拥有一本"玩笑手册",写满了幽默的话语,他可能会用这些话语来给讲座活跃气氛。在个人交往中,他的幽默甚至可能起到反作用(有时他在演讲中试图缓和语气,以免说一些冒犯人的话,但并不成功)。

霍伊尔的儿子杰弗里是这样描述他的风格的:"他有一种约克郡式的、土里土气的幽默感,这在他的许多名言中都有所体现。他经常嘲笑一些坐在高桌上的学者。我记得他有一次问牛津大学英语教授,莎士比亚的作品都是自己写的吗？他还向科普兰(Copland)提问,'莫扎特是被谋杀的吗?'"[2]

天体物理学家贾扬特·纳利卡曾在剑桥大学师从霍伊尔,后来与他合作。说到霍伊尔的机敏,纳利卡回忆起一个例子:"他正在检查剑桥数学荣誉学位考试的答卷。试卷上警告说,必须给出完整的答案,支离破碎的答案不会得到太多分数(marks)。即便如此,还是有一名学生答了几道题都不完整,因此获得了几个较低的分数。当我看着霍伊尔在为这个答卷打分时,我提醒他注意这个学生的名字。霍伊尔瞄了一眼就突然大笑起来,因为这个学生的名字就叫'Marks'。"[15]

1950年初,霍伊尔在BBC撰写并制作了一系列的广播节目,每周一期,总共5期,这极大地考验了他吸引和惊艳听众的能力。这些节目得到了大力宣传,被安排在周六晚上播出,这保证了广泛的听众群体。霍伊尔简单而直接地解释那些棘手的概念,用他朴实无华的西约克郡小镇的口音(这在BBC的广播中很少见,他们通常都用通俗的标准英语发音)解释得很清楚,这赋予他一种轻松随和的风格。当这些节目的文字记录出现在《听众》上时,受到了很大的欢迎。到了1950年底,总部位于牛津的出版商布莱克威尔（Blackwell）获得了版权，并以书籍的形式重新发表了霍伊尔的报告，取名为《宇宙的本质》（The Nature of the Universe）。

霍伊尔对天体物理学和宇宙学的科普著作被迅速一抢而空。读者似乎很欣赏它对影响广泛的概念的直白解释。这本书也有助于使稳恒态模型异军突起。然而，并不是所有人的反应都是积极的。霍伊尔的直率风格导致了一个错误，即在书中对有组织的宗教表现出极端的评判。许多虔诚的读者被"在我看来，宗教只是一种绝望的尝试，试图逃离我们所处的真正可怕的境地。"这样的台词吓了一跳。[16]

很快，在书店的科普书架上，霍伊尔的书遇到了竞争对手。1952年，出现了伽莫夫关于宇宙学的精彩作品《宇宙的产生》，同样销售火爆。这本书传达的信息截然不同，描绘了一幅在有限的过去某个时间宇宙从极度稠密状态出现的图景。[伽莫夫从未使用过大爆炸一词，他认为这是一种误导，因为在他的模型中并不存在"爆炸"。然而，他确实谈到了"大挤压"（big squeeze），一种存在于假设的能够产生所谓伊伦的收缩状态。]书中只是简单地提到稳恒态并否定了它。这两本书都是很不错的选择，是送给科学迷的完美礼物；不同宇宙学争夺各自粉丝的竞争真正开始了。

霍伊尔越来越受欢迎，这一点在他1952年12月开始的一次美国之行中表现得尤为明显。此行他主要是在即将到来的春季学期担任加州理工学院天体物理学客座教授，而且也要前往普林斯顿访问两个月。[2]这份邀请是由沃尔特·巴德发出的。8年前，他关于超新星的工作激发了霍伊尔的想象力。在1952年9月举行的国际天文学联合会会议上，他们进一步加深了对彼此的了解。

就在加州理工学院上任之前，霍伊尔被邀请在美国物理学会西部分会年度会议上担任晚间主旨演讲人，该会议当年在加利福尼亚州的帕萨迪纳(Pasadena,加州理工学院所在地)和因约肯(Inyokern,在海军火炮试验基地,为了吸引他们的科研人员)举行。霍伊尔的演讲有点像一次试验,因为这是该协会第一次直接针对公众的会议。它事后被证明是一次巨大的成功。霍伊尔的话题"膨胀的宇宙"引起人们极大的兴趣,以至于组织者需要将报告转移到一个更大的场地:帕萨迪纳初级学院(Pasadena Junior College)的演讲厅。礼堂里挤入了大约1 500人,这对于一个专业的会议来说是令人惊讶的。毫无疑问,霍伊尔的名声已经跨越了大西洋。

讲座结束后,霍伊尔受邀参加了在加州理工学院凯洛格实验室进行研究的威廉·"威利"(Willy)·福勒家中举行的聚会。[2]这次相遇后来被证明是一次有利的思想结合。在未来的几十年里,霍伊尔和福勒将成为亲密的朋友与合作者。

然而,在出席霍伊尔任何一次宇宙学演讲的天体物理学家和天文学家中,是否有许多人支持他的观点,这让人心存怀疑。哈勃和他的年轻弟子艾伦·桑德奇(Allan Sandage)(曾在巴德的指导下在加州理工学院完成博士学位,同时在威尔逊山进行观测)的家也在帕萨迪纳,所以这里无疑是宇宙大爆炸的"地盘"(尽管该团队并没有使用过这个词)。虽然哈勃本人并不支持有限年龄的膨胀宇宙的概念,但他的同事大多接受了这一观点,这对观测结果最简单的解释[瑞士天文学家弗里茨·兹维基(Fritz Zwicky)是罕见的例外]。

话虽如此,在关注有限年龄宇宙的宇宙学家中,也并不是每个人都认可伽莫夫、阿尔弗和赫尔曼在GWU所进行的研究。在这个群体中,几乎没有人注意到阿尔弗和赫尔曼在1949年做出的一个关键预测——由于膨胀,宇宙大爆炸的辐射已经在数十亿年间冷却到绝对零度以上约5度,并弥漫在整个宇宙中。20世纪60年代中期,对此的探测将被认定是宇宙大爆炸的确凿证据。

第五章

从阿尔法到欧米茄:
炽烈的开端

> 一个大顽童,从原子到基因,再到太空旅行,哪里都有他的身影。他聪明时就在那里欣赏,纵然生活不如意也会安慰自己。伽莫夫从未想过停止追逐的脚步,这也许是明智的。所以他总是在不停地找寻乐趣。
>
> ——詹姆斯·沃森,《基因·女郎·伽莫夫》(Genes, Girls, and Gamow)

> 我不喜欢"大爆炸"这个词;我从不称之为"大爆炸",因为它已成为陈词滥调。我认为这是稳恒态宇宙学家发明的词儿。
>
> ——乔治·伽莫夫,查尔斯·韦纳(Charles Weiner)访谈,1968 年

很少有本科生最后能和教授成为终身亲密的朋友与合作者。但这事恰恰在拉尔夫·阿尔弗身上发生。他是乔治·伽莫夫"非典型"的左膀右臂。阿尔弗与导师的长期交往始于 20 世纪 30 年代末他在 GWU 读本科时,直到 1968 年伽莫夫去世。尽管弗里德曼和勒梅特推导出了

宇宙大爆炸(霍伊尔起的绰号)的数学基础,但阿尔弗与伽莫夫,以及另一位研究者罗伯特·赫尔曼合作,将其开发成一个物理现实模型,为早期宇宙中物质和能量的发展提供了重要见解。

阿尔弗与伽莫夫的人生冒险形成了鲜明的对比。阿尔弗在华盛顿出生和长大,不像他的导师——一位曾在世界许多地方居住的苏联移民。如果不是因为政治因素,伽莫夫的物理教育本可以走上正轨,而阿尔弗由于经济原因被迫谨慎行事,他去找各种工作来增加收入。他有耐心进行详细的计算,这恰恰是伽莫夫所欠缺的。尽管他非常重视伽莫夫的智慧,对导师的笑话也很受用,但他有时担心风趣的"伽莫夫"所做的一些滑稽举动反而会把他们有用的信息给掩盖了。例如,伽莫夫经常指出他们的名字与希腊字母 α 和 γ 发音相似,这虽然很有趣,却让阿尔弗的贡献看起来有点像笑话。有一件真事,他们的一篇重要的合作论文居然在愚人节那天发表(纯属巧合),这种巧合到最后也没有起到任何作用。

毫无疑问,在他们的合作中,伽莫夫一直是人们关注的焦点。在早期的职业生涯中,阿尔弗似乎接受了这一点。然而,在后来(伽莫夫去世后),他发现这是一个问题,因为他意识到自己和赫尔曼的独立成就并没有得到恰当的认可,包括他们对宇宙中遗存的辐射温度所做的异常接近的预测,这项成果在 20 世纪 60 年代中期得到了证实。阿尔弗曾经是一名忠诚的学徒,远离聚光灯,对此他正当地争论,作为一名有成就的科学家,他理应得到属于自己的认可。

魔法师的学徒

如果游客在 1935 年或 1936 年夏天的某个时候参观美国首都的华盛顿纪念碑,他们可能会停下来再去参观一个露天剧院。在那里,如果他们又碰巧看了一眼表演的幕后，或许会注意到一个颇有干劲的青少年在协助道具和舞美。年轻的拉尔夫·阿尔弗当时是华盛顿一所商学院的学生，舞台工人的工作为他提供了稳定的收入，还能有机会观看有趣的戏剧和音乐剧。他知道自己在后台的努力对于一场精彩的演出至关重要。

1937年高中毕业时，年仅16岁的阿尔弗还不知道该做些什么。他擅长速记和打字，在国家收银机公司找到了一份秘书职位，在那里工作了短暂的一段时间，然后进入伍德罗·威尔逊（Woodrow Wilson）一所免费师范学院。发现那里的课程并不具有挑战性，他再次改变主意，仅仅几个月后就离开了。

幸运的是，1938年2月，当地一家科学机构正在招聘秘书，于是阿尔弗提出了申请。这个地方，华盛顿卡内基研究所的地磁系，也正是招募伽莫夫的地方。阿尔弗的工作为他提供了一个绝佳的机会，使他得

美国物理学家拉尔夫·阿尔弗，师从伽莫夫并与之合作。他与罗伯特·赫尔曼正确地预测了宇宙微波背景辐射的存在。图片来源：AIP Emilio Segrè 视觉档案馆，《今日物理学》收藏。

以沉浸在开创性的核研究中,图夫和哈夫斯塔德(Hafstad)正在那儿利用实验室 60 万伏的范德格拉夫装置进行研究。

与此同时,阿尔弗开始在 GWU 兼学课程。在那里,他很高兴能在伽莫夫门下学习相对论,伽莫夫已经因为广为人知的工作而备受钦佩。对此阿尔弗回忆道,伽莫夫被证明是一位非凡的教授,也有点爱炫耀:"我发现他是一个非常活跃充满新想法的人。他显然十分热爱物理,陶醉其中,他向我这个学生传达了一种难以被忽视的热情。"[1]

伽莫夫是一位令人难忘的老师,甚至有点像一个表演过火的演员。他喜欢用令人困惑的演示来让学生们发出惊叹,即使这些演示并不总是按计划进行,但都会让课堂变得有趣。有一次(在他后来的教学生涯中),他试图重现阿基米德的著名实验,以确定皇冠是否真的是金子做的。古希腊数学家和物理学家阿基米德在一次洗澡时突然意识到,解决这个问题的办法是浸在水里,于是他跳出浴缸,跑到外面大喊"尤里卡!"*

在伽莫夫所表演的浮力演示中,他用一根连接在支架上的绳子将一顶(青铜制成的)王冠悬挂在一个巨大的装满水的烧杯上方。他试着轻轻地把王冠放进水里,但它突然松动了,砸进了烧杯,打碎了玻璃,把伽莫夫和前排的学生都溅湿了。全班同学一下子爆发出笑声。

浑身湿透的伽莫夫毫不畏惧地走到教室的水槽前,宣布他要把盆装满,然后重试实验。但是他不小心拧错了水龙头,喷出的不是水,而是蒸汽,他的眼镜一下子起了雾。他看不见,不知如何关掉它,花了好些时间盲目地寻找旋钮,然后才停止这一切。全班笑得更厉害了。他试了第二个水龙头,但他没有意识到它连接着一根长软管。水流了出来,但并没有流入水槽,而是无情地灌入教室,这使情况变得更糟了。

---

* "尤里卡"(eureka)意为我发现啦。——译者注

最后，当他的实验室助理赶去清理灾难现场时，伽莫夫被迫承认，实验装置将他击败了。[2]

阿尔弗很仰慕伽莫夫对物理的热情，就像一个热切的新手崇拜一位经验丰富的运动员一样抓住他不放。他参加了伽莫夫和泰勒组织的部分华盛顿会议，包括著名的 1939 年华盛顿会议，玻尔在那次会上宣布了德国的核裂变突破。意识到这一宣布的重要性，阿尔弗对图夫和哈夫斯塔德在卡内基研究所地磁系成功实现自己的铀裂变实验的速度感到惊讶。[1]

1941 年底，当美国加入第二次世界大战时，阿尔弗决定留在华盛顿或者附近寻求职位，而不是在"曼哈顿计划"的某个重点研究中心（如洛斯阿拉莫斯）。他不想放弃在 GWU 的学习。很快，他得到了在应用物理实验室工作的机会，这是一个与巴尔的摩约翰斯·霍普金斯大学合作的新军事研究中心。由于距离较近，他可以在那里担任工程师，负责生产鱼雷爆炸装置的引信，同时在伽莫夫的指导下继续进行硕士论文研究项目，主题是恒星如何通过核聚变产生能量。1945 年，也就是二战结束的那一年，阿尔弗完成了他的硕士学位。

中子之舞

二战结束后，阿尔弗继续留在应用物理实验室全职工作。巧合的是，大约也是那个时候，伽莫夫开始担任该实验室的顾问，这使两人得以会面，有时就在阿尔弗的办公室里，一同聊聊物理。阿尔弗对天体物理学的兴趣与日俱增，这促使他做了一件难以理解的事：在继续他白天繁重工作的同时，攻读 GWU 富有挑战性的博士课程，再次由伽莫夫指导。他设法挤出时间满足必要的课程，而利用晚上的时间完成家庭作业和研究项目。[1]

阿尔弗的研究重点转移到一个引人入胜的问题上，即根据广义相对论，膨胀物质中的扰动（延伸或凹陷）是否会随着时间的推移而增强或缩小。换言之，如果你吹起一个气球，在它继续膨胀的同时，把它的一部分拉伸出一个额外的凸块，那么这个凸块会变得更大还是变平整？一个可能的应用就是观察随着宇宙的膨胀，小的质量团块是否会发展成恒星和其他星体的种子。

阿尔弗花了大约一年的时间研究这个话题。正当他要写下自己的研究结果时，一天伽莫夫顺便来到他的办公室，手里拿着一本苏联杂志。伽莫夫向他展示了苏联物理学家叶夫根尼·M. 利夫希茨（Evgeny M. Lifshitz）（他是伽莫夫的好朋友朗道的同事）的一篇文章，该文章探讨了阿尔弗正在研究的问题。利夫希茨也发表了关于扰动行为的类似结论。令阿尔弗惊恐的是，他意识到自己的研究主题已经被榨干了，已经没有什么值得一说的了。他对自己浪费了所有的时间而感到绝望，抓起所有与这个晚了一步的文章相关的笔记，撕成碎片，冲入马桶。[1]

几天后，阿尔弗逐渐平静下来，他请伽莫夫帮他找个新项目。伽莫夫指出，他已经完成了关于宇宙大爆炸中所有化学元素起源的初步研究。伽莫夫的预感是，只有温度高达数十亿度的炽热的、超致密的原始宇宙，才能为从氦到铀的所有类型的原子核提供一座完美的大熔炉。这个过程需要是"非平衡的"，温度和密度等条件会迅速变化，这意味着，与在活跃的恒星核心中所发现的平衡状态截然不同。1942 年，伽莫夫在华盛顿科学院发表了一次相关主题的演讲。1946 年，又在《物理评论》(*Physical Review*)上发表了一篇概述他的想法的文章。伽莫夫建议，也许阿尔弗可以通过构建一个理论模型来充实这个概念，并用它来计算大爆炸中可能产生的每种元素的数量。然后可以将这些理论估计值与每种元素的实际已知量进行比较。

阿尔弗同意接受该项目，随后开始在伽莫夫的指导下研究一种被称为中子俘获（neutron capture）的元素构建简单模型。当时的想法是，宇宙开始时是一种黏稠的、炽热的辐射"浓汤"，上面撒着中子，阿尔弗称之为"伊伦"。在宇宙诞生的最初几分钟里，随着宇宙的生长，"伊伦"中的一些中子经历了 β 衰变，变成质子和电子。然后，一些质子（通过核力）俘获它们附近的中子，形成氘（质子-中子组合）。中子再与氘结合形成氦-3原子核。它们俘获了更多的中子，继而又衰变为质子和电子，从而产生了氦-4（外加电子）。根据阿尔弗的论文，这个过程一直持续到所有化学元素形成。这需要非常迅速地发生，因为在短短几分钟内，宇宙就会膨胀和冷却，以至于不可能进一步创造元素。

阿尔弗很幸运，他的想法有着一个完美的传声筒：APL 的同事——罗伯特·"鲍勃"·赫尔曼。他们是在二战的最后一年认识的，后来成为好朋友。赫尔曼于1940年在普林斯顿大学获得博士学位（研究的是分子光谱学），对相对论和宇宙学很了解。在他的学习过程中，他曾上过罗伯逊的课，罗伯逊出色地将爱因斯坦方程所允许的均匀的、各向同性的宇宙类型进行编目。罗伯逊还担任了赫尔曼论文答辩委员会的主席。

在 APL，赫尔曼一直在从事一项绝密任务，即开发一种新的系统，当防空炮弹和其他推进剂接近目标时，根据嵌入炮弹内的微型无线电发送和接收的信号进行测量，触发它们引爆。这项技术被称为可变时间（variable time，VT）接近引信，其中一部分是由同在 APL 工作的太空科学家詹姆斯·范·艾伦（James Van Allen）设计的。战争结束后，范·艾伦转而研究大气中的宇宙线，阿尔弗和赫尔曼对此也有贡献。（1958年，范·艾伦做出了他最为著名的发现：太空中被地球磁场捕获形成的带电粒子区，被称为"范·艾伦带"。）

到1948年，赫尔曼加入了阿尔弗，有时也是阿尔弗和伽莫夫共同的研究中，参与了许多与大爆炸核合成有关的研究合作。伽莫夫非常喜欢和他们两个开玩笑，经常表现得像个爱戏弄人的哥哥。当阿尔弗和伽莫夫完成了他们关于这个主题的第一篇合作论文时（赫尔曼协助，因而在后来的论文中他被列为作者），他们将一瓶君度香橙甜酒的标签改为 YLEM（伊伦），以示庆贺。[阿尔弗最终把瓶子捐赠给史密森尼学会（Smithsonian Institution），并在一个名为"探索宇宙画廊"的展览中展出。[3]]

阿尔法、贝塔、伽马，有时还有德尔塔

当伽莫夫提交他们有关大爆炸核合成的合作论文《化学元素的起源》（The Origin of Chemical Elements）准备发表时，阿尔弗十分兴奋，但他对第 3 位作者汉斯·贝特的加入感到惊讶，因为他根本没有参与其中。之所以依然添加贝特的名字，唯一目的是将作者名单排列为阿尔弗、贝特和伽莫夫，这是希腊字母表上前 3 个字母的谐音。这篇文章后来被称为"阿尔法-贝塔-伽马"（alpha，beta，gammɛ）论文。

贝特非常感谢伽莫夫邀请他参加华盛顿会议，这次会议激发了他在恒星核物理方面的重要研究。他被伽莫夫把他们名字玩的谐音梗逗乐了，也没有埋怨自己被牵扯其中——即便这种做法感觉有些奇怪。许多自尊心更强的物理学家会对别人在未经他们允许的情况下将自己的名字写在一篇与他们无关的推测性文章上的想法感到犹豫。但是，深陷作者争议当中的贝特仍然保持着和蔼可亲的样子[维克托·"维基"（Viki）·魏斯科普夫认为，贝特应该在关于电子的量子特性的某些想法上有着更多成果]。在伽莫夫的邀请下，贝特同意加入阿尔弗的论文答辩委员会。

然而，阿尔弗对待这篇论文非常较真——主要是针对论文中的一

些结果——但也对不得不与一位没有对该项目作出贡献的物理学家分享功劳感到恼火。他在计算上花了很多时间和精力,晚上通宵达旦,白天又在全职工作中保持着高标准,而贝特连一根手指也没有动过。但是伽莫夫是他的导师,他又能做什么呢?

此外,阿尔弗敏锐地觉察到,伽莫夫开玩笑的方式却有可能疏远那些更认真对待工作的科学家。事实上,随着伽莫夫职业生涯的发展,他爱开玩笑、喜欢讲幽默故事的名声开始盖过他作为一名杰出理论物理学家的卓越地位。他的酗酒习惯当然更于事无补了。阿尔弗将努力以一种更严肃的方式宣传他们的研究,指出它们的先见之明以及重要性。

"阿尔法-贝塔-伽马"论文的关键胜利在于,它首次推断出宇宙中为什么含有如此多的氦,而且给出了一个合理的精度。恒星模型无法解释这种元素的丰度。只有假设它是在一个炽热的原始火球中锻造而成的,才能还原它产生的确切画面。

伽莫夫对这些结果感到高兴,他向几位物理学家发送了论文复印件,其中包括爱因斯坦和瑞典物理学家奥斯卡·克莱因(Oskar Klein),他是在玻尔研究所期间结识他们的。在给伽莫夫的回复中,爱因斯坦表现出极大的肯定,赞扬了文章中所述的元素诞生机制。[4]

在给克莱因的复印件中,伽莫夫在附信中写道:"这篇'按字母顺序'的文章似乎代表了元素一个个生产的过程(从 α 到 ω)。你觉得怎么样?"[5]

克莱因回答说:"非常感谢你寄给我的这个迷人的字母表。然而,你能允许我对它是否代表了'所有元素的产生过程'* 提出一些疑问吗? 就 γ(指第三个元素)而言,我当然完全同意你的观点,这个光明的开端看起来确实是很有希望的;但至于更进一步的发展,我认为还存在

---

* α 到 ω 表示希腊字母表上第一个字母到最后一个字母。——译者注

着诸多困难。"[6]

克莱因指出论文中关于更重的元素（氦之后的元素）是如何产生的模型存在着困难，这是恰如其分的。正如普林斯顿大学物理学家、诺贝尔奖获得者詹姆斯·皮布尔斯（James Peebles）所指出的："伽莫夫在物理方面的直觉堪称天才。他从不关心细节。在1948年的那些论文中，他提出了惊人的既有创造性又美丽的物理学。他认为，可能所有的元素都可以在炽热的宇宙大爆炸中产生。他们非常清楚地表明，会得到很多氦。他们确实得到了很多氦，但是比氦重的元素就不多了。"[7]

斯坦福大学物理学家罗伯特·瓦戈纳（Robert Wagoner）在20世纪60年代与霍伊尔、福勒一起更准确地计算了氦的丰度，并指出了伽莫夫（及其团队）所使用的方法的一个主要问题："他促使物理学家和天文学家研究早期宇宙。然而，他却犯了一个严重的错误，即只考虑了中子的衰变，而没有包括中子、质子、中微子和电子（以及正电子）之间更重要的反应，这些反应决定了最轻的几个元素紧随其后的形成过程。"[8]

到1948年4月1日"阿尔法-贝塔-伽马"论文发表时，赫尔曼已经以合作者的身份完全加入了他们的项目。在此后的一篇论文中，伽莫夫调侃地说赫尔曼应该把自己的名字改为"德尔塔"（Delter），这样就可以将希腊字母的谐音梗继续玩下去。伽莫夫后来取笑赫尔曼，说他姓氏的第一个音节"her"听起来类似于"kher"（俄语中对"男性生殖器"的不雅表述）。因此，他开玩笑说，赫尔曼至少应该写作"德尔特曼"（Deltman）。[9]赫尔曼对这些评论泰然处之，因为他知道这是从谁那儿说出来的。

研究人员的工作范围之广吸引了媒体的报道。4月14日，《华盛顿邮报》（*Washington Post*）发表了一篇关于大爆炸核合成之迅猛的文章，用了一个夺人耳目的标题：《世界在5分钟内诞生，一个新理论》

(World Began in 5 Minutes，New Theory)。两天后，著名漫画家赫伯特·布洛克(Herbert Block)——更为人所知的业内名字为"赫布洛克"(Herblock)——在同一家报纸上发布了一幅漫画，描绘了一颗原子弹以沉思的姿势阅读那则新闻，并喃喃自语道："5分钟……嗯？"

宇宙的微光

整个1948年，为了准备论文答辩，阿尔弗与赫尔曼合作，重新构建了大爆炸核合成模型。他们惊讶于伽莫夫在他们没来得及仔细检查结果之前就那么快地发表文章。伽莫夫的冲动让他失控。伽莫夫雄心勃勃地独自完成了一些关于宇宙中可能导致星系形成的早期条件的粗略计算，然后便匆匆忙忙地将自己的结果以唯一作者署名的论文发给了顶级科学杂志《自然》(Nature)。当阿尔弗和赫尔曼查看伽莫夫的工作后，发现了重大的计算错误，但为时已晚，伽莫夫已无法进行更正。因此，在伽莫夫的许可下，他们向《自然》杂志提交了自己的文章和计算过程，指出了伽莫夫论文中需要修正的地方。

在这项工作中，以及在随后的一篇论文中，阿尔弗与赫尔曼对挥之不去的宇宙大爆炸余辉做出了惊人的具有先见之明的预测。早期的高温辐射随着时间推移逐渐降温，他们以此循迹，预测当前时代的空间温度将为5开(开尔文，5开即绝对零度以上5度)。彭齐亚斯和威尔逊在1965年的论文中指出，他们发现的这个值大约是3开，阿尔弗和赫尔曼的预测与之相差并不远，事实证明他们是对的。

伽莫夫后来对宇宙背景辐射做出了自己的预测(温度更高)，他当时告诉阿尔弗，5开的预测基本上是没有意义的。出于某种原因，伽莫夫错误地推测，闪耀群星的综合效应将使整个空间沐浴在5开的辉光之中，大爆炸遗留下的比之更冷的任何辐射迹象都将被淹没其中。

1948年夏天,应泰勒的邀请,伽莫夫在洛斯阿拉莫斯完成了部分军事研究。他在给阿尔弗的信中写道:"我们唯一能知道的是,宇宙原始热量的'残余温度'不会高于5开,而且它可能非常接近绝对零度,只要我们喜欢。"[10]

我们可以这么说,伽莫夫应该更有耐心地重审阿尔弗和赫尔曼的结果,才不会忽视他们的结论的重要性。伽莫夫更倾向于草率地做出判断,然后继续向前努力,这就是他对物理学采取"凭直觉办事"的缺点。如果他们三人在20世纪40年代末就能给不断冷却降温的宇宙辐射背景给出一个统一的信息,也许实验研究者会更早地检验这一假设。而不是像事后诸葛亮一样,靠一次偶然的发现来匹配理论预言。

1949年3月18日,阿尔弗受邀在周播电视节目《约翰斯·霍普金斯科学评论》中解释早期炽烈的宇宙中诞生元素的想法。该节目有数十万观众,其中许多人刚刚买了第一台电视机,这个节目极大地帮助他传播了关于大爆炸核合成的内容。他在节目中是这样描述的(当时估计的宇宙年龄相较于我们现在知道的太低了):

> 大约30亿年前,宇宙开始膨胀,当时的环境非常热,原子归根结底以基本粒子形态存在。经过大约4分钟的膨胀,宇宙冷却到10亿度,中子衰变形成质子,然后质子与中子结合形成重氢。元素构建过程就这样开始了。重氢原子反过来俘获中子,形成更重的氢;接下来的连续俘获产生了氦,依此类推,直到比如铀等最重的元素。这一理论符合我们在这里观测到的元素相对丰度。从轻元素到重元素相对丰度的不同是由于不同原子俘获中子的能力不同,这一系统的方式实现了从轻元素到重元素的变化。[11]

不幸的是,阿尔弗的设想很快就被证明是错误的。1949 年 10 月下旬,他和赫尔曼收到了芝加哥大学的安东尼·图尔克维奇(Anthony Turkevich)的一份手稿和一封附信,传递了令人不安的消息,事关锂之后的元素在大爆炸核合成的情况。图尔克维奇与著名的意大利裔移民物理学家恩里克·费米(Enrico Fermi)一起,系统地研究了阿尔弗、赫尔曼和伽莫夫的论文中提出的核反应过程,发现了一个关键的障碍。

费米和图尔克维奇在他们一篇未发表的手稿《对伽莫夫方案中轻核形成的计算》(Calculations on the Formation of Light Nuclei on the Gamov [原文如此] Scheme)中指出,原子质量数(某一元素的中子数加上质子数)为 5 或 8 的稳定同位素并不存在,这意味着在大爆炸期间,通过中子俘获的方法几乎不可能形成所有重元素。[12]锂-5(有 3 个质子和 2 个中子)会在大约 10^{-24} 秒内衰变,铍-8(有 4 个质子和 4 个中子)则在大约 10^{-17} 秒内衰变,它们都极不稳定,以至于不可能在解体前捕获单个中子或质子。因此,在新生膨胀的宇宙中,任何更复杂的东西都不可能在炽热的短短几分钟内融合在一起。

一个类比或许可以帮助说明中子俘获方法为什么无法产生更重的元素。想象一下,有一把从一个同位素爬向另一个同位素的木头梯子,每级阶梯代表增加一个中子或一个质子。假设在这样一个梯子上,第 5 级阶梯和第 8 级阶梯上布满了白蚁侵蚀留下的损伤,即使是极轻的重量也会导致这一级阶梯坍塌。在这种情况下,没有人能够一步一级地爬上梯子。同样道理,简单的核过程也无法产生更高的元素,如碳、氧和其他元素。

然而,费米-图尔克维奇的运算结果也传递了一个好消息,大爆炸核合成似乎成功地解释了宇宙中绝大部分的氦元素(约占元素总量的 25%),而恒星模型无法做到这一点。因此,伽莫夫、阿尔弗和赫尔曼的模型至少有一项重要的预测能够成立,他们依然可以狂欢。

1950年,阿尔弗和赫尔曼发表了一篇合作论文《元素的起源和相对丰度分布理论》(Theory of the Origin and Relative Abundance Distribution of the Elements),引用了费米-图尔克维奇的结果,也进行了解释和回应。他们将继续寻找绕过梯子上缺失的阶梯的方法。与此同时,一个笑话在天体物理学界流传开来:"伽莫夫的理论是将元素不断累积成氦的绝妙方法。"[13]具有讽刺意味的是,这个笑话实际上说得没错。

教皇的大爆炸祝福

就在这个时候,伽莫夫在工作中,疏远了大爆炸宇宙学。他把棘手的计算留给了阿尔弗和赫尔曼,把自己的想法转向了其他项目。除了出版他的畅销书《宇宙的产生》外,他还怀有成为拓荒者的渴望,想驾驶马车前往更加原始的领域。

然而,他的宇宙大爆炸理论得到了意外的推动,而且来自一个听上去不太可能的地方的:梵蒂冈。教皇庇护十二世(Pius XII)对天文学有着浓厚的兴趣,他对有限宇宙的理论十分了解,并确信它与圣经的《创世记》有着深刻的联系。随着人类理解世界的新方式正在不断发展,天主教的信仰允许对神圣真理进行新颖的解释。天文学的发现尤其受到欢迎,如果它们支持上帝的奇迹和卓越的话。因此,教皇开始主张神的伟大创世为现代理论所证明,只不过其规模远远大于古人所认为的。

勒梅特曾是宗座学院(Pontifical Academy)的成员。尽管他是一名虔诚的天主教徒,但他却对教皇的解释表示异议。暗地里,他认为天体物理学的讨论应该与信仰问题分开。教皇聚精会神地听着,但仍然坚持自己对宇宙学的看法。

1951年11月22日,庇护十二世在宗座学院的一次会议上首次宣布了他认为宇宙大爆炸与圣经中的教义相协调的意见。(当时勒梅特并不在场。)他表示:"一切似乎都表明,物质宇宙在有限的时间内有了一个剧烈的开端,因为它拥有难以想象的、丰富的能量;然后,随着膨胀速度的变缓,宇宙进化到了现在的状态。"[14]

伽莫夫虽然不是天主教徒,甚至连修士都算不上,但在得知教皇的支持后也很开心。他很快给教皇邮寄了他写的关于宇宙大爆炸的一篇科普文章的复印件。当《宇宙的产生》出版上市后,伽莫夫也寄了一本给教皇。

1952年,国际天文学联合会(International Astronomical Union)在教皇的避暑别墅甘多尔福堡(Castel Gandolfo)举行了一次会议,教皇告诉与会者:"这些[宇宙学的]奥秘做出了推测,并指向一个结论,至尊的神,即神圣的造物主是存在的,他创造了世间的一切,庇护着它,支配着它。同时,他以至高无上的视角,了解和审视他的杰作,就像他在创世首日所做的那样。"

《纽约时报》用一个令人瞠目的标题报道了这段演说:"教皇表示科学证明上帝存在"(Pope Says Science Proves God Exists)[15]。

尽管得到了教皇的祝福,但大爆炸理论的支持者仍在为一个重大问题而斗争。用各种望远镜收集的数据——包括圣地亚哥帕洛马天文台(Palomar Observatory)的海尔望远镜,当时世界上最大的镜子——均指向一个过于短暂的宇宙年龄。宇宙的年龄必须大于恒星和星系的年龄,不然只能认为稳恒态理论仍是一个合理的方案。

1953年,伽莫夫发现了一个令他兴奋的新追求:遗传学。詹姆斯·沃森和弗朗西斯·克里克(Francis Crick)发表了著名的论文,描述了DNA的双螺旋结构,其中4种基础碱基(化学成分)平行地排列。受到这个思想的启发,伽莫夫想知道这些碱基的特定顺序是如何用来形成生命所需的蛋白质的。那个时候生物学家已经确定了20种不同氨基酸，通过它们的各种组合产生了已知的所有蛋白质。熟悉概率论的伽莫夫在思考4个不同的"数字"（将碱基与数字联系起来）如何以适当的顺序创造出氨基酸，从而再组成蛋白质。同年7月，他写信给沃森和克里克，提出了自己的想法。

伽莫夫建议将组合数学应用于遗传学，这给沃森留下了深刻的印象。他在下一次前往华盛顿时，安排了一次与伽莫夫的会面，就在伽莫夫位于贝塞斯达（Bethesda）的家中。沃森一到，伽莫夫就递上一本他的最新著作，恰好是关于生物学的，叫《汤普金斯先生学习生命的本质》(Mr. Tompkins Learns the Facts of Life)，是一本日文译本。当沃森打开封面正准备寻找题词时，他看到一条戏弄他的留言："我欺骗了你——请从另一侧翻开阅读"。伽莫夫笑着说他的恶作剧奏效了，沃森不知道日文书翻页的方向与英文书是反的。

伽莫夫非常自豪这本书会被翻译成那么多种语言，在国际上发行。普林斯顿大学天体物理学家约翰·理查德·戈特三世（John Richard Gott Ⅲ）说："在伽莫夫的地下室里有一整墙的书，是他的书被翻译成不同语言的所有版本。"[16]

恶作剧过后，伽莫夫递给沃森一杯苏格兰苏打，一段新的友谊就此诞生。他们保持了多年的密切联系。当时，伽莫夫开始发表生物学文章，并提出一个"三重密码"理论来解释氨基酸是如何由碱基对组合产生的，他们的密切联系一直持续了多年。伽莫夫的数学概念有助于人们全面理解遗传密码：将DNA和RNA中核苷酸的模式与生命所需的特定种类的蛋白质的形成联系起来。

伽莫夫的儿子伊戈尔回忆说："他与我父亲的关系很有趣。沃森对物理学也很着迷。他反过来不停地向父亲抛出疑问，'生命是什么？'"[17]

伽莫夫和沃森一起组建了一个名为"RNA领带俱乐部"的组织，由多位正在解决遗传学之谜的科学家组成。俱乐部的成员限制在 20 人以内，每个人都以一种氨基酸命名。伽莫夫的代号是"丙氨酸"。每个成员都得到一条绣有 RNA 螺旋图案的特制羊毛领带。尽管伽莫夫最终没有解决遗传学的难题，但他提出了一些重要的建议——比如碱基的数学组合在各种类型的氨基酸编码中的作用。这也和他的特点一致——喜欢激发一些想法，但不一定要沿着这些想法继续下去。

家庭事务

伊戈尔回忆到伽莫夫迸发创造力火花的同时，也不失为一个细心的父亲。伊戈尔小的时候，听到父亲在欧洲骑摩托车的故事，决定自己也想拥有一辆摩托车。他的父亲很乐意遵从。

"经过调查，父亲发现了一辆德国摩托车，"伊戈尔回忆道，"我是初中第一个骑摩托车上学的孩子，我也成了邻居们讨厌的人。我一辈子都是一个自在的骑手。"[17]

"乔"和"罗"很快就被迫处理与伊戈尔的教育有关的棘手问题。他们在家里都说俄语，这导致伊戈尔的英语学习起步很晚。他在贝塞斯达就读的公立学校的工作人员建议将他送到一所寄宿学校，与家人分开，以提高他的英语能力。因此，在 12 到 16 岁期间，伊戈尔就读于弗吉尼亚州斯汤顿（Staunton）的一所军事学院。最后，在想做牛仔的内心驱使下他决定从高中退学。

过了一段时间，伊戈尔推迟了这个想法，转而决定加入芭蕾舞团。他得意扬扬地加入了一家公司，并在一场《胡桃夹子》（*Nutcracker*）的演出中担任独舞。不幸的是，他发现自己在表演中呼吸急促，咳嗽不止。他将其归咎于父母的过度吸烟，于是不得不放弃跳舞。他回忆说："父亲去看演出时说，'你看，伊戈尔，也许我应该给你带一个氧气瓶。'"[17]

伊戈尔后来在微生物学和创造发明方面取得了成功。为了最终实现自己的牛仔梦,他还在科罗拉多州买了一个牧场,将养马作为副业。但遗憾的是,早在获得这些成功之前,他就先见证了父母婚姻的破裂。

尽管仍然有着共同的知识兴趣,但"乔"和"罗"是情绪上的火药桶。他们曾经幸福的婚姻演变成一连串激烈的争吵。直到最后,他们在1956年提出离婚。大约在同一时间,伽莫夫也决定离开GWU。那里的社会关系非常紧密,这也使他经常与马尔温校长接触。然而据说马尔温是个相当虔诚的人,不赞成离婚。(所以这也导致有未经证实的猜测——例如阿尔弗说——是马尔温要求伽莫夫离开学校的。)[1]

从GWU离开后,伽莫夫在俄亥俄州立大学(Ohio State University)待了一段时间,然后在科罗拉多大学博尔德分校(University of Colorado, Boulder)物理系找到了一个职位。1958年,他与剑桥大学出版社的编辑兼翻译芭芭拉·"帕琪"·珀金斯(Barbara "Perky" Perkins)坠入爱河,随后再结了婚。他们住在一所他称之为"伽莫夫达恰"的房子里。"达恰"(Dacha)是俄语中乡村小屋的意思。他和芭芭拉一起在博尔德度过余生。他们多次驾车前往众神花园等令人愉悦的地方,沿途欣赏科罗拉多州壮观的岩石风貌。[17]

"我喜欢开拓性的东西,"伽莫夫解释道,"我更喜欢[科罗拉多州的]山脉,而不是加利福尼亚州的,加利福尼亚州的每座山顶都有一个热狗摊。"[18]

巧合的是,伽莫夫搬到西部的时候,霍伊尔也在美国西部度过了很长的一段时间。在1953年对加州理工学院的访问中,霍伊尔与伽莫夫建立起了重要的联系。通过福勒的牵线,霍伊尔与凯洛格实验室交往甚密,它将被证明是一个理想场所,可以测试他的垂死恒星的坍塌核心中形成重元素的理论。通过这项工作,他完成了伽莫夫试图解决的氦之后元素形成的任务，尽管它们的形成方式与大爆炸核合成截然不同。

1956年夏天，这两位前沿思想家终于见面了，当时他们都碰巧在加利福尼亚州。伽莫夫在圣地亚哥海滨拉霍亚（La Jolla）的航空和国防公司通用动力公司担任为期两个月的顾问。与此同时，霍伊尔在距离西北约120英里处的帕萨迪纳，在剑桥休假期间来加州理工学院进行研究。在得知他们离得不远后，伽莫夫联系了霍伊尔，并邀请他前来访问。

得益于他那份利润丰厚的暑期工作，伽莫夫买了一辆舒适的白色凯迪拉克轿车，他自豪地带着霍伊尔在拉霍亚周围兜风。他们终于能够以友好的方式将各自对宇宙的对立看法拿出来辩论一番了。他们在驾车过程中讨论的话题之一是太空的温度。那时，伽莫夫已经得出大约7开的值，这是由于大爆炸中冷却的残留辐射——略高于阿尔弗和赫尔曼早期的估计。霍伊尔坚持认为它大约是0开（接近绝对零度），这是基于稳恒态场景得出的结论，即太空中会连续不断产生少量物质。

霍伊尔提到了加拿大天文学家安德鲁·麦凯勒（Andrew McKellar）的研究，其在1941年估计太空温度约为2至3开。麦凯勒论点的基础不是宇宙学，而是与简单的分子谱线有关，例如氰（由单个碳原子和氮原子结合）和甲烷（由单个碳原子和氢原子结合）。这些分子光谱表明，它们沐浴在绝对零度以上仅几度的令人难以置信的寒冷辐射中。霍伊尔指出，这一结论排除了伽莫夫对背景辐射温度做出的更高估计。考虑到他们在宇宙学上的争论，两位思想家并未达成一致，这点毫不奇怪。

几年后，霍伊尔感到遗憾的是，两人都没有确切得出3开左右的结论，也就是与彭齐亚斯和威尔逊1965年发表的结果相吻合的数值。他想，也许他们本该被奉为宇宙微波背景辐射发现的预测者。"不管是凯迪拉克太过舒适，"霍伊尔写道，"还是因为乔治想要的温度高于3开，而我想要的温度为 0 开,于是我们错过了发现的机会——阿诺·彭齐亚斯和鲍勃·威尔逊在 9 年后才取得这项发现。由于我的过失,1961 年第 20 届瓦伦纳(Varenna)的相对论暑期学校期间,在与'鲍勃'·迪克的讨论中,我以完全相同的方式再次错过了这一发现。"[19]

第六章
构建元素

我相信我父亲是唯一一位用哲学论点解释他为什么相信某些事情是事实的科学家,也就是当加州理工学院问他为什么要在碳-12不存在的情况下寻找碳-12时,他回答说:"因为我存在,因此碳-12也存在。"

——伊丽莎白·珍妮·霍伊尔·巴特勒

一开始,上帝创造了辐射和伊伦……上帝说:"要有质量为2的东西。"于是就有了相对原子质量为2的东西。上帝看到了氘,一切都很好。

上帝继续呼唤一个又一个数字……在数数的兴奋中,他错过了呼唤质量5,于是,自然不可能形成更重的元素。

上帝说:"让霍伊尔出现吧。"于是霍伊尔出现了。上帝看着霍伊尔……并让他以任何他喜欢的方式制造重元素。

霍伊尔决定在恒星中制造重元素,并通过超新星爆炸传播出去……

因此,在上帝的帮助下,霍伊尔以这种方式制作了重元素,但它是如此复杂,以至于如今无论是霍伊尔、上帝还是其他任何人都无法确切地弄清楚这些是如何完成的。

——乔治·伽莫夫,《我的世界线》(*My World Line*)之"新创世记"(New Geneis)

阳光明媚的帕萨迪纳——加州理工学院的所在地,因涌现出许多鼓舞人心的天才而闻名天下。20世纪30年代初,爱因斯坦作为加州理工学院的客座研究员访问了这个位于南加州的小镇,这使他能与哈勃、勒梅特及其他著名科学家围绕宇宙的性质进行富有成效的讨论。马克斯·德尔布吕克是一位经过专业学习的物理学家(也是伽莫夫的朋友),后来成为一名分子生物学家,他在那里对噬菌体(感染细菌并在细菌内大量复制的病毒)开展了研究,也因这项工作获得诺贝尔奖。[1]莱纳斯·鲍林(Linus Pauling)、理查德·费曼等一批著名研究人员在那里蓬勃发展。罗伯特·W. 威尔逊在那里获得博士学位,然后共同发现了宇宙微波背景辐射的嘶声。这样的例子不胜枚举。

对霍伊尔来说,帕萨迪纳代表着远离沉闷的剑桥生活,是一座学术自由的天堂——在这里,他可以自由地从事研究,并取得了一些最重大的突破。他热爱英国,那儿的乡村小镇上有着谦逊的人民,崎岖的小路蜿蜒穿过湖泊、沼泽、山丘和山谷,但他讨厌英国的官僚作风和等级制度。诸如资助、资源共享、任命之类的决定似乎是基于地位和出身,而不是实际功绩。他的女儿伊丽莎白回忆说:"他完全不是自负的人,唯一可能以错误的方式激怒他的人恰恰是那些自负的人,他们都是我们英国人口中的中上层阶级,相信自己能依靠权力得到尊重,但实际上并没有。"[2]

霍伊尔同意他的朋友兼导师利特尔顿的观点,当时在皇家天文学会的一次著名的辩论中,利特尔顿向主席建议学会的期刊需要有能力的审稿人。主席大声地向他保证,会让一些著名的天文学家审查所有的论文,利特尔顿立刻反驳道:"先生,你一定听错了我的话。我没有说著名,我说的是称职。"[3]

在霍伊尔看来,在美国,相对来说似乎没有这种装模作样的情形。重要的似乎是某个想法,而不是提出者的社会地位。美国大学的场景——尤其是在南加州——似乎是一种非正式聚会的天堂,卷起衬衫袖子,讨论革命性的新概念。

1953年,霍伊尔在加州理工学院发表了关于宇宙不断膨胀的演讲后,在他的家庭聚会上与"威利"·福勒会面,这种场合的会面就提供了一个讨论的机会。福勒与势利的英国皇家天文学会官员截然不同;相反,他喜欢谈论体育和个人爱好,从棒球、21点到蒸汽火车,几乎和科学问题谈的一样多。2月份,正是在福勒的办公室里,霍伊尔提出了关于碳-12的能量状态的重要问题,这将改变天体物理学的进程。

生产碳的最佳时机

自从1946年发表论文《从氢开始的元素核合成》以来,霍伊尔就没有写过太多关于这个主题的文章,但他从未放弃解释所有化学元素从恒星中产生的希望。他认为,大爆炸核合成的概念是牵强的,与常识背道而驰。为什么要在我们周围的恒星都已经成熟、可以进行探索的情况下,对百十亿年前发生的不可测试的事情给出一个极端的结论呢?有这样一个比喻,不是他说的,但他会很喜欢:这就像一个容易发生事故的司机,他没有学习如何看懂交通信号,而是把当前驾驶遭遇的厄运归咎于一个不知名的遥远祖先。霍伊尔反复争辩说,不要把一些事情推给遥远的过去,除非现在的每一个选择都已经穷尽。当然,如果稳恒态宇宙是正确的,那么无论如何都不会发生大爆炸,但这是另一个不同的论点。

除了关注于可观测现象外,恒星核合成理论的另一个关键论点与金属(氢以外的元素)的丰度有关。尽管氢和氦的比例似乎随着时间的推移保持相对稳定,但所有其他元素的含量似乎随着时间的增长而增加,与星系中大质量恒星的发展相一致。这些事实表明,这些金属是通过一个连续的过程产生的。[4]

当时已经很清楚有两种不同的循环能将氢转化为氦(如贝特所述)。任何形式的金属元素的核合成所遇到的最大障碍是"氦燃烧":将氦转化为碳的过程,为更高的反应过程提供燃料。费米和图尔克维奇等人指出,阶梯当中缺失了原子质量数为 5 和 8 的同位素,会使算法变得非常复杂。

1952 年左右,霍伊尔开始考虑三 α 过程,即 3 个 α 粒子(氦核)结合形成碳-12。当时的想法是,两个 α 粒子结合在一起,形成高度不稳定的同位素铍-8,然后在铍衰变之前短暂的时间间隔内与第 3 个 α 粒子融合,从而形成碳-12。在解开这个谜团的过程中,还必须面对两个挑战。第一个是解释这一切是如何在如此短暂的瞬间发生的,第二个是需要证明所形成的碳是如何保持稳定的。

令霍伊尔懊恼的是,他发现天体物理学家埃德温·萨尔皮特已经解决了第一个问题。萨尔皮特证明,在温度达到 1 亿开以上时,铍核与 α 粒子偶然碰撞的概率足以允许铍核在衰变前参与粒子融合。霍伊尔意识到,红巨星的核心,也就是某些恒星在耗尽主要的氢燃料后所呈现的即将爆炸的状态,有可能呈现如此高的温度。

但幸运的是,萨尔皮特没有回答第二个问题,霍伊尔对解决办法有着坚定的预感。为了确保氦和铍转化为碳-12 具有可能性和稳定性,霍伊尔假设碳-12 具有 7.65 MeV(百万电子伏特,能量单位)的特殊能级,这一能级尚未在实验室中观察到。该能级与 3 个 α 粒子在红巨星核心内合并的条件一致。在该条件下,量子力学的规则将使这种转变顺利进行,成功的机会增加数百万倍。因此,这就解释了红巨星核心如何成为氦转化为碳的"工厂"。最后,产生的碳随着恒星的消亡而释放到空间,将成为地球上乃至其他地方生命的基本成分。所以,如果没有这样一个过程,我们就不会存在。在晚年,霍伊尔将这一见解与人择原理联系起来,即宇宙是以某种特定方式存在的,因为如果它非常不同,智慧生命就无法得到进化。因此,7.65 MeV 的碳共振之所以存在,是因为我们的存在。

霍伊尔咨询福勒来看看这个想法是否可行。福勒同意尝试用实验室强大的加速器来识别 7.65 MeV 的碳-12 共振能级。共振是一种在特定能级上的激增,是发生转变的标志。一个更熟悉的例子是,当一个技艺精湛的歌剧演员演唱的声音达到与玻璃共振水平相匹配的频率时,玻璃会剧烈振动,甚至可能碎裂。

霍伊尔找不到比这更好的地方来检验他的假设了。凯洛格辐射实验室由丹麦核物理学家查尔斯·克里斯蒂安·劳里森(Charles Christian Lauritsen)创建,在探索核结构方面有着杰出的成绩,福勒曾在那儿工作过。查尔斯·劳里森的儿子托马斯·劳里森(Thomas Lauritsen)也是一位著名的物理学家,也在实验室工作。最后,在20世纪50年代中期,福勒与两位劳里森和另一位研究员查尔斯·库克(Charles Cook)一起在凯洛格实验室共事。在福勒的建议下,又有核合成专家、凯洛格实验室物理学家沃德·惠林(Ward Whaling)的热情支持,4位实验者迅速行动起来。很快,他们就又惊又喜地发现了霍伊尔预测的碳-12 的共振能级。值得注意的是,他们只花了大约 10 天的时间就确认了这一点。福勒简直不敢相信,与霍伊尔的一次简短交谈竟那么快就带来了如此惊人的发现。

库克、福勒和两位劳里森发表进一步的结果时,他们提到了霍伊尔的预测是如何奇迹般的精准。他们是这样写的:"我们得出的结论是……霍伊尔预测的碳-12的第二激发态具有一个合适的特征,在'萨尔皮特过程'(Salpeter process)中起到恒星热共振的作用……我们认为(其产生条件)正是红巨星的环境所具备的。"[5]

这一结果支持了霍伊尔提出的元素产生模型,该模型解释了每种元素是如何通过一系列核反应过程从更简单的同位素发展而来的——从氢一步步发展成为碳,再从碳发展到铁和镍。霍伊尔还不能解释更重的元素是如何形成的,但理论上更热的核心过程或极快速的超新星爆发所释放的强烈能量会起到作用。1954年,他的开创性论文《论极热恒星中发生的核反应:从碳到镍的元素合成》(On Nuclear Reactions Occurring in Very Hot Stars: The Synthesis of Elements from Carbon to Nickel)发表了。

在进行深入研究的同时,霍伊尔还花时间在美国的荒野中探索了一番。访问期间,他有幸徒步游览了大峡谷等壮观的景点。他还结识了一批著名的科学家,特别是哈勃。1953年9月28日哈勃不幸离世。在哈勃去世后,霍伊尔一家随后在访问加州理工学院期间又认识了哈勃的妻子格雷丝(Grace)。霍伊尔的儿子杰弗里回忆道:"我在帕萨迪纳时,有时会住在哈勃夫人那儿,她说我父亲会耐心地听哈勃讲话,即使他并不是很赞同。"[6]

霍伊尔第一次去加州理工学院,虽然只停留了几个月的时间,但收获颇丰。他需要回到剑桥继续教课,但他已经被美国迷住了,同时,他也深切地渴望还能回到美国完成他的项目。这一追求将使他组建一支重要的天体物理学研究团队,后来被人们称为B^2FH。

恒星四重奏

音乐四重奏以一种超越个体演奏者的方式奏出和谐的乐声。同样,霍伊尔和福勒这一"科学家二人组"也将因为邀请玛格丽特[娘家姓埃莉诺·玛格丽特·皮奇(née Eleanor Margaret Peachey)]和杰弗里·"杰夫"·伯比奇(Geoffrey "Geoff" Burbidge)——这是一个天文学家夫妻组合(这就是 B^2FH 组合中的"B 平方")——的加入而获益。他们 4 位配合得天衣无缝,创造了化学元素晋级阶梯这一不凡的见解。

玛格丽特和杰弗里是一对能力很强的夫妇,他们都意志坚定,坚韧不拔。他们在外表上形成了鲜明的对比。她身材娇小,说话轻声细语;他身材笨重,说话嗓门很大。在一个性别歧视十分猖獗的时代,女科学家经常受到轻视,然而他俩平等相待,共同努力反对歧视。两人都来自英国,在伦敦大学学院(University College London,UCL)相识,当时玛格丽特在那里学习天文学,而杰弗里在那里学习物理学。他们于 1948 年结婚。

1952 年夏天,这对夫妇访问了叶凯士天文台,直面化学元素是如何产生的问题。玛格丽特以记者的身份参加了一个关于元素形成的会议,目的是仔细地做笔记,为《天文台杂志》(*Observatory Magazine*)撰写会议记录。杰弗里和她一起去的,他们都觉得这次经历大开眼界。会议的主题是"大爆炸核合成",大会上的焦点是伽莫夫、阿尔弗和赫尔曼的方案,以及核物理学家玛丽亚·格佩特-梅耶(Maria Goeppert-Mayer)和爱德华·泰勒在 1949 年提出的另一个想法,主要说的是一种特殊的裂变(分解)方式,充满中子的较冷的原始原子核流体裂变成各种重元素。后者被称为"多中子"理论,在那年夏天被佩尔斯和他的合作者发现一个致命的缺陷:该理论预测宇宙中重元素的比例将与轻元素的比例相同(或更高),然而这与所有经验相悖。伽莫夫和梅耶分别在会议上就各自的大爆炸核合成理论(一热一冷)进行了演讲。霍伊尔 1946 年发表的关于恒星核合成的论文只被简要地提及。尽管如此,这次会议还是让伯比奇夫妇尝到了激动人心的新事业的滋味。第二年夏天，他们参加了在密歇根州举行的一次会议，巴德和伽莫夫在会上有发言，这进一步激发了他们的兴趣。[7]

当时，英国的许多天文台都不向女性科学家提供望远镜时间，这对玛格丽特来说是一个严重的障碍。尽管美国的情况也好不到哪里去，但美国社会秩序的相对灵活性赋予了更大的希望：不久美国的天文台就会比英国的更欢迎女性。因此，伯比奇夫妇一直在美国寻找机会。很快，他们的愿望就实现了。与此同时，他们搬到了剑桥，杰弗里得到了帝国化学工业公司（Imperial Chemical Industries）的研究奖学金。

1953年秋天，福勒来到剑桥休了一年长假，他当即与伯比奇夫妇一拍即合。三人在恒星的光谱分析方面有太多要讨论的了。恒星光谱就是由各种颜色组成的彩虹图案，它能表明恒星大气中存在哪些化学元素。他们正在寻找数量异常的重元素的信号，这些信号可能指向新物理学的迹象，例如各种原子核捕获中子的过程——这些过程将它们转化为更重的元素。令人沮丧的是，霍伊尔当时正为了弥补自己的假期落下的工作而忙于教学，他几乎没有时间与福勒会面，也没法了解伯比奇夫妇，或者听取他们对恒星核合成过程的想法，更不用说合作了。1954年春末，福勒回到加州理工，只留下霍伊尔一人为错失良机耿耿于怀。

在英国，对稳恒态宇宙的支持正在增长，毫无疑问霍伊尔对此心满意足，这算是作为对自己繁忙日程的慰藉。1954年9月7日，英国科学促进会（British Association for the Advancement of Science）在牛津召开会议，基本上将稳恒态理论奉为"新宇宙学"。回想一下，教皇已经对宇宙大爆炸表达了赞美。这堪称16世纪英国宗教分裂的重现，只不过这次是为了宇宙学而不是神学。如果要类比于英国教义上的"大主教"，那么那人就是皇家天文学家哈罗德·斯宾塞·琼斯爵士，他是宇宙持续创造学说的狂热信徒。霍伊尔、邦迪和戈尔德是该信仰的主要诠释者和抄录者。最后，还有西阿马，他是思想独立的稳恒态学说门徒，他总是在质疑，但只要他的质疑得到满意的答案，就会不离不弃。记者约翰·希拉比（John Hillaby）在为《纽约时报》报道这一事件时，将英国对稳恒态宇宙的支持与他所称的"伽莫夫博士的美国学派"进行了对比，后者主张宇宙始于"一次原初爆炸"。[8]

最后，霍伊尔获得了重回加州理工学院的机会，从1956年1月开始，一直持续到6月，担任一个名为艾迪生·格林·怀特韦教授（Addison Green Whiteway Professorship）的访问职位，该职位与威尔

玛格丽特·伯比奇、杰弗里·伯比奇、威廉·福勒和弗雷德·霍伊尔是 B^2FH 关键论文的合著者，他们通过恒星核合成理论解释了化学元素的起源。福勒是蒸汽火车的忠实粉丝，他正在欣赏唐纳德·克莱顿（Donald Clayton）在他60岁生日时送给他的火车模型。图片来源：AIP Emilio Segrè 视觉档案馆，克莱顿收藏。

逊山天文台的一个无薪临时职位有关。后来他又获准于9月再次来到加州理工，并一直待到年底。离开剑桥的那段时间将是他职业生涯中最富有成果的时期。幸运的是，伯比奇夫妇也在加州理工学院，玛格丽特是凯洛格实验室的客座研究员，杰弗里得到了卡内基奖学金的支持。再加上福勒，B^2FH四重奏终于可以组合在一起了。

财富的爆炸

　　福勒、伯比奇夫妇、霍伊尔都将中子捕获视为创造更重的元素的一种手段。他们聚在一起集思广益，看如何使其发挥作用。事实证明，视觉辅助特别有用：通过一张图表，显示出每种较重的同位素的原子序数（质子数）与原子质量数或核子数（质子数＋中子数）的关系。就像金凤花姑娘*一样，每种元素只有一种质子和中子的组合才能获得最大的稳定性。中子数大一点儿或小一点儿，通常都会导致同位素不那么稳定（在最坏的情况下，同位素呈现绝对不稳定性并立即衰变）。因此，有一个最佳原子质量数对应于每个原子序数，元素的"稳定线"（实际上是一条曲线）大致从图表的左下角延伸到右上角，呈对角线形态。一般来说，离稳定线越远，同位素就越脆弱。

　　B^2FH团队推测，对于比铁还重的元素，不同类型的中子俘获的相互作用会在稳定线的左侧和右侧产生同位素。左边的同位素通常是由他们所说的"s过程"形成的，代表"慢中子"，右边的同位素是由"r过程"形成，代表"快中子"。换句话说，贫中子同位素通常通过俘获经β衰变转化为质子（同时发射电子和反中微子）的慢中子来进化，而富中子同位素通常是通过被快速中子轰击来得到进化，这些快速中子在衰

---

　　*　美国俚语中形容"刚刚好"。——译者注

变之前被反复俘获。他们推测，s 过程发生在某些类型的红巨星的核心内，而 r 过程发生在特定类型的超新星爆炸的骚动中。该团队还提出了一个涉及质子的 p 过程，但最终证明它并不重要。

这是一个由 4 位能力超群的人提出的绝妙的提议，用来解释我们周围的世界。正如福勒曾经所说："我们所有人都是真正的、字面意义上的点点星尘。"[9]

你可以通过一个类比来设想慢中子和快中子结果之间的差异。想象一下，有一个摊位在售卖"冰柠檬水"（柠檬水上面放着碎冰，装在圆锥形纸杯里）。柠檬水象征着原子核中的质子，碎冰象征着中子。售货员是一位名叫星星（Stella）的女孩，提供 3 种口味：普通的，由大约 1/3 的柠檬水和 2/3 的冰混合而成；"多水的"，即加了更多水的柠檬水；"多冰的"，即加了更多冰块的柠檬水。如果顾客点了一份多水的，星星会先把柠檬水倒进一个圆锥形纸杯里，再慢慢地把冰块舀到上面，目的是让冰慢慢融化（象征 β 衰变），然后再倒一点水下去冲淡柠檬水（象征在 s 过程中添加了更多的质子）。如果顾客点了多冰的，她会在纸杯里装满柠檬水，然后迅速地舀一大块冰放在上面（这象征着在 r 过程中添加了更多的中子），这样多余的冰就没有时间融化了。与这种增加冰的方式类似，快速轰击可以使中子保持稳定。

到 1956 年 9 月，霍伊尔需要返回剑桥重新投入教学。然而，他相信他们团队的结果非常值得公布，伯比奇夫妇、福勒和他能够以严谨的、极具说服力的方式解释这些结果。因此，他们准备联合论文时，霍伊尔与组内其他来自英国的成员进行了沟通。

杰弗里·伯比奇回忆："玛格丽特和我写了 B^2FH 的初稿。我们有意识地引入了大量的观测结果和实验数据来支持我们的理论，霍伊尔和福勒在初稿上进行了大量的修改，以确保所有的工作都涵盖在内。我们小组中没有谁是领导者。我们都作出了实质性的贡献，霍伊尔对结果也非常满意。"[10]

1957年10月1日,他们的联合论文《恒星中元素的合成》(Synthesis of the Elements in Stars)发表了,获得了极大的赞誉。它一直是天体物理学中最具影响力的论文之一。

B^2FH 时代对伯比奇夫妇来说是一段快乐的时光。他们不仅为一项重大科学发现作出了贡献,也为女儿萨拉(Sarah)的降生感到高兴,萨拉将在天文学和宇宙学的陪伴下成长。"那是我们的生活。我是他们唯一的孩子。他们的大多数朋友(都是科学家)。"萨拉回忆道。[11]

萨拉深情地回想起霍伊尔和福勒如何被视为他们的家庭成员。"[霍伊尔]太棒了。他是我的弗雷德叔叔。他非常非常有趣。他对每个人都很关注……我对'威利'[福勒]的主要记忆集中在剑桥,从1968年左右开始。我们每年夏天都会去剑桥。所有的社交活动都集中在'威利'身上,他是一个了不起的角色。这是一个学院型的团队。大家在一起很快乐。"[11]

霍伊尔的儿子杰弗里·霍伊尔也同样记得 B^2FH 团队持续数十年的友谊:

> 伯比奇夫妇和"威利"·福勒是我们家的常客,既是同事也是朋友。由于他们在剑桥度过了很长一段时间,福勒在那里买了一栋房子。伯比奇一家可能住在学院、大学或其他租房里。由于我父亲更喜欢在家工作,因此家里源源不断地有学者访问。福勒和其他人,比如"唐"(Don)·克莱顿*(福勒的前博士生),会同我父亲一起去苏格兰徒步。我也参加了福勒在帕萨迪纳举行的一些聚会,我想说他们的会议既活泼又

---

* 即唐纳德·克莱顿,Don 是其昵称。——译者注

刺激。杰弗里·伯比奇有一种尖酸刻薄的幽默感,他不愿意容忍傻瓜。[6]

就在 B^2FH 发布成果的同一时期,由丹麦核物理学家托马斯·劳里森领导的凯洛格研究人员对碳-12 共振的研究工作也见诸媒体。1956 年 12 月 30 日,《纽约时报》报道了劳里森在美国物理学会年会上的一篇演讲,讲述了他的团队为证实霍伊尔的氦燃烧理论和碳-12 的 7.65 MeV 能级所做的努力。他们的方法是用氘轰击碳,将其分解成 3 个氦核。报刊的通栏标题下方写着:"物理学家用碳制造氦;元素转换有助于解释宇宙起源;'大爆炸'理论遭遇打击。"[12]

然而,这个强调凯洛格研究与稳恒态宇宙模型间的联系的标题有点误导性,因为恒星重元素的核合成与大多数版本的宇宙大爆炸理论完全兼容。事实上,元素形成的终极理论将同时涉及大爆炸(指氦的产生)和恒星核聚变(指更重的元素的生成)。

触动勒梅特神父

当 B^2FH 论文完成时,霍伊尔已在往返于帕萨迪纳的跨大西洋旅行中精疲力尽了,这是可以理解的。他意识到,他花了这么多时间在国外,使用了大量的旅行经费,还要在他预期的排课中腾出大量的休息时间,这也耗尽了剑桥同事的耐心。1956 年,他休了教学带薪假和其他大学工作中的带薪假,之后不久又用掉了无薪假。作为弥补,在年底的时候,他为 1957 年春季学期安排了繁重的教学任务。

霍伊尔正在认真考虑永久搬迁到南加州,因为那里已经成为他大胆想法的试验场。[6] 与剑桥相比,加州理工学院拥有更优越的资源,比如更广泛的计算机使用权限。加州理工学院规定了其研究人员相对较少的教学负担,那里天气也很晴朗,徒步旅行的机会很多。美国其他地方看起来也同样充满希望。霍伊尔将能够摆脱剑桥生活中那些古板的仪式化的东西,尤其是他所厌恶的政治。还有一个特别的问题,反复无常的射电天文学家马丁·赖尔,他是一位多产的研究者也是稳恒态宇宙的反对者,霍伊尔认为他生来就是来对付他的。赖尔是卡文迪什实验室射电天文学部门的负责人。"汤米"·戈尔德曾是"赖尔毒液"攻击的目标,但现在他已经成功迁往美国,乘着西风来到哈佛(后来他移民到康奈尔大学获得一份永久职位)。

然而,令霍伊尔感到沮丧的是,妻子芭芭拉对移居美国没有兴趣。弗雷德的游说也被证明毫无作用。因此,至少在目前,他只能将自己的漫游欲望限制在毗邻康河(Biver Cam)的街道与庭院的迷宫中。他几乎不考虑旅行。

尽管如此,霍伊尔仍作为唯一的英国代表受邀参加了1957年5月在梵蒂冈举行的天文学会议,其他著名的宇宙学家也将聚会,因此他倍感荣幸,认为有义务接受邀请。这意味着他将再次离开剑桥——此举也许又会惹恼他的一些同事——但他怎么能错过这样的机会呢?邀请函允许他也带上芭芭拉,所以两人得以一同度过工作假期。驾驶着那辆笨重的哈姆贝尔·鹰(Humber Hawk)型轿车,霍伊尔夫妇笑容满面,难掩兴奋,他们穿过英吉利海峡,穿过田园般的法国乡村,越过美丽的沙特尔(Chartres)镇及其著名的大教堂,沿着意大利海岸,经过比萨的"非正交建筑"*,驶向罗马教廷。

霍伊尔可能并未完全意识到他的邀请背后的政治因素。梵蒂冈天文台台长、会议的主要组织者之一丹尼尔·奥康奈尔(Daniel O'Connell)神父知道教皇庇护十二世支持宇宙大爆炸理论,教皇陛下

---

* 指比萨斜塔。——译者注

曾在1951年的宗座学院会议和1952年的国际天文学联合会会议上宣布过。尽管如此,奥康奈尔认为,作为恒星动力学方面的顶尖专家,霍伊尔享有盛誉,他将是为会议文集进行客观总结的理想人选。只有两个潜在的问题:霍伊尔反对宇宙大爆炸和他对有组织宗教持怀疑态度(例如,他在《宇宙的本质》一书中提到过这点)。幸运的是,教皇亲自出面干预,并私下通知奥康奈尔,霍伊尔可以出席:"1957年2月27日奥康奈尔神父与教皇陛下对话交谈……鉴于奥康奈尔神父的支持,可以邀请霍伊尔教授。"[3]

那次会议吸引了许多知名人士,包括巴德、福勒、桑德奇、萨尔皮特、马丁·史瓦西(Martin Schwarzschild),甚至还有备受尊敬的"大爆炸之父"乔治·勒梅特。霍伊尔发表了几次广受欢迎的演说,其中一次是关于恒星核合成的B^2FH理论。包括上述几人在内的观众对氦的起源提出了十分深刻的问题,因为在整个宇宙中,氦元素非常丰富。史瓦西认为,尽管B^2FH理论对重元素的解释可能是正确的,但恒星核合成不能充分解释所有的氦,而伽莫夫的大爆炸核合成理论似乎更符合些。福勒插话说,抛开丰度问题不谈,他觉得史瓦西将一个知名的恒星过程算到"原始事件"头上,这点很好笑。对此,勒梅特回答说:"我们如何知道氢元素就是起点?"[14]霍伊尔解释说,这关系到氢的巨大丰度,这不可能只是巧合。

当芭芭拉和霍伊尔得知勒梅特正要返回比利时,恰好与他们返回英国同路,于是他们好心地请勒梅特搭车,他十分感激地接受了。这次同行令人难忘,因为勒梅特对这条路线非常了解,还提供了许多很棒的观光建议。值得注意的是,他们在宇宙学理论方面没有发生任何争论。唯一的争论点反倒是出现在膳食方面:勒梅特坚持每天停下来吃一顿长时间的悠闲午餐,食物丰盛,还有酒。然后勒梅特回到车里,睡着了,醒来时头痛得厉害。[2]对此霍伊尔一家倒也并未反对。但周五在一家旅店吃晚餐时，发生了一件更令人不快的事，霍伊尔拿天主教关于吃鱼的传统开了一个玩笑，其后果就像一颗铅球砸向地面一样沉重。当霍伊尔看到勒梅特的鱼肉拼盘比他自己的牛排大得多时，他说："乔治，我终于明白，你为什么是天主教徒了。"[15]显然，牧师对玩世不恭地抨击一项神圣的传统感到十分恼火，他瞪了霍伊尔一眼。

也就是在那次会议和公路旅行的同一年，霍伊尔出版了他的第一部科幻小说《黑云》。小说受到了巨大的欢迎，这对他将写小说作为第二职业也是一种鼓舞。他的小说不仅带来了一些额外的收入，而且为他向公众表达自己的思辨提供了一种方式。[6]例如，在《黑云》中，他对宇宙大爆炸理论家进行了一番狡猾的挖苦。云（一个外星实体）对与之通信的天文学家说："我并不同意凡事都有'首个'。"

这些虚构的天文学家的反应很生动："他们交换了一眼，好像在说，'哦，好吧。这对宇宙大爆炸的伙计们来说是当头一棒。'"[16]

在霍伊尔1959年出版的第二部小说《奥西恩的骑行》(*Ossian's Ride*)中，主人公是一名反体制科学家出身的间谍——也是一名专业的长途远足者——他正在调查未来爱尔兰发生的一场神秘的技术变革。人们不禁注意到，主人公与霍伊尔的自我形象有些相似，他是一个聪明的反叛者，在世界各地游荡，反抗权威，寻求真理。

霍伊尔后来也和他的儿子合作写科幻小说。杰弗里是这样回忆的："当父亲在工作之暇休息时，经常写写草稿，都是由他的工作引发的一些想法。对他来说，这是一种放松和逃避学术生活压力的方式。有些被学术界拒绝的想法也能以这种替代方式进行交流。科学内容是我们写作中最重要的元素。"[6]

当霍伊尔的事业蒸蒸日上时，伽莫夫的研究项目却举步维艰。对伽莫夫来说，那段时期（如前所述，他与"罗"离婚，离开GWU，在科罗拉多大学博尔德分校任职，并与芭芭拉·珀金斯结婚）的亮点只与他的科普写作有关，而不是物理学研究。1956 年，他获得了卡林加科学普及奖（Kalinga Prize for the Popularization of Science），这是一个由联合国教科文组织（UNESCO）管理的著名奖项。即使在这方面，伽莫夫的主要对手最终也会迎头赶上。1967 年霍伊尔也因在科普事业的贡献获得了卡林加奖。

自 20 世纪 40 年代末 50 年代初以来，伽莫夫就没有对宇宙大爆炸发表过更多的评论。除了缺乏对氦的形成有合理预测外，B^2FH 的理论似乎解释了他试图解决的一切问题。他同意该理论的前提，也想在某些方面有所贡献，但没有成功。毫无疑问，这是令人失望的。

此外，伽莫夫为了放松或是社交而沾上喝酒的习惯，随着马提尼酒和其他酒精饮料不断地增加，现在他会更加频繁地陷入醉酒状态。就算是在一个组织严密的社交圈里，流言蜚语也会不胫而走。伽莫夫在物理学界早已被认为是一个有趣、滑稽、爱开玩笑的人。可悲的是，到了 20 世纪 50 年代末至 60 年代初，又加上了"醉酒"这个词。例如，后来在暗物质研究方面取得了突破性发现的天文学家薇拉·鲁宾曾在 GWU 大学与伽莫夫共事，她曾向其他人提及，当伽莫夫喝酒时，她有时会对他的行为感到尴尬。[17]

在一次口头采访中，阿尔弗被问及是否认为饮酒影响了伽莫夫的声誉，他说：

> 啊，这很难说。我怀疑是这样。但我并不确定，他不是那种外向、热情的人，甚至完全清醒。我认为……他对物理学抱有最大的热诚，想法全部来源于乐趣，我认为很多对自己所做的事情相当认真的人并未得到很好的结果。我认为人们对他有误解；他们接受了他的乐趣和幽默感，却转而说"嗯，如果他对自己正在做的事情不那么认真，或者看起来没有那么认真，

那他就没那么好。"[18]

1958年,伽莫夫计划和他的儿子伊戈尔一起去欧洲旅行,并希望能参加在布鲁塞尔举行的第十一届索尔维会议。那届会议的主题是"宇宙的结构与演化"(The Structure and the Evolution of the Universe)。霍伊尔、邦迪和戈尔德都会出席。他们都会有机会讨论自己的想法。遗憾的是,这次会面并没有成功。伽莫夫并未受到邀请。他将此归因于他在文章中对稳恒态宇宙持否定态度。

尽管如此,伽莫夫和伊戈尔还是玩得很开心。正如伊戈尔回忆的那样:"1958年,他带我去了欧洲,那是一次绝妙的旅行。他喝了很多酒。就算是酩酊大醉,他也和不喝酒时几乎一样。父亲就是这样一个俄国人。不过最后,他还真的败给了酒精。他撞车了。"[19]

与赖尔的无情争吵

尽管霍伊尔赢得了英国宇宙学家和天文学家的尊敬,但并非一切都是和谐的。在剑桥学术文化中也有竞争,他被迫与马丁·赖尔打交道,并且后者成为一个越来越强大的对手。从霍伊尔的角度来看,赖尔的使命似乎就是要让他的生活变得非常悲惨。

赖尔是一股自然之力——无论好坏——来自情绪的洪流,可能会产生难以置信的有用的能量,或者留下巨大的破坏。他性格中的尖锐的矛盾性甚至让那些钦佩他的人都感到困惑。尽管他为自己的反战与反核的立场感到自豪,但他同样也有一种暴力的特质,如果在课堂或研讨会上与某人意见不一致,他就会向他们投掷黑板擦等物品。[20]曾经有一个可怕的例子,他的一名工作人员对收集到的数据进行了分析,其中一些数据被赖尔认为是无关紧要的,应该被排除在外。勃然大怒的赖尔抓起一个大理石做的墨水池向那个人扔去，一下子把人打晕了。[21]

赖尔也是反法西斯主义者，他热爱民主，尽管他厌恶战争，但这也促使他在第二次世界大战期间英勇参战，在电信研究机构（Telecommunications Research Establishment）勤奋研究雷达反制措施，以保护英国飞行员。[22]

然而，战争结束后，他和团队在实验室的管理风格却带有明显的独裁色彩。他积极地保护和培养研究团队的成员，但对外界经常怀有敌意。另一个颇具讽刺意味的事实是，他战后在剑桥的职业生涯受益于胜利带来的战利品：为了在卡文迪什实验室建立一个射电天体物理的项目，他采购了一台从德国人那里缴获的雷达设备。

除了脾气秉性，赖尔的社会地位或许也在他与霍伊尔的持续冲突中发挥了作用。霍伊尔来自西约克郡的一个以工商业闻名的工人阶级地区，而赖尔则来自南部的海滨休闲中心布莱顿（Brighton）。赖尔的家庭完全属于中上层阶级，他的父亲是一位著名的医生。霍伊尔需要非常努力地晋升到剑桥大学的职位，他看不起任何通过哪怕是一点点背景或特权而取得成功的想法。

根据霍伊尔的说法，他们两人之间的争吵始于1951年。据说，在"汤米"·戈尔德谈到"射电星"（radio star）的时候，赖尔以一种居高临下的方式攻击戈尔德及其想法，抨击理论家们未能看清真实情况。射电星是天文学家给神秘的来自天空的无线电波来源起的名字，这些源的作用就像是太空中的无线电发射塔*。就像在几十年前关于星云的大辩论时期一样，天文学界在如何解释这些射电源的问题上左右为难。它们是银河系内的天体还是河外天体？戈尔德在他的演讲中指出，它

---

* radio 一词在无线电工程领域译作"无线电"，在天文学中译作"射电"。——译者注

们的分布似乎是各向同性的,或者说在各个方向上是大致相同的,所以他认为它们都来自河外星系。其中他提到的一个射电源被称为天鹅座 A(Cygnus A),是最早被发现的射电源之一。

那时的赖尔已经建造了一种革命性的新设备,被称为天文射电干涉仪,它可以比以往任何时候都更加精确地定位射电源的位置。于是,他用这台设备调查了许多射电源,确信其中至少有一部分(可能不是全部)在银河系内。因此,他对戈尔德的结论持怀疑态度。

但是,1952 年在罗马举行的著名的国际天文学联合会的会议上,当教皇明确支持宇宙大爆炸时,巴德宣布,他在威尔逊山天文台已经在光学上确定了天鹅座 A 射电源的位置。根据他的测算,其距离地球约 5 亿光年(后来修正为约 7.6 亿光年;1 光年,即光在 1 年中传播的距离,约为 6 万亿英里),这说明它肯定是一个独立的星系,而不是银河系天体。

巴德宣布这一消息后,霍伊尔提醒赖尔,戈尔德是对的。但事实证明,真相很复杂:正如赖尔所发现的,一些射电源确实位于银河系内部;其他有一些是遥远的、活跃的星系,就像巴德等人所发现的。出于某种原因,霍伊尔认为,巴德的发现至少证实了戈尔德的部分结论,这让赖尔感到被"羞辱",所以赖尔才会在接下来的 10 年里通过计算射电源来反驳稳恒态宇宙理论,以此来报复霍伊尔。[23]

在巴德发现天鹅座 A 后,赖尔确实做了些共同的努力,绘制出了不同距离的河外射电源的数量。很难相信他执行如此艰巨的任务仅仅是出于怨恨。然而,他确实成为剑桥大学为数不多的对稳恒态理论表示怀疑的人之一。之所以存在一边倒的局面,在一定程度上要归功于皇家天文学家的支持,以及霍伊尔广受欢迎的广播节目和科普书籍,它们已经成为英国的骄傲。赖尔对发射射电信号的活跃星系的分布进行了越来越严格的研究,这使他得出结论,宇宙正在老化,而非保持恒定状态。(今天我们知道,许多星系在发展的早期阶段都有活跃的核心,是由星系中心超大质量黑洞所驱动的。)

基于他多年以来所收集的一组数据,在 1955 年牛津哈雷论坛(Halley Lecture)上,赖尔报告了他的惊人结论:"这是一个非常显著而重要的结果,我们所接收到的大多数射电星都在银河系之外,这个结论似乎很难避免了,既如此,这些观测结果似乎也无法用稳恒态宇宙的理论来解释。"[24]

稳恒态宇宙在当时的英国是非常受欢迎的,以至于当霍伊尔抨击赖尔数据稀少、统计数据不佳,对其结果表示怀疑时,许多人都站在了霍伊尔一边。[25]1956 年 9 月,霍伊尔在《科学美国人》的一期特刊《宇宙》(The Universe)中解释了自己的观点。这期特刊被证明是伽莫夫(他自然是赞成赖尔的观点)与霍伊尔之间的一场"印刷品辩论",他们"背靠背"地发表了题为《进化的宇宙》和《稳恒态的宇宙》的文章。这是伽莫夫和霍伊尔有史以来最接近直接公开对抗的一次。第二年,当不朽的 B^2FH 论文出现时,霍伊尔受到了赞扬,这似乎暂时保护了稳恒态一方免受进一步的批评。

然而,大坝在 1961 年 2 月轰然崩塌。赖尔收集了更为丰富的射电源数据,反映了广泛的距离分布,他发表了一次传播甚广的演讲,霍伊尔及其妻子也受到了邀请。霍伊尔希望这份邀请意味着赖尔会对稳恒态模型做出一些让步。然而恰恰相反,赖尔表示,他新增的数据让他确信稳恒态宇宙是错误的。因为记者们都在观众席上,正准备收集霍伊尔对他的模型遭遇重大坏消息的反应,霍伊尔被彻底激怒了,他认为这是公然的刻意安排。[26]

事实上,世界各地的报纸都报道了赖尔的结果,认为这可能会支持伽莫夫的"进化的宇宙"也就是大爆炸模型,从而结束其与霍伊尔、邦迪、戈尔德的稳恒态宇宙模型之间的斗争。稳恒态宇宙的支持者被迫站起反驳这些数据。1961年3月,当时已搬到康奈尔大学的戈尔德和正在那里访问的丹尼斯·西阿马进行了会谈,反驳了赖尔可以准确地定位到射电源距离的说法,从而为稳恒态解释进行辩护。

与此同时,稳恒态理论的另一个预言——物质和反物质将以相等的数量产生——也随着"探险者6号"卫星的发射而受到质疑。这颗卫星的任务是寻找能证明粒子-反粒子对湮灭的γ射线。但卫星几乎没有发现丝毫这种活动的证据。1961年12月,天文学家罗伯特·贾斯特罗(Robert Jastrow)在国家火箭俱乐部发表演讲时表示,γ辐射水平太低了,以至于几乎"排除了宇宙学模型的稳恒态版本,即物质和反物质同时产生的设想破灭"。[27]

到了20世纪60年代初,由于赖尔的射电源分布数据(如果人们相信它的准确性的话)和新的卫星发现,标准稳恒态模型似乎越来越不靠谱,而霍伊尔的另一个主要项目——描绘化学元素的起源——除了一个例外,似乎一切都很好。霍伊尔和他的任何一位研究恒星核合成的同事都没能搞清楚宇宙中大量氦是如何产生的。他发现,最佳情况是,恒星能产生宇宙中大约2%的氦,而现实是,宇宙中氦的含量,占所有化学元素的百分比接近25%。他曾考虑过星际辐射将一些更大的元素分解为氦,但后来发现这种过程产生宇宙中所发现的如此大量氦的可能性微乎其微。

最后,在1963—1964学年期间准备宇宙学课程时,霍伊尔迈出了关键一步,这对他而言,在几年前几乎是不可想象的。他承认——至少暂时承认——大爆炸中氦的核合成过程非常值得探索。也许"伽莫夫的一小部分想法"是正确的,他是这样说的。为此,他与同事罗杰·泰勒(Roger Tayler)合作,发表了一篇论文,仅针对伽莫夫、阿尔弗和赫尔曼关于氦(和氘)的研究结果进行了更新,其中包括基于粒子物理学最新发现提出的一些修改,例如存在多种类型中微子的理论。

霍伊尔与泰勒的合作促成了大爆炸理论与恒星驱动元素形成理论之间这场长期戏剧冲突的转折点。霍伊尔的稳恒态宇宙的堡垒开始崩溃，许多研究人员，甚至在英国的研究人员，都转而投奔一个年龄有限的宇宙。鉴于大爆炸核合成理论成功地解释了宇宙中的氦——以及一小部分锂元素，恒星核合成理论解释了氢、氦以外的所有元素的形成——大家的共识是倾向于一种混合模型。

现在唯一缺少的就是确凿的证据，证明大爆炸确实发生过。但很快证据就出现了，彭齐亚斯和威尔逊得到了令人难以置信的意外发现，微波背景辐射充满了整个空间，这是从一个炽热的原始时代残留并冷却下来的辐射。

第七章

大爆炸的巨大胜利

> 一旦我们意识到我们看到的是来自天空的噪声,其他的都不重要了。
>
> ——阿诺·彭齐亚斯

稳恒态面临的最严峻的挑战将来自阿诺·彭齐亚斯和鲍勃·威尔逊对来自宇宙过去的无线电噪声完全出乎意料的发现。他们记录下喇叭天线(horn antenna)接收到的噪声,揭示出一种无法追踪到任何本地的或是邻近的全新辐射源。它的温度分布在绝对零度以上仅仅约 3 度,无论他们将接收器指向哪个方向,结果都是一样的。他们排除了所能想到的所有产生噪声的影响,甚至包括鸽子粪便产生静电的可能性,他们不知所措。

最终解码信号并揭示其根本起源的人是普林斯顿大学物理学家"鲍勃"·迪克。迪克非常善于想出巧妙的方法来检验不同寻常的假设。他的研究十分独特地弥合了广义相对论以及相关领域理论家和实验家之间的缝隙,因为他在每个领域都有所涉猎。当彭齐亚斯和威尔逊正在寻找他们信号的答案时,迪克与他的学生大卫·威尔金森（David Wilkinson）和彼得·罗尔（Peter Roll）正在计划制作自己的辐射计，以寻找证据来支持他提出的关于早期热宇宙的理论。因此，当他接到彭齐亚斯的电话讲述背景异响时，他感到很惊讶。

迪克和他的研究助理（也是前学生）詹姆斯·"吉姆"·皮布尔斯证明，背景辐射具有独特的指纹，符合宇宙曾经是个燃烧的火球的模型，由于宇宙的膨胀，现在这个火球已经大大冷却了。在建立这一理论的过程中，皮布尔斯进行了计算，按他常说的是"重复发明轮子"（reinvented the wheel）*，再现了阿尔弗与赫尔曼先前在探索伽莫夫大爆炸核合成思想时进行的计算。伽莫夫，尤其是阿尔弗与赫尔曼，经常提醒迪克和皮布尔斯这一事实，特别当后者在1965年对宇宙大爆炸证据的研究工作成为重大新闻时。

当然，这是稳恒态宇宙的低谷期，因为就连霍伊尔也饱受质疑，他终究承认宇宙大爆炸在某些方面可能是正确的——随后转向稳恒态的修正版本，甚至提出过一种极少被接受的对辐射的另类解释：太空中存在微小的铁或石墨（一种碳形式）的碎片，这些碎片吸收星光，再以微波辐射的形式重新发射出来使星光热化。

凤凰涅槃之火

然而，具有讽刺意味的是，在宇宙微波背景辐射被发现之前，迪克还远谈不上是宇宙大爆炸理论的追随者。相反，他认为广义相对论本身是不完整的。在他看来，这并不能充分解释惯性，即物体会始终沿着以直线保持恒定速度运动的趋势，除非受到外力影响。迪克认为马赫

---

* 这是一句英国俗语，意思是不必要的重复劳动。——译者注

原理——远距离大质量天体的综合引力产生了惯性效应，需要被纳入广义相对论。回想一下，爱因斯坦也曾有过融合马赫原理的想法，但并未真正实现这个目标。

迪克和年轻的研究人员卡尔·布兰斯(Carl Brans)一起开发了一种将马赫原理纳入广义相对论修正形式的方法。布兰斯和迪克建议将引力强度描述为一个动态变化的量，它可能会在整个时空中发生变化，而不是像引力常数那样将引力的强度（对于给定质量和给定距离）描述为在所有时间和地点都相同。布兰斯在他的博士论文《马赫原理和变化的引力常数》中描述了这个模型。布兰斯和迪克意识到"变化的常量"是一种矛盾的表述方法，但发现它简洁地表达了他们为原本固化不变的值松绑的目标。由于德国物理学家帕斯库尔·约尔当(Pascual Jordan)之前曾开发过一个类似的变引力模型，所以他们的提议被合称为约尔当-布兰斯-迪克模型。

有时迪克会因其理论未被主流接受而感到沮丧。大多数研究人员

普林斯顿大学实验物理学家罗伯特·迪克，他是测试广义相对论和宇宙学的标准及替代形式的预测的专家。图片来源：AIP Emilio Segrè 视觉档案馆，今日物理学收藏。

并不喜欢修正模型，一味地涌向爱因斯坦方程的标准解。迪克在写给彼得·弗兰克(Peter Franke)的信中说："我怀疑有成千上万的理论家宁愿相信月球是由奶酪制成的，也不愿相信引力中可能存在标量分量。"[1]（这里说的"标量分量"指的是一种特殊类型的能量场，在一个点到另一个点之间标量是可变的，有点像天气预报中某一地区的气温图。）

但是在约尔当、布兰斯和迪克之前，恐怕最著名的可变引力参数的支持者是保罗·狄拉克，他早在 1937 年就提出了大数假说。狄拉克在一篇论文中断言，基本常数的各种组合产生了大得惊人的固定数值。他认为，理解如此庞大的数字对于理解自然至关重要。狄拉克理论的一个关键预言是，引力的强度——与其他参数有关，而不是像传统相对论中设想的那样是独立的，引力的强度会随着时间的推移而降低。这种减小会导致奇怪的后果，比如随着引力对地球的控制逐渐松弛，地球在亿万年中逐渐膨胀。没有人能够观察到这种增长，但在 20 世纪中叶，人们对地质学的了解还比较少，这种想法似乎也并不是完全没有可能。狄拉克的假说对霍伊尔和伽莫夫都产生了深远的影响，他们都在某种程度上接受了可变引力常数的概念。

霍伊尔理论的"马赫化"尝试始于 20 世纪 60 年代初，与一位来自印度的杰出博士生贾扬特·纳利卡合作。他们重新搬出电磁学的惠勒-费曼吸收体理论（涉及粒子在一定距离间的直接作用），提出空间中任何物体的质量而非局部量都取决于与宇宙中所有其他大质量天体的远距离相互作用。每一个大质量的粒子都像一个五朔节的花柱，每一个上面都附着一股"绳"，连接着其他大质量的物体。如果没有这些"绳"，它的质量就会消失。霍伊尔喜欢公开他的想法，霍伊尔-纳利卡理论在这方面得到了相同的对待，同样得到了相当多的媒体报道：

> 如果有一半的宇宙消失了，那么我们的太阳系将会发生

什么？从牛顿到爱因斯坦，大多数专家都认为不会有太大变化，除了天上会少许多星星。但是，现在英国的宇宙学家弗雷德·霍伊尔说太阳将比现在亮100倍，并把地球烤成焦土。

霍伊尔是一位受人尊敬的科学家，是稳恒态宇宙理论的创始人之一，该理论认为宇宙是静止的，太空中会凭空出现粒子。他在英国久负盛名的皇家学会的一次会议上介绍他的新引力理论，底下座无虚席，他谦虚地将自己与印度数学家纳利卡合作完成的工作描述为对爱因斯坦广义相对论的些许延伸。"我们清楚地意识到，"他解释道，"当我们提出另一个想法时，可能就像是一个小男孩试图偷苹果。"

霍伊尔的"偷苹果行为"远不是对爱因斯坦理论的延展，而是一种更具野心的"盗窃行为"。他的新理论源于马赫原理，即宇宙中每个物体的质量都受到它与其他物体相互作用的影响。爱因斯坦试图将马赫原理纳入他自己的宇宙方案中，但显然失败了。然而霍伊尔声称自己成功了。[2]

霍伊尔与纳利卡的提议遭遇了批评，不过信源未必真实。1964年，霍伊尔在英国皇家学会就这一问题发表演讲，在演讲后的提问时间里，剑桥大学西阿马的一名学生、时年22岁的斯蒂芬·霍金（他本想与霍伊尔合作，但被拒绝了）提出了这一理论的致命缺陷。据一些报道称，霍伊尔对他的言论感到不安。霍金后来发表了一篇论文反驳了这一理论。尽管如此，霍伊尔还是宽宏大量地主张他的院系继续资助霍金学习，后来又聘请他担任教授。霍伊尔通常很欢迎辩论，只要双方保持尊重和开放的态度。

尽管双方都对马赫感兴趣，但迪克基本上忽略了霍伊尔-纳利卡模型。他是一个有着叛逆观念的创新实验主义者，所以他更感兴趣的是通过创造性的方法来测试自己的想法,而不是探索相互竞争的理论中的细微差异。

当爱因斯坦尝试基于马赫原理的宇宙学,解释恒星和星系等遥远大质量物体引导的惯性时,他选择了一种闭合的、各向同性的几何结构(相对于开放的或平直的结构而言)。这样的宇宙是有限的和有界的,在一个超球体(相当于四维的球)的表面上延伸。因此,空间中所有物体的共同引力产生了有限的影响,这种效果可能等同于惯性。它能使得一个无摩擦的物体,如在绝对光滑的冰面上的冰球沿着完美的直线滑动——但与无限宇宙(开放的或平直的宇宙)产生的无限的效果不同。

同样,为了实现马赫原理,也是为实现爱因斯坦所未实现的梦想,迪克也倡导封闭的几何空间。弗里德曼和勒梅特已各自证明,在没有宇宙学常数的情况下,广义相对论所预言的封闭且各向同性宇宙必须从一个数学意义上的点开始,在膨胀到最大的周长时再收缩到一个点,就像一个膨胀然后放气的圆形气球。罗伯逊对这一理论也做了编目。如果整个宇宙的质量都集中在一个数学意义的点上,这将代表着一个密度无限大的怪物,即所谓的奇点(singularity)。

从哲学上讲,迪克希望可以避免所谓最初或最后的奇点。对于引力强度可变化的约尔当-布兰斯-迪克模型而言,没有理由去假设宇宙必须从这样一个无限致密的点开始,又在这样一个无限致密的点结束。由于这个模型拥有"奢侈地"上下调整引力聚集物质的能力,这样便可以调整到避免奇点出现。即使在标准广义相对论的情况下,引力强度是固定不变的,迪克也和他那个时代的许多研究人员一样,认为切实的物理模型(具有某种不规则性,使它们呈现不完全光滑的特征)没有奇点。根据这样的推理,好比一个篮球泄气后不会变成一个完美的点,而是呈现一个不规则的球形,宇宙的最初时刻和最后时刻也会类似地变成团块状，而不是点状。

迪克认为，在这种情况下，也许当前宇宙时代最后的毁灭时刻，尚不至于那么的终极。相反，宇宙会在一个新的成长时代开始反弹——就像神话中凤凰涅槃，为另一个新的循环而重生。迪克发现这种持续不断的结果是非常令人满意的，因为它避免了时间的开始和终结。这种方式类似于稳恒态。按照理查德·托尔曼（Richard Tolman）的类似模型，迪克认为他的模型属于"振荡宇宙"（oscillating universe）。

阿瑟·穆尔（Arthur Moor）询问振荡宇宙背后的原因，迪克在回信中写道："振荡宇宙的概念除了物理和天文学之外，似乎还涉及宗教、哲学、生物学、地质和数学方面。从宗教角度来看，可以说，持续可再生的周期性宇宙几乎是印度教的概念。"[3]

迪克的振荡模型的其中一个预言是，宇宙将在每个振荡周期结束时创造出熵（对混乱的无用能量的衡量），就像一台频繁使用的烘干机积聚了越来越多的棉绒。因此，迪克预计，在我们当前周期开始的时候，宇宙充满了前一代遗留下来的较冷的热能。他想知道，也许这样一股不温不火的辐射已经在太空中徘徊，可能会被探测到。正如皮布尔斯所解释的："[迪克]对早期宇宙有一个特别的想法，宇宙会变得很热。那么宇宙膨胀之前经历了什么呢？反弹将高度消耗能量且不可逆的，并通过热辐射的形式产生大量熵。这是存在于前一个周期中的辐射，及其宇宙在反弹过程中的行为共同的结果。我被要求寻找辐射的理论结果。"[4]

迪克后来写信给霍金——霍金和乔治·埃利斯（George Ellis）一起在剑桥大学投身于宇宙经历初始奇点的条件的理论研究，信中写道："我们对宇宙热辐射的研究基于这样一种猜测，即在封闭空间中奇点是可以避免的。"[5]

迪克当时显然没有意识到阿尔弗与赫尔曼的工作，他俩预测太空中充满了冷却的残留辐射,那是从一个炎热的原始时代遗留下来的。他确实在普林斯顿参加了伽莫夫关于早期宇宙的演讲,但他误以为伽莫夫说过宇宙大爆炸是冷的,而不是热的。"我听伽莫夫在这里做过一个学术讨论会,我认为那要么是一个学术研讨会,要么可能是美国科学研究荣誉学会(The Scientific Research Honor Society, Sigma Xi)演讲之类的东西。他在演讲中描述了早期宇宙中形成重元素的想法……不知它是初步的观点还是什么,我清楚地记得他把这描述为一个完全充满中子的宇宙,开始是冷的,并没有[提及]炽热……我没有意识到他的这个想法。我们本应该接受的,但就是没有。"[6]

伽莫夫不太可能认为早期宇宙是冷的,因为宇宙必需"炽热"才能形成元素。因此,迪克一定误解了伽莫夫所说的话。或者,也许他一直在考虑梅耶-泰勒的"多中子"(polyneutron)模型,在这个模型中宇宙一开始是很冷的。因此,在发展自己的宇宙辐射理论时,他没有想到去看看伽莫夫或他的同事阿尔弗、赫尔曼的论文。

迪克对冷辐射证据的追求促使他给自己的学生威尔金森和罗尔分配了一项任务,即建造一台能够探测到这种信号的辐射计。但在它建成之前,他就收到了彭齐亚斯的意外请求,让他看看一张图表,那是彭齐亚斯和威尔逊在新泽西州霍姆德尔附近使用20英尺长的贝尔实验室喇叭天线所探测到的神秘噪声。

宇宙的嘶嘶声

这一偶然的宇宙大发现远不是彭齐亚斯一生中唯一的奇迹。考虑到他动荡的童年,他能有机会在美国安全和平地生活,收集无线电数据,已经足够不可思议了。1933年希特勒上台后不久,阿诺·彭齐亚斯在德国慕尼黑出生。作为犹太人,他和他的家人受到残酷的压迫和仇恨。在他 6 岁后不久，父母告诉他，他和弟弟有资格参加儿童转移（Kindertransport）计划，一项能够让犹太儿童离开德国暂时留在英国的计划，并且未来父母也过去和他们重逢。彭齐亚斯一家的计划是将英国作为中途停留地，最终移民到美国。事实情况是，他们中途停留了 6 个月，在此期间，小阿诺开始学习英语。幸运的是，这家人确实团聚了，并乘船前往纽约，在那里重新定居。彭齐亚斯回忆起这次远洋航行时说："我当时在这艘船上，我们在船舱里。这是最可怕的一次经历。半夜，我被吵醒，得知弟弟在哭。我当时 6 岁。我必须让他安静下来。"[7]

阿诺的家人鼓励他从事科学事业。纽约市立大学-城市学院（The City College of New York）免去了他的学费。然后他在查尔斯·汤斯（Charles Townes，后来因发明激光的前身微波量子激射器而获得诺贝尔奖）的指导下，在哥伦比亚大学获得博士学位。他的论文主题是射电天文学。

1961 年获得博士学位后，彭齐亚斯在霍姆德尔的贝尔实验室找到了一份工作，当时贝尔实验室正在进行远程无线电和电话通信实验，也就是回声计划（Project Echo）。1960 年 5 月，美国发射了"回声 1 号"（Echo 1）卫星，通过反射卫星信号，美国航天局位于帕萨迪纳的喷气推进实验室（Jet Propulsion Laboratory）与喇叭天线之间成功传输了第一个卫星电话。喇叭天线配备了微波接收器来接收信号，是专门为该项目建造的。"回声 1 号"退役后，该项目进入了一个新的阶段，该天线可用于天体物理学。彭齐亚斯和他的新同事鲍勃·威尔逊抓住了这个机会，利用它寻找银河系周围猜测的射电源构成的晕环。

威尔逊出生在得克萨斯州的休斯敦，比彭齐亚斯小 3 岁，获莱斯大学（Rice University）学士学位，在加州理工学院获得物理学博士学位后，他来到贝尔实验室。具有讽刺意味的是，尽管他帮助证明了大爆

位于新泽西州霍姆德尔贝尔实验室的喇叭天线。1964 年,阿诺·彭齐亚斯和罗伯特·威尔逊通过该天线偶然发现了宇宙微波背景辐射。图片来源:保罗·哈尔彭拍摄。

炸,淘汰了稳恒态,但他最初的倾向却是支持后者。"我不喜欢宇宙有开端有结束的想法,"威尔逊回忆道,"我喜欢宇宙永存的想法。"[8]

威尔逊还在加州理工学院时,霍伊尔正好是客座教授。"我上了弗雷德·霍伊尔的宇宙学课程,"威尔逊说,"这并不是我特别感兴趣的课,但我想了解它。我记得弗雷德并没有过分地推崇稳恒态,不过这的确是他的工作。加州理工学院的大多数人似乎都支持大爆炸理论。"[8]

威尔逊还接触到霍伊尔朋友圈里的其他人。"威利"·福勒教授是威尔逊上午 8 点核物理课的老师,每节课他都很快地把黑板填满。约翰·博尔顿(John Bolton),澳大利亚籍英国射电天文学家,是威尔逊的研究生导师。博尔顿发现了最早的一批射电星。据说,他在访问剑

阿诺·彭齐亚斯,宇宙微波背景辐射的共同发现者之一。图片来源:AIP Emilio Segrè 视觉档案馆,今日物理学收藏。

桥期间,由于赖尔对外来者的偏执而被拒绝进入卡文迪什实验室,就在这时,他遇到了霍伊尔,并与他成为终身好友。

威尔逊的论文项目是使用射电接收器和迪克开关(一种由迪克发明的降噪系统)绘制银河系部分区域的射电源星图。因此,1963年,当他与彭齐亚斯开始在霍姆德尔合作时,他俩的专业知识非常匹配。威尔逊回忆道:"他倾向于从整体上考虑,而我更倾向于细节。我开始研究其余的电子设备,使它们在射电天文的工作中保持稳定。我制作了整个交换系统。"[8]

过了一阵子,彭齐亚斯飞往加拿大参加一个会议,碰巧与华盛顿卡内基研究所(Carnegie Institution)的研究员伯尼·伯克(Bernie Burke)进行了交谈。当彭齐亚斯提到他绘制银河系外围星图的项目时,伯克对此表示怀疑。"银河系周围没有晕环,"他说,"你在浪费时间。"[8]

彭齐亚斯后来承认伯克是对的。"起初我以为银河系周围一定有什么东西，"彭齐亚斯说，"但最后并未发现。"[7]

当他们在寻找并不存在的银河系晕环时，彭齐亚斯和威尔逊注意到，无论他们以何种方式改变天线的指向，都会收到一个恒定的无线电静电背景。他们排除了可能的环境来源，例如来自纽约市的无线电噪声、太平洋上氢弹测试中持续存在的辐射，以及天线本身的缺陷，然后他们又注意到有几只鸽子栖息在仪器内，粪便弄脏了天线。于是，他们跑出去买了一个金属鸽子笼，抓住了"肇事者"，收拾了残局。但是令他们失望的是，那个噪声依然存在。[7]

有一次，伯克问彭齐亚斯："你们那个疯狂的项目怎么样了？"[8]

彭齐亚斯告诉他收到了噪声，伯克回忆说，他的博士后肯·特纳（Ken Turner）刚刚参加了"吉姆"·皮布尔斯在应用物理实验室的一次演讲，在演讲中提到了迪克想探测宇宙背景辐射的计划。特纳曾是迪克小组的成员，也是皮布尔斯的好朋友，对他们的项目一直持有极大的兴趣。特纳回忆道：

"吉姆"和我都是普林斯顿大学的研究生，也是"鲍勃"·迪克引力小组的成员。（迪克是我们两人专业教授。）据我回忆，我们两人是在同一年进入普林斯顿，也是同一年获得博士学位的，分别是1957年和1962年。"吉姆"和他的妻子艾莉森（Alison）、我和我的妻子格蕾琴（Gretchen），年龄相差都在一岁左右，我们是好朋友，经常来往。

当我听说"吉姆"要去巴尔的摩，顺路在约翰斯·霍普金斯实验室做一个演讲，我当然得去了。我已经好几年没有和"吉姆"联系了，我很想看看他和迪克团队在做什么。"吉姆"的报告总是说得很棒，这次也不例外。他的演讲让我很兴奋，我把这一切都告诉了伯尼。[9]

当彭齐亚斯了解迪克的工作后,他很兴奋地发现,这个噪声可能具有重要的天文意义。他抄起电话,接进了迪克在普林斯顿的办公室。

被抢先了!

彭齐亚斯电话打来的时候,迪克正在办公室里和皮布尔斯、罗尔和威尔金森等人一起享用各自的午餐。他们聚精会神地听着迪克讲话,很快便意识到出了什么事。皮布尔斯回忆道:"我们听着鲍勃和电话那头说话。他撂下电话后告诉大家,'我们被抢先啦!'"[4]

很快,迪克、维尔金森和罗尔就驱车前往霍姆德视察发现现场。他们希望确保已经消除了所有其他可能造成噪声的罪魁祸首。彭齐亚斯和威尔逊解释了他们为排除其他影响所做的一切,这个回答让迪克感到满意。威尔逊回忆起这次访问时说:"他们爬上去环顾四周。他们坚信不疑。在解释了波导装置*之后,我们来到会议室,'鲍勃'·迪克作了一个报告。"[8]

迪克的报告并不是关于标准的大爆炸模型,而是关于他的振荡宇宙的想法。彭齐亚斯和威尔逊聚精会神地听取了他的解释,他的核心观点是"在经历了多次大爆炸后,熵会堆积起来"。[8]

"我对迪克充满敬畏。"威尔逊说。[8]尽管如此,宇宙学——他曾认为比射电天体物理学抽象得多——实际上做出了一个可进行检验的预测,尽管看上去不太真实。

当迪克、威尔金森和罗尔回到普林斯顿后,据皮布尔斯回忆:"他们

---

* 指用来定向引导电磁波的结构。——译者注

艾莉森·皮布尔斯、罗伯特·威尔逊和詹姆斯·皮布尔斯在2018年普林斯顿大学纪念罗伯特·迪克的活动中。图片来源：保罗·哈尔彭拍摄。

确信彭齐亚斯和威尔逊已经尽了最大努力，排除了那个噪声来自本地的可能性。"[4]

威尔金森和罗尔继续研究普林斯顿辐射计（Princeton radiometer），但稍微调整了任务，要独立验证彭齐亚斯和威尔逊的观测结果。同时，迪克安排皮布尔斯在理论框架内解释观测结果。皮布尔斯是这项工作最理想的理论家。

皮布尔斯1935年出生于加拿大温尼伯（Winnipeg）郊区的圣博尼费斯（St. Boniface），从小他就想知道事物的运作机制。小时候，他非常喜欢鼓捣一些小玩意儿。"我最早的记忆之一，"他回忆说，"是由于我没能把咖啡壶拼装起来而怒不可遏。我喜欢把东西拆开了再拼回去。"[10]

皮布尔斯在曼尼托巴大学(University of Manitoba)获得物理学学士学位后，由于出色的表现获得了普林斯顿大学的研究生名额。他千里迢迢来到这里，目的是成为一名粒子物理学家，他认为这只是暂时性的。幸运的是，在相对论和宇宙学的世界里，他从一位熟人那里了解到迪克的研究。这不仅吸引他进入那些领域，还让他接触到正在逐渐显山露水的普林斯顿帝国，期待探索一个刚刚开始蓬勃发展的宇宙："我放弃了粒子物理学，加入了'鲍勃'·迪克的团队，这真是非常之幸运。"[4]

特纳清楚地记得，他见到皮布尔斯的时候，他们都还是"迪基鸟"（迪基小组的成员自称）。他形容皮布尔斯是"又高又瘦的加拿大人，有幽默感，非常聪明，天生就是个理论家。"[9]

尽管皮布尔斯被证明是一位非常独立的思想家，极富非凡的洞察力，但在他的毕业论文中，遵循的是迪克基于大数假设和马赫原理所作出的对自然界"常数变化"的猜测。他的论文题目是《关于电磁相互作用强度可能是可变之猜想的观测试验和理论问题》(Observational Tests and Theoretical Problems Relating to the Conjecture that the Strength of the Electromagnetic Interaction may be Variable)。

完成博士学位后，皮布尔斯决定留在普林斯顿大学，先是在迪克的团队中担任博士后研究员，然后担任助理教授。就在那时，他自行研究了对更标准化的宇宙学进行观测的可能性，也就是基于弗里德曼-勒梅特-罗伯逊-沃克(FLRW)度规（伽莫夫也研究过这一形式）的宇宙，该宇宙始于炽热的火球，具有各向同性和均匀性特征。

相反地，稳恒态理论从未引起皮布尔斯的兴趣。他回忆说："我们几乎没怎么讨论。人们对稳恒态理论有点蔑视。我第一次听到关于稳恒态理论的讲座时，就持有怀疑态度。［我想］他们只不过编造了一套理论吧，它听上去就很荒唐。"[4]

然而，皮布尔斯确实又很尊重霍伊尔在恒星核合成方面的工作。"他是一位杰出的物理学家，"皮布尔斯说，"他对恒星结构以及恒星演化的研究具有变革性意义。"[4]

在得知彭齐亚斯和威尔逊的发现之前，皮布尔斯就对早期炽热的宇宙所带来的影响产生了兴趣。他有一个想法——他以前没有意识到有人已经探讨过——宇宙早期极高温的条件为氢合成氦提供了一个完美的熔炉。也就在差不多他从事该项目的时候，霍伊尔和泰勒的论文《宇宙氦丰度之谜》(The Mystery of the Cosmic Helium Abundance)出现在了《自然》杂志上。回想一下，这是霍伊尔第一次承认热大爆炸可能为宇宙中存在大量的氦提供一种可靠的解释。这篇文章引用了两篇关于大爆炸核合成工作的论文，一篇是伽莫夫和阿尔弗 1948 年的经典文章"阿尔法-贝塔-伽马"，另一篇是阿尔弗、詹姆斯·福林(James Follin，曾与阿尔弗和赫尔曼合作撰写后来的一些论文)和赫尔曼 1953 年的论文。对此皮布尔斯是这样回忆的："有一天'鲍勃'对我说：'你最好去看看《自然》杂志上的那篇文章。'他们论文的主题是，你可以把氦理解为伽莫夫热大爆炸的结果。也就在这个时候，我了解到我一直在重复劳动——乔治·伽莫夫早些时候也有同样的想法。"[11]

皮布尔斯也以另一种方式了解了早期的大爆炸核合成的方式。1965 年初，他写了一篇关于在炽热火球中产生氦的论文草稿，并提交给《物理评论》。期刊编辑西蒙·帕斯特纳克(Simon Pasternack)非常了解大爆炸中产生氦的相关研究历史，包括伽莫夫、阿尔弗、福林和赫尔曼的工作，他选择了一位熟悉文献的匿名审稿人。根据审稿报告，论文中的计算再现了这些研究人员的一些早期结论，于是《物理评论》拒绝了这份草稿，并把相关的文献年表告知皮布尔斯。[6]

即使对早期历史有了一定了解，皮布尔斯显然仍然不知道阿尔弗和赫尔曼的具体预测，即宇宙将如下雨一般充满温度约为 5 开(绝对零度以上 5 度)的冷辐射。皮布尔斯不久后就会责怪自己"功课做得太差了"。[12] 在得知彭齐亚斯和威尔逊的发现之后,迪克安排皮布尔斯向引力小组提供关于这个主题的论文的理论部分,于是皮布尔斯从头开始完成自己的计算。无线电信号的轮廓暗示着大约 3 开的温度,他将这一结果与基于两种不同情况的估计值进行了比较:迪克的振荡宇宙模型和热大爆炸火球模型。那个时候,哈勃常数的计算已经更为精确了,这让他可以使用一个比较合理的数值,即大爆炸到现在经历了大约 100 亿年的时间。(我们现在知道宇宙的年龄约为 138 亿年。)迪克、皮布尔斯、罗尔、威尔金森的论文与彭齐亚斯、威尔逊的论文共同发表在 1965 年 5 月的《天体物理学杂志》(Astrophysical Journal)上,前者讲述了他们对宇宙微波背景辐射(cosmic microwave background radiation,CMBR)的分析和关于正在建造的普林斯顿辐射计的细节,后者讲述了他们的喇叭天线发现的噪声及其数据的细节。

各研究小组论文刚刚提交,《纽约时报》的著名科学记者沃尔特·沙利文(Walter Sullivan)就给彭齐亚斯打电话询问他们的发现。而此时,距离彭齐亚斯和威尔逊用喇叭天线首次探测到意外的噪声已经过去一年了。[8] 威尔逊知道文章会发表的,但他却几乎把它忘了。到了 5 月 21 日,当《纽约时报》头版霍姆德尔喇叭天线的图片上方出现了令人震惊的大标题——《信号暗示了一个"大爆炸"的宇宙》(Signals Imply a "Big Bang" Universe)时,[13] 其引发的轰动不亚于一场巨大的地震。威尔逊回忆起那个多事的早晨:"我父亲刚好来我家。第二天一早他起床后,走到药店买了一份《纽约时报》,头版上印着一张我们的天线的照片。[那时我们才知道]全世界都对它感兴趣。我最好去多学点宇宙学。"[8]

当然,一件事情一旦登上了《纽约时报》的头版,新闻就会传遍全世界。据说,当时身体已经每况愈下生命只剩最后一年的勒梅特也听说了这一发现。[4]不过,他显然没有就此发表任何公开声明。随着大爆炸的有力证据被发现,他年轻时提出的荒诞假设已经成为一门值得人们肃然起敬的科学。从那时起,该假设的属性及其带来的结果将受到严格的检验——包括在这之后几十年内人类将发射强大的仪器进入太空——而在他早些年提出这一概念时,这种检验几乎是不可能的。

第八章

不归路

> 我有一种奇怪的得意扬扬的感觉,我不明白为什么会有这种感觉。我仔细想想一天中在我身上发生的所有事情——我早餐吃了什么,天晓得——最后当我过马路的时候,脑海中突然闪过一个想法,我意识这是个很重要的想法,这是一个关键的特征,坍缩达到某个点后就将走向一条不归路,不需要任何类似对称性的假设。
> ——罗杰·彭罗斯(Roger Penrose),诺贝尔奖访谈

丹尼斯·西阿马是一位务实的科学家。10多年来,他一直在为稳恒态理论进行激烈的辩护,支持霍伊尔、戈尔德、邦迪与众多对手的斗争。但随后,面对彭齐亚斯和威尔逊的非凡发现——天空中均匀分布的无线电噪声,而这种噪声与一个有炽热开端的宇宙冷却下来的辐射相一致,西阿马却突然而坚定地转换了阵营。因此,他赞同主流科学界的结论,认可这些明确无误的证据坚定地支持了早期热宇宙的概念,并与稳恒态图景相矛盾。从那时起,西阿马加入了大多数同时代的行列,成为大爆炸的狂热支持者。后来他解释道:"在一定程度上这是我的天性,所以我曾经选择喜欢稳恒态理论,即使我们不知道它是不是真

的……我会非常激动的,尤其是如果对方的证据相当薄弱,就像我当时认为的那样。但后来对方的证据越来越多,于是我们都在不同时刻选择放弃了。"[1]

西阿马给迪克写了一封个人的"忏悔信":"你可能已经听说,我已经放弃了稳恒态理论,我穿上了宽松的布衣,抹上圣灰,现在的我比正统教派的更正统(尽管我认为这一阶段不会持续太久)。无论如何,你可以告诉皮布尔斯,我现在几乎完全相信多余的背景辐射是具有黑体光谱的。"[2]

西阿马的转变发生在现代宇宙学史上的一个关键时刻。关于早期宇宙,还有一个关键问题亟待解决。宇宙的理想模型——完美的均匀性和各向同性,宛如一颗完美无瑕的台球——始于一个奇点,一个无限密度的数学意义上的点。这是因为,如果你取一个固体球体,并将其均匀收缩(不脱落任何物质),它的半径会越来越小而质量保持不变。因此,它的密度——质量除以体积——将变成一个越来越大的值。这种收缩到极限情况下,半径为零,密度则膨胀到无穷大。如果我们在时间上逆转这种情况,那么你就可以去想象一个拥有质量和能量的完美的球。这表示,我们可观测的宇宙眼看会从奇点中出现并逐渐膨胀,直到变成现在的规模。但是,假如宇宙并不是绝对均匀的呢?这种想法一直持续到 20 世纪 60 年代中期,一切都要从头来过了。也许,许多科学家认为,任何不规则的行为都会破坏完美模型,以至于根本不会出现最初的奇点。

这就像有人在玩飞镖游戏,被告知不要瞄准靶心,因为如果所有的飞镖都准确地落在那一点上,它们会打出太大的洞。现实地说,就一个典型的飞镖运动员而言,这种情况永远不会发生。类比一下,整个宇宙如此规则,于是当时间回溯,所有的物质都会收缩到一个无限小的微粒,这种可能性有多大?人们认为,似乎不太可能。

霍伊尔和伽莫夫都不喜欢空间中存在奇点的想法。霍伊尔的宇宙因为是永恒的,从而不存在这个问题。伽莫夫的模型将一种简单的原始物质"伊伦"作为原始起点,而不是密度无穷大的点。正如前文所述,迪克也同样回避奇点。他反而更喜欢一个振荡的宇宙,辐射将一轮一轮地重复出现。

西阿马深刻地影响了两位聪明的研究人员——罗杰·彭罗斯和史蒂芬·霍金,他们开始研究广义相对论的基本问题,包括发展基于其工作原理的普通定理。与霍金不同,彭罗斯没有在西阿马的指导下完成他的博士研究。尽管如此,西阿马还是鼓励彭罗斯将注意力从数学转移到数学物理学。彭罗斯对西阿马的感激之情溢于言表,他在《通向实在之路》(*The Road to Reality*)一书中写道:"谨将我的书献给丹尼斯·西阿马,他向我展示了物理学是多么让人兴奋。"[3]

通过西阿马,迪克了解到彭罗斯和霍金完成了一项研究,在广义相对论中不可避免地会出现奇点。毫无疑问,迪克感到非常震惊,因为他看到这个结果对振荡宇宙的想法构成挑战。如果一个不可避免的奇点标志着时间必然有开端,那么所谓开端之前的周期就不可能了。

彭罗斯的工作与后来被称为"黑洞"的高度致密的物体有关,他因此获得了 2020 年诺贝尔物理学奖(与另外两名研究人员分享)。霍金将利用彭罗斯的研究结果,拨转时间方向,探究大爆炸的模型。他提出了一个绝妙的证明,无论宇宙多么不规则,宇宙大爆炸都一定是从奇点开始的。

最终的极限

黑洞代表了恒星核心 3 种可能的最终结局之一。第一个结局,一颗质量与太阳相当的恒星,在氢燃烧结束后,核心收缩,但它(外壳)会膨胀成红巨星。在某个时刻,当所有电子都达到最低能量状态时,一种被称为"不相容原理"的量子定律会阻止核心的进一步收缩。一旦恒星的外壳逐渐消散到太空中,其核心也会保持稳定,成为一颗炽热但暗淡的白矮星。

第二个结局是对于初始质量比太阳大得多、残余核心质量至少是1.4倍太阳质量的恒星(称为"钱德拉塞卡极限"),拥有更大的自身引力,将战胜电子的量子阻碍效应*,从而导致核心更快速、更剧烈地收缩。核心的灾难性内爆引发了外壳的突然爆炸,即所谓的超新星爆发。核心的电子与质子、中子相互碰撞,形成一种极度凝聚的形态,主要由中子组成,因此称为"中子星"。

彭罗斯在1965年的研究涉及第三个结局[最初罗伯特·奥本海默和他的学生哈特兰·斯奈德(Hartland Snyder)在1939年就已探索了],这种情况中恒星核心的质量非常大,以至于其自身引力足以战胜量子不相容(排斥)规则所产生的所有阻力。中子星中的中子会被挤压成无定形的浆状物。对于一个完全对称的情况而言(比如一个无裂纹的水晶球),这种坍缩将无限持续下去,直到核心的全部质量集中在一个密度无限大的中心点:一个数学上的奇点。但是,对于不完全对称的恒星,更现实的情况又如何呢?他们能避免这种可怕的命运吗?正如彭罗斯所证明的那样,无论其初始形状如何,只要恒星核心质量足够大,坍塌就会发展到奇点。这颗恒星将成为一个黑洞,之所以如此命名,是因为它的引力太强了,甚至连光都无法逃脱它的掌控。

霍金接受了彭罗斯关于奇点的研究,并将其应用于早期宇宙。他想象着时间上倒退回宇宙大爆炸,将宇宙的膨胀逆转过去,比拟于一个大质量恒星核心收缩成黑洞的过程。奇怪的是,他发现在某些情况下,

---

* 电子的量子阻碍效应是电子简并状态(因泡利不相容原理所产生),其表现也被称为电子简并压力,当恒星质量不超过钱德拉塞卡极限时,能抵抗恒星自身引力,阻碍其继续坍缩。——译者注

两者的行为基本相同。霍金确定,在广义上,大爆炸一定是从奇点开始的。意思是,在这个密度无限大的点之前,宇宙都不可能存在任何先前的化身,也不可能留下任何有关其性质的痕迹。因此,最简单的结论就是,空间和时间本身始于大爆炸。

当西阿马向迪克展示霍金的证明,即证明了大爆炸是一切的绝对起点时,迪克想知道是否存在某个例外条件可以允许宇宙出现振荡。随着霍金研究的进一步深入,包括他与乔治·埃利斯的合作,可能的漏洞被逐一排除。面对不可避免的初始奇点,迪克的振荡宇宙似乎也不再可行了。

1965 年 7 月,迪克和皮布尔斯飞往伦敦,参加帝国理工学院(Imperial College)关于广义相对论和引力的会议。霍伊尔也参加了那次会议。[4]

在这之前,迪克至少见过霍伊尔一次,那是 1961 年在意大利瓦伦纳的一所暑期学校,迪克对霍伊尔有着很高的评价。吉尔摩(C. P. Gilmore)在《大众科学》(*Popular Science*)杂志上发表了一篇关于彭齐亚斯和威尔逊的发现的文章,其中用严厉的言辞数落霍伊尔:"第一个获得关注的[与勒梅特所不同的模型],是由一位生性鲁莽、蓬头垢面、还有些自大的年轻英国数学家提出的,他叫弗雷德·霍伊尔。"[5] 对此迪克还专门为霍伊尔辩护。

针对这篇文章,迪克致信吉尔摩,"我觉得你对弗雷德·霍伊尔的描述真是太准确了[原文如此]。我认为他既不'傲慢'也不'自大',而是'富有想象力的'和'沉默寡言的'。"[6]

在伦敦的会议上,迪克、皮布尔斯和霍伊尔就宇宙微波背景辐射进行了简短、友好的非正式讨论。[7] 在那次讨论中,霍伊尔并没有表现质疑解释的迹象。他仍试图在自己的脑海中弄清楚这究竟意味着什么。和皮布尔斯一样,他专注于宇宙中氢是如何产生的问题。他那时已经意识到，普通的恒星演化过程不可能解释它的丰度。不管怎样，它一定是在他所熟悉的恒星以外的地方出现的。

煤矿小镇头顶的夜空

彭齐亚斯和威尔逊，以及迪克、皮布尔斯、威尔金森和罗尔的开创性论文面世之后，公众对大爆炸和稳恒态模型之争的兴趣——以及CMBR的发现所带来的对这场争论显而易见的解答——可以说达到了顶峰。宇宙是否有一个真实的开端，这种戏剧性的问题引起了那些对生与死这种最深层问题着迷的人的共鸣。宇宙往昔的一抹微光可以解开一切起源之谜，这种想法看上去绝对令人难以置信。

迪克收到了大量的演讲请求，希望他讲讲微波背景的发现和大爆炸。然而，他认为他的团队对这一方面的研究，理论的部分是皮布尔斯的，实验的部分是罗尔和威尔金森的。因此，他一般都会谢绝这样的演讲，建议让那些研究人员去做。

皮布尔斯回忆称："当时我作了很多场座谈会和研讨会。我不记得有人告诉我'鲍勃'·迪克推荐过我，但他肯定这么做过。他倾向于让团队中的一名年轻成员开启一个项目，并且或多或少地让他们独立去完成。依照这种做法延续到最后，自然而然地就是让他们自己来展示自己的成果。在我的记忆中，'鲍勃'也就是对他自己正在做的事情举行了学术讨论会，并系统地发表结果。"[8]

在向公众传达他们的结果时，迪克的团队在理论部分负责人皮布尔斯的指导下，采用了媒体青睐的术语"热大爆炸"（前文提到过这是由霍伊尔创造的）和"火球"（fireball）。勒梅特的"原始原子"和伽莫夫的"伊伦"（在他的圈子以外就从未流行过）基本上被搁置一旁了。"火球"一词与核弹试验有关，它对早期宇宙的描述提供了一种误导性的看法，将其描绘成一种太空中的爆炸,而实际应是空间本身的膨胀。核裁军专家林格(G. J. Ringer)注意到这一新含义,曾在1965年7月写信给迪克,对他使用这个词表示质疑。[9]迪克保证,在他的团队中,"火球"与炸弹无关。尽管认识到"热大爆炸"和"火球"的使用并不算完美,但迪克的团队——也许不愿意抵抗流行趋势——坚持使用这种能让人回味一番的术语。

有一个例子可以说明迪克团队的研究吸引公众的想象力到了什么程度,甚至是在意想不到的地方。他收到了来自宾夕法尼亚州煤矿区波茨维尔(Pottsville)的青少年乔治·波瑟林(George Pothering)的一封信。信中写道:"亲爱的迪基(Dickie)博士[原文如此],我是一名高中三年级的学生,正在准备今年的一个科学项目,我计划写一篇关于宇宙大爆炸理论的研究论文。我想知道你对这个理论的看法,以及它与其他理论的关系。"[10]

波瑟林现如今已经是南卡罗来纳州查尔斯顿学院(College of Charleston)计算机科学的教授,他回忆起这封信的背景时说:

> 自从我8岁第一次听说人造卫星发射起,就对太空竞赛、恒星、行星,以及整个宇宙的一切都充满了兴趣。当时为了一个科学展会的项目,我决定对宇宙的起源进行一些研究。我能使用的仅仅是我们当地图书馆里所能找到的东西,这并不多,因为波茨维尔当时是一个煤矿小镇,获取研究文献的机会有限,我就这样开始熟悉大爆炸理论与稳恒态理论。当我看到迪克教授的名字反复出现在我阅读的内容中,我决定给他写信,看看我能否从他那里学到更多。我怀疑他是否会回应一名高中生的请求,当他好心地把他的一篇论文寄给我时,我高兴极了。[11]

令人感到失望的是,尽管有了迪克的帮助,年轻的乔治仍然没有凭借他的宇宙大爆炸相关的项目获得科学展会的第一名。"唉,描述性的演示拼不过五颜六色的霉菌和细菌的培养皿。"[11]

尽管火球的说法在今天几乎没有被使用,但是大爆炸一词已留下不可磨灭的印迹,被广泛接受——既在科学论述中,也在媒体中——用于描述宇宙是如何开端的。没有人能够想出一个更好的术语。事实上,1993年,《天空和望远镜》(*Sky and Telescope*)杂志发起了一场征集竞赛,以寻求一个更合适的名字。尽管征集到 13 099 个条目,但却没有出现更棒的名称。

类星体与小爆炸

霍伊尔知道,大爆炸获得压倒性的支持,他无法继续捍卫最初的稳恒态理论,他试图提出一个解决方案,既能保留宇宙随着时间的推移依然保持大致相似这一根本思想,同时又能包含银河系射电源、氦元素丰度、微波背景辐射等相关新证据。在接下来的几十年里,出现了两种概念,它们将构成一种被称为"准稳恒态理论"(quasi-steady-state theory)的新概念的基础。第一种是"小爆炸"(little bangs)的概念:通过星系核,甚至是更大规模的天体系统(如星系团或超星系团)中的星系核的爆炸,将物质释放到太空中。这个想法是为了表现如何通过局部范围内产生宇宙中所有的氦,这样在整个时间跨度内宇宙的整体一致性得以保存。第二种概念是,在断言微波背景是一种宇宙学现象之前,科学家需要考虑更直接的、不那么引人注目的可能性。霍伊尔最终选择了这样一个想法——太空中充满了由石墨或铁制成的微小"宇宙针"或"宇宙须",它们能吸收星光,并以与彭齐亚斯和威尔逊发现的 3 开温度精确匹配的能量重新发射。到目前为止,大多数主流天文学界甚至没有在意霍伊尔的这项宇宙学研究,认为它已经走入歧途。

物理学家弗里曼·戴森——他自己也有一些特立独行的想法,是这样推测的:"我推测[霍伊尔]继续选择不相信宇宙大爆炸的证据,是因为他在情感上仍致力于稳恒态宇宙学。"[12]

威尔逊对霍伊尔作出了类似的评价:"他直到老死仍然认为自己可以挽救稳恒态。"[13]

霍伊尔不想随波逐流,不断反驳人们对其猜测的批评。萨拉·伯比奇(Sarah Burbidge)曾提到一件事:"在['杰夫'·伯比奇、纳利卡,]以及霍伊尔的一本书中,有一张照片,是一群鹅跟在一只领头鹅后面。"[14]

霍伊尔关于小爆炸的概念源于苏联天文学家维克托·阿姆巴楚米扬(Viktor Ambartsumian)在1958年索尔维会议(霍伊尔出席了那次会议)上所提出的关于星系中心的先见之明。阿姆巴楚米扬正确地提出,一些星系存在着"活跃的星系核",这意味着它们紧凑的中心区域会向空间释放大量的辐射。他推测,是这些核心中异常巨大但身份不明的天体导致了这种活动。今天我们知道,许多星系的中心存在着超大质量黑洞。

然而,阿姆巴楚米扬提出的活动星系核中这些大质量的中心天体释放能量的机制被证明并不完全正确。我们现在已经了解,这是因为超大质量黑洞吞噬附近的物质,这些被俘获的物质在坠入黑洞的引力阱时释放出大量辐射。阿姆巴楚米扬推测,相比之下,这些未知的巨大天体经历了剧烈爆炸,向空间抛射出物质和能量。天文学家认为这种能量就是射电辐射。

就在阿姆巴楚米扬提出这一想法的时候,天文学家们正在不断收集极高强度射电源的证据,比如在通常低光度的射电星中突然出现很亮的光芒。威尔逊的研究生导师、霍伊尔的朋友约翰·博尔顿是该领域的主要研究人员之一。另一位是马尔滕·施密特(Maarten

Schmidt),他在 1963 年使用帕洛马天文台的 200 英寸反射望远镜取得了重大突破,他发现了一个与某个强射电源相对应的可见天体。根据其光谱的红移,他确定这很可能是一个巨大的、极其遥远的天体。根据哈勃定律,它在大约 20 亿年前发出了辐射。他很快发现了更多类似天体,并将其称为"类恒星射电源"(quasi-stellar radio source)。今天,我们称它们为类星体(quasar),并将它们与存在于过去宇宙中的活跃星系核联系在一起。

1963 年 12 月在达拉斯(Dallas)举行的第一届得克萨斯州相对论天体物理学研讨会上,类星体成为主要议题之一。由于会议是约翰·肯尼迪总统遇刺几周后在同一座城市举行,因此与会者的情绪都很低落也是可以理解的。尽管如此,会议依旧非常成功。除了所有关于类星体的讨论之外,罗伊·克尔(Roy Kerr)还宣布了爱因斯坦广义相对论的一个重要解,它描述了一类旋转的黑洞。霍伊尔、戈尔德、福勒和伯比奇夫妇都出席了会议,在晚宴后的演讲中,戈尔德对霍伊尔在天体物理学领域作出的贡献表达了持久而热烈的敬意。[15]

年轻的研究员罗伯特·"鲍勃"(Bob)·瓦戈纳也参加了会议。他在康奈尔大学本科学习电气工程期间,就已经成为霍伊尔和戈尔德的忠实粉丝。瓦戈纳曾在康奈尔大学参加霍伊尔的信使讲坛(Messenger Lectures),这影响他转变专业方向,开始从事天体物理学。

瓦戈纳回忆起那次会议:"我很幸运能和我的博士论文导师伦纳德·希夫(Leonard Schiff)一起参加第一届得克萨斯州相对论天体物理学研讨会。这次研讨会是在肯尼迪总统遇刺 3 周后举行的,距离事发地只有几个街区。在会上听到了关于近期发现的最新见解,比如'类星体射电源'等,我感到非常兴奋。我记得罗伊·克尔讲了关于爱因斯坦场方程的'代数特解'(algebraically special solution)。从本质上讲,那会儿没有人相信这是对旋转黑洞的独特描述。"[16]

1964年,伽莫夫也对发现如此强大而遥远的射电源感到震惊,他为类星体写下了一首幽默诗:

> 一闪一闪类星体,
> 来自远方大谜题。
> 挂在天上最奇异,
> 堪比太阳几十亿。
> 一闪一闪类星体,
> 真想知道你秘密。[17]

1965年和1966年,霍伊尔开始将活动星系核视为以改良的形式挽救稳恒态的一种可能的方法。他设想了一种类似于阿姆巴楚米扬爆发的机制,星系中心的大质量中心物体如何通过小型撞击产生大量氦和其他物质并向太空释放。因此,可以想象,在宇宙的整个空间和时间里,并没有发生一次"大爆炸",而是发生了无数次"小爆炸"。不时发生这样的爆炸,导致了一个相对稳定的宇宙。

霍伊尔决定与福勒、瓦戈纳(当时是加州理工学院福勒的博士后研究人员)一起参与一个探索宇宙中轻元素产生的项目。1965年12月,瓦戈纳在迈阿密的一次会议上遇见皮布尔斯,他们围绕如何创造这些元素这一话题进行了友好的交流。[7]皮布尔斯很快发表了几篇开创性的论文,详细介绍了氦是如何在炽热的原始火球中产生的。瓦戈纳、福勒和霍伊尔对所有轻元素(及其同位素)是如何形成的进行了系统研究,并将他们的结果与这些元素在太空中被观测到的丰度相对照。

对于这个联合项目——也许是一种战术性策略,也许是因为他仍在努力对紧急出现的事态澄清自己的立场——霍伊尔选择有条件地支持大爆炸产生氦元素的想法,同时保留了可能是小爆炸产生氦的选项。

因此，瓦戈纳、福勒和霍伊尔于 1967 年 4 月发表的开创性论文《论超高温下元素的合成》(On the Synthesis of Elements at Very High Temperatures)的主旨涉及了大爆炸中的元素产生，其次讨论了大质量恒星在星系中心可能的作用。

瓦戈纳后来指出：

> 弗雷德发表这篇论文的主要动机受到了苏联天文学家阿姆巴楚米扬关于星系核发生爆炸的说法的影响。弗雷德假设这些爆炸是由大质量恒星造成的，他称之为小爆炸。这就是为什么我们扩大了重子光子比的范围，以适用于这些天体所对应的更高的值。他需要这些天体来创造出稳恒态宇宙中最轻的元素。
>
> 在我看来，我们论文最重要的结果是表明，那些不能用其他方式制造的元素（氢、氢-2、氦-3、氦-4、锂-7）可以在早期宇宙中被制造出来。（锂-6、铍-9、硼-10、硼-11 可以通过宇宙线与星际气体的相互作用产生，所有较重的元素都可以通过恒星制造。）[16]

虽然许多天文学家发现这篇由 3 位作者联名撰写的论文极具影响力，但他们几乎只关注其对大爆炸的预测。[18] 皮布尔斯——也许表达了主流学术圈的普遍情绪——并不太看好这个小爆炸的想法。他说："他们提出在星系中小爆炸的场景。我更愿把它形容为绝望的论点。"[19]

尽管霍伊尔从未公开表示过这一点，但他显然打心眼里希望看到如今大红大紫的大爆炸理论遭受失败。霍伊尔在稳恒态上投入了那么多的时间和精力，它甚至成了自豪感的主要来源。他永远无法理解为什么天文界这么快就抛弃了它。稳恒态理论没有关于时间如何开始的哲学包袱——他认为这是大爆炸的一个主要缺陷。只有当所有更简单的方案都已用尽，奥卡姆剃刀（Occam's razor）才会剃掉牵强的解决方案。因此，霍伊尔认为，天文学家必须排除产生大量氦出现及微波背景辐射的所有可能的解释，然后才能得出（在他看来）整个宇宙存在开端的极端结论。对他来说，小爆炸代表了一种合理的妥协——特别是考虑到在宇宙中发现了类星体这种超高能现象。

斯里兰卡物理学家和天体生物学家钱德拉·维克拉马辛格（Chandra Wickramasinghe）于1960年在霍伊尔的指导下完成了星际石墨颗粒的博士学位，他不明白为什么宇宙学家仍然如此坚决地反对稳恒态假说，即使针对修订后的形式也不依不饶："我在20世纪60年代目睹的是那种诋毁稳恒态宇宙学的贪得无厌的欲望，手中掌握的通常又是最薄弱的证据，这点让我感到困惑。我不得不认为，造成这种情况的原因有着深厚的文化基础。在不对这场大辩论双方的细节作深入讨论的情况下，仅就我自己的文化偏好而言是倾向于某种稳恒态宇宙的。这种宇宙观与印度次大陆普遍存在的哲学世界观是一致的，尤其是与斯里兰卡盛行的佛教传统相一致。"[20]

伽莫夫的最后追求

在绝大多数科学界人士和公众转而相信大爆炸后，霍伊尔已经很难继续对他的宇宙学思想葆有兴趣。而伽莫夫则面临迥然不同且被迫接受的困境：与阿尔弗和赫尔曼共享"严谨描述宇宙大爆炸概念的第一人"的殊荣。在关于宇宙微波背景辐射的主流新闻报道中，作为团队的领导者，接受采访的主要是彭齐亚斯和迪克。迪克引力小组的文章引用了伽莫夫、阿尔弗和赫尔曼的部分相关论文。伽莫夫认为，在这些论文中,对宇宙背景辐射进行了充分的预测,给出了可能的温度范围。

在1965年9月29日的一封信中,伽莫夫向彭齐亚斯发送了一份简要清单,包含了他、阿尔弗和赫尔曼在各种论文中对温度所做的预测,有的是单一作者,有的是合著。他想确保彭齐亚斯有一个准确的记录。伽莫夫在信的结尾抨击了迪克:"因此,你可以看到,世界并不是从全能的迪克开始的。"[21]

至少有那么一段时间,伽莫夫仍然对迪克感到失望。正如皮布尔斯回忆的那样:"他确实给我们写了信,事实上,其中一些是尖刻的。'你们为什么不能更多地承认我在热大爆炸理论中所作的贡献呢?'"[19]

阿尔弗回忆到,当伽莫夫无意中投票支持迪克当选美国国家科学院(National Academy of Science,NAS)院士时,他很不开心。他误以为被提名的人是约翰斯·霍普金斯大学的光谱学家格哈德·迪克(Gerhard H. Diecke)。[22] 1967年5月,迪克被授予NAS院士。

然而,大量的信件是阿尔弗和赫尔曼写的——而且延续到伽莫夫去世后。阿尔弗说:"这些年来,有一大堆不愉快的事情,从1965年到现在……我有一个文件箱,里面装满了我们多年来所写的信,我们犹豫了很久才对别人提起这一话题。我仍然不记得是什么引发的。我们为什么写第一封信?也许只不过是伽莫夫推了我们一把。"[22]

有几封伽莫夫的亲笔信是在医院里写的。不幸的是,在他生命的最后几年,他已不再是那个划着皮划艇穿越黑海、骑着摩托车穿越欧洲的魁梧青年;他的健康状况很差。酗酒,加上连续抽烟,以及其他不太明智的行为,对他的健康造成了巨大的损伤。

伽莫夫的儿子伊戈尔说:"他过度肥胖。他的动脉硬化了。他的耳朵嗡嗡作响。血液也不太好。在父亲去世的两年前,被送到了科罗拉多斯普林斯(Colorado Springs)的一家医院。他不再饮酒,而是拿着一杯冰水四处走动。"[23]

伽莫夫在1966年或1967年初住在疗养院中,这是他同意的,因为当时他喝醉了,开车时发生了车祸。这段惨痛的经历让他意识到,他需要采取必要的举措来扭转自己的生活。他决心更加重视自己的健康。

1967年1月,伽莫夫决定参加第三届得克萨斯州相对论天体物理学研讨会,他认为通过这种方式可以安全地重返天体物理学和宇宙学领域。奇怪的是,与前两届[在达拉斯和奥斯汀(Austin)举行]不同,第三届根本不在得州举行,而是在纽约——具体地说是纽约客酒店,是与戈达德太空研究所(Goddard Institute for Space Studies)联合举办的。

对伽莫夫的复出而言,这是一个热闹的场面。来自22个不同国家600多名物理学家出席了会议。其中比较知名的与会者包括彭齐亚斯、威尔逊、皮布尔斯、瓦戈纳、桑德奇、萨尔皮特、惠勒、戈尔德和伯比奇夫妇,等等。

类星体和黑洞的奥秘一直萦绕在研究人员的脑海中。皮布尔斯和瓦戈纳分别详细介绍了他们的轻元素核合成的计算。宇宙微波背景辐射的再度测量是另一个焦点。由于会议规模很大,安排了多个分会场,与会者注意到会议气氛显得很随意。

伽莫夫主持了一场半天的会议。但正是在两次会议间隙,一群人随意地聚集在他周围,他表达了自己对重新发现他的大爆炸核合成模型以及对宇宙辐射预测的观点。他的评论是,就好像他"丢了一便士",彭齐亚斯和威尔逊"捡了一便士"。伽莫夫发问:"这就是我那个便士吗?"[24]

那一年,伽莫夫还与阿尔弗和赫尔曼共同发表了多年来的第一篇宇宙学联合论文《热宇宙辐射与原星系的形成》(Thermal Cosmic Radiation and the Formation of Protogalaxies),推测了新星系是如何形成的,同时重申了他们对宇宙微波背景辐射的主张。此外,他还为纪

乔治·伽莫夫,卧病在医院。图片来源:AIP Emilio Segrè 视觉档案馆,《今日物理学》收藏。

念泰勒 60 岁生日而创作了一本书。最后,在妻子芭芭拉的鼓励下,他决定撰写回忆录,从 20 世纪 30 年代从苏联前往美国开始写起。在芭芭拉的细心监督和精心编辑下,这本书最终在伽莫夫去世后出版,并起了一个好听的名称《我的世界线》。当被问及他的晚年(20 世纪 40 年代至 60 年代)时,伽莫夫有时会这么告诉人们:"我没有经历过什么有趣的事情。"[23]

伽莫夫的最后一个研究项目是重新审视狄拉克的大数假说,对包括引力常数在内的基本常数的变化进行预测。这为他提供了一个赶上老朋友并通过邮件进行讨论的机会。不幸的是,在 1967 年秋季至 1968 年夏季的那段时间里,他经常因医疗问题而无法工作,尤其从 1967 年秋季的心脏搭桥手术开始。那年冬天,伽莫夫的肝脏开始衰竭,这意味着他常常在医院里一住就是几天或几周。考虑到他反复住院的情况，他执行这个项目的毅力可谓惊人。

1967年12月2日，已经在圣约瑟夫医院住院两个星期的伽莫夫给阿尔弗写信，同时解释了他的医学诊断结果，以及他对狄拉克理论的新的热情。[25]他抱怨说，由于得了肝炎，他的脸色变得蜡黄。不过他还强调，尽管身体不适，但他仍然觉得自己有动力完成一篇关于该主题的文章。

狄拉克十分热心，他对伽莫夫的身体状况表示同情。有一次，当伽莫夫住院时，狄拉克给他寄了一张类似于给小孩子的祝福卡片，上面有一只打扮成医生的老虎。目前尚不清楚狄拉克是在开玩笑呢，还是真的认为给一个60多岁、病情危重的人发一张充满童趣的卡片是合适的。

迪克和伽莫夫最终在那个时候和解了，因为他们对变化的常数的想法有着相同的兴趣。伽莫夫似乎也原谅了迪克对他的工作的忽视。而反过来，迪克也急于将话题从原本也只有一点点兴趣的宇宙微波背景辐射转到他的另一种宇宙学思想上。

伽莫夫还开始与弗里曼·戴森就同一主题进行交流。戴森回忆道："我认识乔治·伽莫夫时已经是他生命的尽头了。当时我们对自然常数可能变化的问题有着共同的兴趣。他提出了一些重要的问题，但是大自然对此给出了否定的答案。他总是尊重自然的决定，在这点上不同于霍伊尔，霍伊尔会让自己对美好想法的忠诚凌驾于证据之上。"[12]

伽莫夫给狄拉克的最后一封信，日期是1968年8月17日。伽莫夫告诉狄拉克，他已经得出结论，引力常数终究不会随时间变化。他写道：

尊敬的狄拉克：
　　恐怕你不会喜欢这个结论。如果事实明确地表明引力常

数 G 不会随着时间的推移而改变,大概你会接受的吧。但是下一步该怎么办呢?

你永远的朋友
乔治·伽莫夫[26]

位于科罗拉多州博尔德市的乔治·伽莫夫与芭芭拉·伽莫夫之墓。图片来源:保罗·哈尔彭拍摄。

很快狄拉克就回了信,为常数会变化的观点和大数假说进行辩护。但为时已晚。他的朋友,给他带来如此多快乐的朋友,却永远离开了。

1968年8月19日,乔治·伽莫夫的"世界线"——连接了敖德萨、圣彼得堡、哥本哈根、剑桥、华盛顿、博尔德和其他地方的蜿蜒前行的旅程——走到了尽头。他被安葬在博尔德的青山公墓(Green Mountain Cemetery),得到了特殊的纪念——一个大理石长椅(可以被解释为形如希腊字母和数学符号 π)和一座简单的墓碑。

随后,伽莫夫受到了乔治华盛顿大学和科罗拉多大学(他的儿子伊戈尔曾在此担任微生物学教授)的表彰,这是他大部分学术生涯所在的两所大学。1972年,伽莫夫在科罗拉多大学的同事们为他制作一本纪念文集,邀请了来自世界各地的杰出人物撰文,包括狄拉克、泰勒、斯塔尼斯拉夫·乌拉姆(Stanislaw Ulam)、莱昂·罗森菲尔德(Leon Rosenfeld)、阿诺·彭齐亚斯等。霍伊尔和纳利卡贡献了一篇题为《物理学和宇宙学中的共形不变性》(Conformal Invariance in Physics and Cosmology)的文章。奇怪的是,这篇文章根本没有提到伽莫夫,甚至也没有提及他的任何作品,这本文集中其他许多文章也是如此。[27]文章关注的反而是一组新的引力方程,它们的数学性质与爱因斯坦的广义相对论有所不同。这一忽视可能不是故意轻视伽莫夫,很可能是两位作者将这本文集视为发表他们现有工作的机会,而没有将其性质理解

乔治·华盛顿大学纪念乔治·伽莫夫的牌匾。图片来源:保罗·哈尔彭拍摄。

为向伽莫夫致敬。

2000年4月,乔治·华盛顿大学委托制作了一块纪念伽莫夫的牌匾,将其放置在伽莫夫的办公室所在的萨姆森大厅前。这是为了表彰他在宇宙大爆炸理论、核物理和大众传播方面的工作,包括知名的汤普金斯先生系列作品。恰如其分的是,这块匾额靠近纪念玻尔(在1939年第五次华盛顿会议上宣布了欧洲实现核裂变的消息)和泰勒的牌匾。

伽莫夫去世后,阿尔弗(在某种程度上说还有赫尔曼)继续为他们核合成方面的工作手执火炬。2005年,阿尔弗被授予美国国家科学奖章(National Medal of Science),这是一个姗姗来迟却当之无愧的表彰:"表彰其在核合成领域做了前所未有的工作、预测宇宙膨胀会留下背景辐射,以及为大爆炸理论提供了模型。"[28] 2007年阿尔弗去世。

事实上,一旦一个小的研究领域成为一个帝国,有时它的历史就会迷失。到伽莫夫去世的时候,以宇宙大爆炸为基础发展起来的宇宙学已经成为一项蓬勃发展的学术事业,世界各地的物理系和天文系以及众多天文台参与其中。难怪阿尔弗感到自己被排挤了。

霍伊尔晚年被排斥在外的原因则完全不同。很多人接受大爆炸的观点,仅仅是因为人们一边倒地支持该理论,他对此极为憎恶。为了巩固自己的地位,他在剑桥创立了理论天文学研究所。但是,最终这也将从他的手中溜走,再往后他真的就要单干了——他已经站立在主流科学的边缘。

第九章

边缘生活

弗雷德离开剑桥,是一件非常悲伤的事情。他强烈支持英国参与英澳望远镜(Anglo-Australian Telescope,AAT),为此他与赖尔等射电天文学家发生争执。在这场斗争中,他失去了——或者说放弃了理论天文学研究所(Institute of Theoretical Astronomy,IOTA)主管的职位,随后便自我放逐。我们["得克萨斯黑手党"、弗雷德和其他许多人]在剑桥划船,举办最后一次派对。我记得当时我弹的吉他还是"阿迪"·福勒("Ardie" Fowler)*租来的。

——"斯坦"·伍斯利("Stan" Woosley)**

我个人认为,他彻底离开剑桥,从此一直留在加州理工学院工作的话,一定会做得更好的,但是我母亲拒绝去美国生活。这是个巨大的遗憾,因为我相信,正是这个情况造成了世界上缺少了我父亲晚年的科学研究。湖区的山顶恐怕并不是做出卓越科学研究的

---

* 即后文中的阿狄安·"阿迪"·福勒。——译者注
** 即后文中的斯坦福·E."斯坦"·伍斯利。——译者注

理想场所。

——伊丽莎白·珍妮·霍伊尔·巴特勒

剑桥大学的天文学有着悠久而复杂的历史，霍伊尔深知这一点。在他职业生涯早期的大部分时间里，他是剑桥数学学院（实际上分散在各个学院里）应用数学和理论物理团队中孤独的天体物理学家之一。1959年，该团队被重组为应用数学与理论物理系（Department of Applied Mathematics and Theoretical Physics，DAMTP）。这其中，比较知名的人物还有西阿马、狄拉克，以及后来的霍金。

剑桥天文台则是独立于该部门存在的，爱丁顿从1914年起担任该天文台台长，直到1944年去世。另一位著名的台长是约翰·柯西·亚当斯（John Couch Adams），也就是19世纪两位正确预测了海王星存在的天文学家之一［另一位是法国天文学家于尔班·勒威耶（Urbain Le Verrier）］。

二战结束后，剑桥大学又成立了一个与天体物理学相关的单位：卡文迪什实验室射电天文学小组。在那里，马丁·赖尔有着至高无上的统治地位，那些与他意见相左的人被排除在外。

最后，与该组织有联系的是1957年建成的马拉德射电天文台（Mullard Radio Astronomy Observatory），位于剑桥以西几英里的洛德桥（Lord's Bridge）。赖尔深度参与了该天文台的规划，部分资金来自电子制造商麦拉迪有限公司（Mullard Limited）。在那里，赖尔建造了4C射电望远镜阵列，用它收集了大量射电源数据，促使他1961年断言观测结果与稳恒态理论相矛盾。

到了20世纪60年代中期，由于剑桥天体物理学和宇宙学界的许多人要么看不惯霍伊尔（比如赖尔），要么支持大爆炸（比如西阿马和霍金），霍伊尔开始感觉受到了排挤。他无法获得继续研究所需的计算资源。跟随戈尔德和伯比奇夫妇的脚步永久移居美国又不是一项行得通的选择,因为芭芭拉强烈希望留在英国。因此,他投入了大量精力来规划和寻求资金,谋求一个能够以开放的方式讨论理论天体物理学及其相关主题的空间。

霍伊尔学院的兴衰

关于在剑桥建立一个新的天文学研究中心的谈判持续了好几年。在讨论地点、资金、人员配置等细节的间隙,霍伊尔将他的不耐烦转化为一个非常健康的愿望:攀登苏格兰境内所有海拔超过3 000英尺的山脉,总数将近300座。从20世纪60年代末至70年代初,他有过多次夏季苏格兰高地之旅,"威利"·福勒和他的妻子阿狄安·"阿迪"·福勒(Ardiane "Ardie" Fowler),还有福勒在莱斯大学的杰出学生唐纳德·"唐"·克莱顿教授经常加入霍伊尔的行动中。

克莱顿曾解释过:"20世纪50年代末,我在加州理工学院作为福勒的研究生加入了这场理论之战,渐渐地成为霍伊尔的亲密朋友。"[1]

在徒步旅行中,霍伊尔找到了宁静,能够做他想要的思考。他经常带着一个笔记本——特别指出,是一种叫作"便笺簿"的便携式笔记本——以及铅笔来记录他的想法。这是他对一些事情或计算产生许多想法的原因。[2]

霍伊尔在其职业生涯的这段时间,还开始了另一个有趣的项目。他为美国音乐家利奥·斯密特创作的两首不同的作品填了词(歌唱对白)。斯密特是著名的苏联作曲家德米特里·卡巴列夫斯基(Dmitri Kabalevsky)的弟子。斯密特还与伊戈尔·斯特拉文斯基有过交往,诠释过阿隆·科普兰(Aaron Copland)的作品,这两位都是20世纪著名的作曲家。1953年霍伊尔在纽约见过斯密特,两人一拍即合,一直保持着联系。斯密特曾形容霍伊尔拥有"超越许多专业音乐家能力和理解的音乐意识"。[3]

到20世纪60年代中期,他们开始了一场音乐与科学的对话。1965年,斯密特为庆祝霍伊尔50岁生日创作了一首小曲。1966年,霍伊尔出版了他广受好评的科幻小说《10月1日迟到了》(October the First Is Too Late)之后,斯密特为书中所描述的音乐举办了独奏会。他还在一部关于波兰天文学家尼古拉斯·哥白尼的清唱剧中,将霍伊尔的叙述融入音乐。1969年,他们合作的三幕漫画歌剧《爱的炼金术还是魔鬼仆人的报应》(The Alchemy of Love, the Daemon Servant's Retribution)在纽约首演。

就在这部音乐剧首演的时候,霍伊尔在官僚斗争中已赢得了回报。1967年,IOTA的盛大开幕实现了他长期以来的梦想。霍伊尔很快将其作为跨大西洋研究的基地——串联起与他有关的两所美国大学:加州理工大学,那里有福勒;莱斯大学,那里有克莱顿。伯比奇夫妇也经常访问剑桥大学,他们有着长期的联系。

福勒和克莱顿都在剑桥度过了相当长的时间,尤其是在夏天(所以才有徒步旅行)。克莱顿每年夏天都会邀请他的学生、莱斯大学的研究员、得克萨斯州其他地区的天体物理学家来到剑桥加入他们的行列,这个组织被戏称为"莱斯黑手党"或"得克萨斯黑手党"。

克莱顿曾描述过这个绰号是如何产生的:"每年夏天,莱斯大学的研究生都会来到剑桥。霍伊尔为他们提供了办公空间和电脑访问权限。其他研究人员和学生就开始传言,'莱斯黑手党来了。'这个绰号一直沿用至今。莱斯黑手党并没有险恶的色彩,但我们确实在那期间占据了学校空间和电脑时间。我们的研究出版物(莱斯大学与IOTA联合)数量众多,马丁·里斯(Martin Rees)称之为'剑桥核合成的黄金五年'"。[1]

"莱斯黑手党"的成员之一、克莱顿的学生、天体物理学家斯坦福·E."斯坦"·伍斯利(Stanford E. "Stan" Woosley),他记得这个团体的温暖友谊和同志情谊,他们有过好几次在富有成效的研究后去酒吧聊天、放松的经历。[4]另一位访客是瓦戈纳,他在IOTA度过了两个夏天,被霍伊尔的活力和创造力激励。他很高兴能使用研究所大楼里的IBM 360-44大型机,这为他提供了完成核合成计算所需的算力。霍伊尔几次邀请他到家里看板球比赛电视直播,喝上几杯马提尼。[5]

　　霍伊尔自己研究的天体物理学方向转到了类星体身上,他把类星体视为向宇宙注入新物质和能量的神秘天体。他仍然希望与活跃星系核相关的类星体能为轻元素产生问题提供解决方案。如果是这样的话,小爆炸就可能是一个明智的选择,可以替代原初热火球的概念,因为他始终觉得那东西在哲学上令人生厌。尽管与他人合著了几篇论文,描述了宇宙大爆炸是如何产生氦(和一部分锂)的,但宇宙会老化的问题仍然困扰着他。

　　然而,基于活动星系核中产生元素的过程所形成的永恒的、不老的宇宙,依然存在着一个巨大的问题。所有类星体都有着很大的红移,这意味着它们的这种动荡的现象发生在遥远的、过去的宇宙(数十亿年前),而不是现在。今天的宇宙和当时的宇宙之间的差异强烈地暗示星系经历过演化过程,随着时间的推移,它们会逐渐平静下来。举个例子说,银河系的大质量核心不再向太空喷出大量强烈的高能辐射(要不然我们可能已经被炸碎了),但也许在数十亿年前,它还是活跃的。

　　有争议的一项研究是霍伊尔与"杰夫"·伯比奇合作,试图找到不涉及哈勃膨胀(Hubble expansion)的针对类星体高红移的替代解释。例如,这种大质量高能物体的巨大引力会通过一个物理过程将光线扭曲吗?这个过程最初由爱因斯坦提出,后来得到证实,被称为"引力红移"(gravitational redshift)。如果类星体的大部分红移是引力效应引起,而不是宇宙膨胀效应,那就意味着它们不会很快离开我们。哈勃的观测表明,缓慢移动的星系(指退行速度)比快速移动的星系距离我们更近。按此想法,这会使类星体的距离比想象的要近得多,时间也比想象的近许多。因此,霍伊尔和伯比奇认为,类星体不是一种演化的结果,而是宇宙不断自我更新的一部分。

到了20世纪70年代初,更多平淡无奇的事情分散了霍伊尔的研究注意力。他参与了在澳大利亚规划新的英澳望远镜的工作,这导致大量的差旅。但更艰巨的任务,是对付他所在机构的官僚作风。剑桥大学的管理层不喜欢把天文学分成这么多小组。由于卢瑟福的遗产和赖尔射电天文学团队的巨大生产力,卡文迪什实验室仍然是剑桥的圣地,但管理人员提出将剑桥天文学的其余部分重组为一个机构的建议。也就是说,霍伊尔的IOTA将与天文台合并,成立一个涵盖整个天文学领域的天文学研究所,包括理论与观测。尽管霍伊尔喜欢IOTA的独立性,但他决定与一个大学委员会(有赖尔和他的一些盟友)合作,帮助开展规划与合并,包括雇佣新的教员和一名主任。这些事务变得越来越混乱,霍伊尔觉得自己的意见被推到了一旁。剑桥天文学家和科学史学家西蒙·米顿(Simon Mitton)曾与赖尔和霍伊尔共事,他目睹了这一过程,他注意到霍伊尔越来越相信有反对他的阴谋。[6]

当委员会的大多数成员反对霍伊尔的意见,选择理论天体物理学家唐纳德·林登贝尔(Donald Lynden-Bell)担任联合天文研究所的首任所长时,霍伊尔被激怒了。他的异议与林登贝尔本人没有什么关系,他挺喜欢林登贝尔的,而且林登贝尔将来也会证明自己非常有能力。林登贝尔的开创性研究表明,含有超大质量黑洞的活跃星系核是如何通过引力抢夺附近的物质,从而为类星体提供动力的,而这正和霍伊尔的兴趣点密切相关。但霍伊尔有他个人的考虑。因为做出任命决定时,霍伊尔已经 56 岁了,距离 67 岁的标准退休年龄也不远了。他非常希望在剑桥大学度过最后几年,并且不受阻碍地工作,从而塑造剑桥天文学项目的未来,这意味着最好有一个忠诚的盟友,或者索性由他自己担任所长。他决定划出一条底线。要么任命他为天文研究所所长,而不是林登贝尔,要么他从剑桥大学辞职。

1972 年 2 月 14 日,霍伊尔写了一封辞职信,递送给剑桥大学副校长。由于林登贝尔的任命,他将于 1973 年 7 月 31 日辞去普卢米安教授(Plumian Professor)的职务,这是一个备受尊敬的教授职位。[7]

这一举动使得大学管理层陷入困境。让霍伊尔离开将是一件尴尬的事,但让他在重新组建的天文研究所担任所长直至规定的退休年龄,也只有短短几年而已,这也将是一个障碍。任命林登贝尔的工作继续推进,而他们对这封辞职信保持了数月的沉默。与此同时,霍伊尔试探其他大学是否会为他提供一个职位。事实上,维护着著名的焦德雷尔班克射电天文台(Jodrell Bank Observatory)的曼彻斯特大学很快就任命他为物理学和天文学名誉研究教授。随后,第二项荣誉任命来自威尔士(Wales)的卡迪夫大学(Cardiff University)工作的钱德拉·威克拉马辛格。1972 年晚些时候,伊丽莎白女王授予他爵士头衔(称他为"弗雷德爵士"),这一荣誉算是为他在那段黯淡的时期提供了久旱逢甘霖般的欢乐和认可。

在霍伊尔的内心,始终藏着一个年轻的声音,唤起他在莫宁顿路小学被欺负受虐待的恐怖记忆,尽管这件事发生在 50 年前。当时,他沿着宾利地区的小巷蜿蜒而行,在大自然中找到了些许慰藉。这一次,他和芭芭拉搬到了一个更为偏远的地区,英格兰湖区。1973 年初,他们在那儿定居。

顿悟时刻

在互联网出现之前的岁月中,地理位置对于科学研究很重要。实验者需要进入实验室,像伽莫夫、霍伊尔这样的理论家需要进入图书馆、研究中心,也许还能借助计算机。理想情况下,他们将参加一系列研讨会,从而跟上该领域的步伐。离得比较远的研究人员,主要选择电话和邮政通信(除非他们有大量的差旅预算),但跟进最新信息的效率要低得多。当一位遥远的理论家收到邮件中投寄的期刊,并开始在新成果的基础上制定新的方法时,那些在一所拥有丰富藏书的图书馆的大学里的研究人员早就领先一大步了。

当伽莫夫在他生命的最后10年搬到位于落基山脉的科罗拉多州博尔德时,这意味着牺牲了前往华盛顿特区的大学和研究中心的便利条件,也牺牲了能相对快速前往东海岸众多学术机构的公路和火车等便捷的交通。不可否认,科罗拉多大学是一个重要的机构,伽莫夫充分利用了学校的资源。然而,他已经放弃了与约翰斯·霍普金斯大学应用物理实验室、华盛顿卡内基研究所以及其他曾与他合作过的中心的联系,这使他相对孤立。他换来的是美丽的景色和开阔的空间。作为一个自我驱动的物理学家,他喜欢走自己的路,他似乎并不后悔这一举动。然而,再加上他的健康问题也是明摆的事实,这让他最后几年在科学界更加边缘化。

(相比于旅行)霍伊尔的搬迁涉及的里程数要少得多,但却是一个更激进的举动。他没有把自己再次安置在另一座城市或大学城,而是在科克利沼地(Cockley Moor)买了一座有200年历史的农舍。科克利沼地是一个几乎位于赫尔韦林山(Helvellyn)北坡半山腰的荒野地区,赫尔韦林山是湖区和整个英格兰最高的山之一。需要沿着陡峭蜿蜒的道路步行或开车，才能到达最近的村庄多克雷（Dockray）。再往下，会经过风景优美的瀑布，沿着另一条蜿蜒的道路通向阿尔斯沃特湖（Ullswater），那是一个原始的湖泊。它曾经是（现在仍然是）一个非常棒的观星地，但对于理论天体物理学的工作来说就不那么重要了。

事实上，这座山最为人所知的并不是科学家，而是19世纪早期好几位浪漫主义诗人的住处，塞缪尔·泰勒·柯勒律治（Samuel Taylor Coleridge）和威廉·华兹华斯（William Wordsworth）等。与他们同时代的年轻人约翰·济慈（John Keats）在他的十四行诗《致海登（二）》（Addressed to the Same）中将这里描述为灵魂聚会的地方：

> 几个伟大的灵魂寄寓在大地上；
> 一个属于云彩，湖泊，急湍，
> 精神抖擞，在赫尔韦林山巅，
> 从天使的翅膀取得常新的力量。*

霍伊尔搬到了如此偏远的地区，以一种戏剧性和坚决的方式切断了与主流科学界的联系。独立的创造力——包括给他很多时间思考科学深层问题的严酷的登山活动——是他的首要任务。他不再需要在某个委员会任职，也不再需要处理繁文缛节。任何合作都是完全自愿的，只涉及他信任的、最亲密的朋友。简而言之，他将属于自己。

但是，此举的不利影响很快就显现出来。他在天体物理学方面的重要贡献，包括与克莱顿等新秀的合作都在逐渐减少。同时，他对更广泛的科学范畴的问题表达自己的直觉，然而在某些情况下，他对这些领

---

* 这里使用屠岸先生翻译的版本。——译者注

域几乎没有专业知识,例如进化生物学。他的想法来自不断缩小的朋友圈和从前的学生。

1973年,约克郡电视台一部重点讲述理查德·费曼的研究和哲学的纪录片《从另一个角度看世界》(*Take the World from Another Point of View*)中特别提到了霍伊尔当时的态度。费曼刚好来到西约克郡的里彭登(Ripponden),这是位于南奔宁山脉(South Pennines)中的一座风景如画的村子,他的第三任妻子格温尼思(Gweneth)就在那里出生,至今那儿仍有亲戚。约克郡电视台借此机会采访了他。作为一名著名的约克郡人,霍伊尔也被邀请加入费曼纪录片的录制。他们一起穿过村庄,在一家历史悠久的酒吧老桥酒馆(Old Bridge Inn)停了下来,在那里他们聊起了科学。

其中有一个片段,费曼将霍伊尔的投机态度与他自己的谨慎态度进行了比较。他承认自己通常害怕对自然进行猜测,因为每当有一个想法,他经常要设想许多备选方案。万一他错了怎么办?他指出,相比之下,霍伊尔似乎很乐于对世界进行猜测。

霍伊尔的回答很有说服力。他说:"我的选择很简单。我并不要求答案是正确的,那正是我感兴趣的地方。这就是区别。"

在解释自己的风格时,费曼回答道:"这就是区别。我不是想弄清楚自然可能是怎样,而是想弄清楚大自然到底是怎样。看看什么才是正确的……而你的想法是指出自然可能是什么。"

"不,不——我觉得我的思考很有趣。"霍伊尔说。

"即使是错的咯?"费曼问道。[8]

霍伊尔没有回答。然而,在这种交流中,人们可能会认为他对稳恒态宇宙学变体的持续支持是因为他觉得有趣而并非必须追求正确。即使大爆炸是一个更具可能的解释,但对弗雷德·霍伊尔来说,坚持另一个合理的解释似乎更引人入胜。也就是说,他宁愿走一条引人入胜的至少有一些机会正确的研究道路,也不愿选择一个正确的可能性更高却略显无聊的想法。

在随后的对话中,两人谈到了"顿悟时刻":在科学取得突破时究竟发生了什么。霍伊尔在描述这段经历时,很可能是在思考他对碳-12激发态的非凡发现:"你做了各种各样的尝试,你对此充满希望——当你沉浸在一个复杂问题时,突然脑海中就出现了一种想法,在那一个瞬间,你几乎可以肯定自己一定是正确的……然后你会想,为什么我会这么愚蠢,之前怎么没有看到这一点。"

还会有更多这样的顿悟时刻到来吗?59岁的霍伊尔表示不知道。但他相信,在一个新的环境中,至少他可以追求自己的兴趣,说出自己的想法。然而,这种直言不讳会在很多场合给他带来麻烦,包括当他公开批评诺奖评选委员会的决定时。

诺奖疏漏

1974年,当诺贝尔物理学奖宣布时,霍伊尔和许多科学界人士都对诺贝尔委员会的一个明显疏忽感到震惊。马丁·赖尔和安东尼·"托尼"·休伊什(Antony "Tony" Hewish)因为射电天文学的工作分享了当年的奖金。其中,休伊什的获奖是因为发现了脉冲星:一种释放出的信号有着钟表般稳定节律的射电源。然而,众所周知,这项发现是休伊什的研究生乔斯琳·贝尔(Jocelyn Bell)在1967年做出的,结婚后改名为贝尔·伯内尔(Bell Burnell),她首先在收集到的信号中注意到有规律的脉冲。考虑到她在脉冲星发现中的核心作用,她被排除在获奖名单之外显然是不公平的。

贝尔·伯内尔与来自太空里神秘的带着节拍的脉冲相遇的故事具备了科幻小说的所有要素。事实上,这个故事与霍伊尔的经典电视连续剧，于1961年在英国广播公司首播的《太空仙女》[与约翰·埃利奥特(John Elliott)共同开发]极其相似。在这部被改编成小说的推理剧中，无线电科学家发现了来自仙女星系的一个奇怪信号，它极为复杂，暗示了该信号是由一个遥远的先进文明发出的。当他们破译了信号代码后，发现代码为建造超级计算机提供了蓝图，而超级计算机又反过来指导他们如何生成外星生物的胚胎，他们将其命名为"安德洛墨达"(Andromeda)。

贝尔·伯内尔熟悉霍伊尔讲述的故事和其他类似的故事，所以当她在信号图纸中发现来自遥远射电源出现类似鼓点的模式时，她一开始就认为这可能是来自外星种族的通信。当她向导师休伊什提出自己的担忧时，他们给这个信号起了个绰号 LGM1，代表"小绿人"(Little Green Men)。休伊什担心公众对发现潜在外星信号的反应，和一些同事会面讨论了应对策略。与此同时，贝尔·伯内尔在她的数据中寻找类似的信号，她确实在另一个天区中有所发现。鉴于两个相距遥远的文明发出相似信息的可能性不大，外星人的疑虑被彻底排除。休伊什和贝尔得出结论，他们正在观察的是一种全新的天文现象，其结果可以发表，显然值得进一步探索。他们每个人的名字都出现在关于这个主题的所有论文上。在他们的第一篇文章发表之前，休伊什就这个主题做过一次报告，霍伊尔也在观众席上。贝尔·伯内尔回忆了当时霍伊尔富有洞察力的评论：

> 当论文被录用时……"托尼"在剑桥大学卡文迪什实验室举行了一次专题座谈会，我们给它起了一个相当激动人心的标题，"一种新的射电源"(A New Kind of Badio Source)，或者类似的标题吧。消息开始传开，随后就发生了一些非常有趣的事情，人们从各地赶来。我记得很清楚。我记得弗雷

德·霍伊尔坐在前排。在座谈会结束时,弗雷德用约克郡口音说:"这是我第一次听到这些东西,但我认为它们不是白矮星。我认为它们是超新星遗迹。"换句话说,他接受了我们发现这些极致密天体的事实。但我不记得是什么原因,他几乎可以立刻说出他不认为白矮星是合适的候选体,但我们正在研究与超新星有关的问题——当然,最后事实就是他所说的那样。[9]

最终,霍伊尔被证明是绝对正确的。这些奇怪的脉冲射电源被称为脉冲星,是快速旋转的中子星——超新星爆炸后大质量恒星核心的残骸。

贝尔·伯内尔指出:"从坐下的那一刻开始算起,霍伊尔在 45 分钟内就做出了正确的解释。那个人是一位了不起的物理学家。真的让人印象极为深刻。"[10]

贝尔的敏锐的观察帮助物理学家们确认了多年来一直在讨论的一个概念:对于正在经历核心灾难性坍缩的大质量恒星而言,引力将战胜量子不相容规则,否则量子不相容规则将阻止恒星内部的基本粒子融合成致密的中子球体。

休伊什的诺贝尔奖被宣布时,已在他们的发现大约 7 年后,贝尔表现得格外谦和(几十年来一直如此)。她很高兴射电天体物理学本身得到了认可。在诺奖历史中,有大量的具有开拓性的天文学家被忽视了,如爱丁顿、斯里弗、哈勃、巴德等许多人。

贝尔恰好是当时《天文台杂志》的编辑之一。编辑小组曾讨论在其中一期中祝贺赖尔和休伊什。她对此倒也绝对支持,团队中有些人告诉她,她受到了不公平的待遇,奖项的决定带有性别歧视和特权的味道。他们说,通过排挤那些真正做这项工作的年轻女性,而支持指导她的年长男性,这真的是一个"No Bell"*奖。

大约 6 个月后,霍伊尔经常作为研究人员、演说家和作家的身份接受采访,有人问他对赖尔和休伊什获得诺项的看法。霍伊尔发表了一系列针对诺贝尔奖评选委员会的批评,指责委员会忽视了贝尔对脉冲星发现的关键贡献。如果他当时适可而止,他就已经算是表达了科学界大多数人的观点。然而,不幸的是,对剑桥——尤其是卡文迪什射电天体物理学小组——的情绪和留存的愤怒压倒了他。他向记者们传递这样的观点,他相信是因为贝尔没有出席某些会议或会谈,休伊什便试图阻止她分享自己的发现。这样的新闻报道让休伊什感到尴尬和愤怒,事实上,休伊什在他们的大多数联合论文中都将贝尔列为第一或第二作者。霍伊尔显然也担心涉嫌诽谤,他最终要求纠正这些报道,再次强调,他的批评针对诺贝尔奖评选过程,而非他的前同事。

很快来到 1983 年,诺贝尔物理学奖再次授予天体物理学,但再次引发另一场争议。奖金还是由两个人平分,其中一半给了苏布拉马尼扬·钱德拉塞卡(Subrahmanyan Chandrasekhar),表彰其在理解恒星结构和演化方面所做的工作,另一半则给了"威利"·福勒,表彰"他对宇宙中化学元素形成过程中重要的核反应过程进行了理论和实验研究"。

当然,霍伊尔的所有家人、朋友和同事都知道,是霍伊尔开创了所有化学元素都在恒星中产生的概念。霍伊尔于 1946 年就发表了他关于这个主题的第一篇论文,几年后他才认识福勒。1954 年他又发表了第二篇论文,也是一篇唯一作者的论文。对此克莱顿有过解释:

---

* No Bell 是 Nobel 的谐音,意为"无贝尔",是对贝尔未获诺奖的讽刺。——译者注

霍伊尔是建立这一理论的论文的唯一作者,该理论逐渐取代了那些元素在宇宙初始稠密和炎热条件下产生的理论(大爆炸)。霍伊尔非常超前。1946年他发表在《皇家天文学会月报》上的理论表明,演化的恒星的核心会一步步接近聚合最稳定的原子核(即铁元素)所需的尚未探明的高温。1954年,他在《天体物理学杂志》上发表的第二篇论文确立了他的理论。该论文表明,恒星演化通过越来越热的外壳得以体现,会形成越来越重的化学元素,它们呈现出洋葱皮结构。这些元素扩散出去,自然就会导致宇宙中重元素丰度的增加。根据霍伊尔的结论"核合成发生在恒星中"。[1]

B^2FH团队的所有成员——包括福勒本人——都对诺奖委员会的疏忽感到震惊。1957年该团队那篇极具影响力的论文是由4位作者组成的。他们想知道,为什么霍伊尔被排除在外,而且伯比奇夫妇也被遗漏了?

想象一下,如果一位钢琴家组建了一个四重奏乐队,并指导他的乐队演奏各自的部分,他们一同完成了出色的表演。假设四重奏乐队录制了这场音乐会,评论家们都很喜欢。然后,让我们这样设想,过了一段时间,因为这段录音,其中的一位小提琴手获得了格莱美最佳新人奖,四重奏的其他成员似乎全是伴奏。他们当然会生气,尤其是那个精心策划了这一切的钢琴家。这就是霍伊尔遭遇的处境。

不过,表面上,霍伊尔仍然保持镇静。他很少说自己被忽视,那是为了支持他的老朋友。他向老朋友介绍过这个话题,而他的妻子芭芭拉则更加直言不讳地表达了愤怒。然而,此事如芒刺在背。霍伊尔的儿子杰弗里说:"在经历了30年的亲密友谊之后,他再也没有和'威利'·福勒直接接触过。"[3]

多年来，专家们一直在猜测为什么会发生这种情况。只有当1983年诺贝尔奖提名数据库（包括与物理学奖的决定有关的材料）公开后，真相才会大白于天下，但至少要等到2033年。诺贝尔基金会的章程规定，材料必须保密至少50年。[11] 整个B^2FH团队没能同时获得荣誉，其中一个原因是很明确的：根据传统，诺贝尔奖一次只能授予最多3位个人或组织。如果4个人都得奖，那就违反了这条规则。

"人们认为这不公平，"萨拉·伯比奇说，"四人组中的每个人都作出了同样的贡献。他们又不能给超过3个人颁奖。但这事已经覆水难收了。"[12]

也许，霍伊尔对1974年诺奖的批判对他产生了一定的影响。诺贝尔奖评选委员会有着悠久的历史，此前就有对其机制的谴责，尽管并未出现在公众视野之中，但评选委员会的许多成员对这些谴责是颇为敏感的。有人猜测，许多值得尊敬的人都有足够的成就，理应获得诺贝尔奖，但由于委员会意见有分歧而终究没有获得。按照这些思路，纳利卡推测，诺奖委员会对霍伊尔的直言不讳有着挥之不去的怨恨，这可能影响了他的机会。[13]

在一次与福勒讨论此事时，伍斯利了解到他的意见，委员会首先决定了钱德拉塞卡获奖。由于钱德拉塞卡是一位理论物理学家，因此他们希望奖金的另一半颁给一位实验物理学家，从而最终选择了福勒。如果选择霍伊尔，那就有了两位理论物理学家。[4]

这样的偏见与困惑可能还有另一个来源，是对其中一位提名人的误解。据称，杰弗里·伯比奇了解到汉斯·贝特提名福勒是因为他误认为福勒是B^2FH团队的"负责人"。贝特后来才发现，尽管没有真正的团队领导者，但霍伊尔是他们最初想法背后真正的驱动力，是霍伊尔向其他人介绍研究的题目。据说，当贝特知道事件的真实脉络后，表示后悔不已。[14]

杰弗里·伯比奇在《科学》（Science）杂志上发表的一篇文章中指出：

> 恒星核合成理论可以算是弗雷德·霍伊尔独创的，他在1946年和1954年的论文中都有表述……以及在协调B^2FH的工作中也看得出来。在撰写B^2FH论文时，我们所有人都吸收了霍伊尔早期的工作。在我看来，霍伊尔的工作被低估了，部分原因是它发表在一本当时还是新的天体物理学杂志上（事实上那是第一卷），而B^2FH发表在知名物理学杂志《现代物理评论》（Review of Modern Physics）上……'威利'·福勒作为他们那个组合的领导者已是广为人知，再加上加州理工学院已经设了一个新闻局，他们很擅长科学传播……霍伊尔本该因为这项工作以及其他方面工作而获得诺贝尔奖的。根据我私人的往来信函，我认为霍伊尔未被接受的一个主要原因是，福勒被当作是该团队的领导人，但事实并非如此。[15]

可能还有至少一种别的解释。在颁奖时，霍伊尔已经开始与威克拉马辛格合作了几个项目，而这些项目引起了巨大的争议。其中包括"有生源说"（panspermia）的概念，该想法认为生命是从深空来到地球，以及由此产生的周期性疾病的想法，即在地球高层大气中解体的小彗星将疾病从太空带到了地球。一些权威人士猜测，诺奖委员会不想表彰持边缘观点的人。

诺奖委员会为什么忽视霍伊尔，其全部原因可能永远不会被人知道。事实上，如果他们首先选择了钱德拉塞卡，那一年就只剩下两个空位了。明智的做法是将剩余的奖金分给霍伊尔和福勒，而不单单是后者。但是,以后又可能会有人抱怨 B²FH 论文中有两位作者被忽略了,而且还包括了一位开拓性的女性天文学家。如果贝特确实是提名人之一,他也比其他人更熟悉福勒的工作,那么他的观点是有可能左右诺奖委员会的决定的。也许只有等到 1983 年诺奖的提名信和相关程序最终公布,才能为此事提供更多的线索。

太阳黑子、太空疾病和被误解的始祖鸟

霍伊尔就像是家族中杰出的族长,常常在广泛的话题上提出推测性的意见。他是一个叛逆者,不愿追随任何潮流。如果说他有时在茂密的思想森林中走错了路,其他时候他会发现一条通往一大片林中空地的捷径。他对形成碳元素能级的推测就是其中之一,那是在最初没有证据情况下所做的推测——当得到实验证实时,便催生了恒星中元素形成的革命性新理论。即使在霍伊尔的最后几十年里,人们也一直希望会有更多这样的想法出现。正如他的儿子杰弗里所说:"我父亲把自己描述为一个观察世界、思考世界性难题的人。这种好奇心加上他的数学知识和天赋,使他的研究延伸甚广,涵盖了所有科学学科,但这也经常遭到同时代科学家的奚落和嘲笑。"[3]

然而,霍伊尔的新冒险并没有让他以前所有的同事都感到满意。瓦戈纳说:"他们对霍伊尔时不时提出的毫无根据的猜测感到失望。"[5]

和伽莫夫一样,霍伊尔也会冒险进入生物学领域。然而,他们的方法之间存在着重大差异。伽莫夫总是听取像沃森这样的专业生物学家的意见,并遵循进化论和遗传学的标准观点,而霍伊尔则转向更远的领域,而且几乎只请教星际颗粒专家威克拉马辛格(Wickramasinghe)。因此,尽管伽莫夫的理论并不完全正确,但主流遗传学家仍然承认他的见解。而在霍伊尔这边,他的生物学推测在很大程度上遭到了几乎完全的

怀疑。

霍伊尔的工作中有一个反复出现的主题，那就是生命体在宇宙中一定是很常见的，这点一直可以追溯到20世纪50年代他的无线电广播节目中。例如，1961年出版的《生活》($Life$)杂志曾对霍伊尔工作有过简述，其中提到了他对生命世界优越性的看法："一部分科学家，如英国的弗雷德·霍伊尔，多年来一直在说对一个星球而言，生命的进化并非一定具有特殊地位。根据宇宙学家霍伊尔的说法，仅银河系中就可能有1 000亿颗行星存在生命。"[16]

自20世纪70年代末起，霍伊尔常常和威克拉马辛格一起探索与达尔文相反的观点，即地球上可能没有足够的时间演化出高级生命，因此它们一定是从宇宙其他地方而来，最后在地球上播下生命的种子。例如，根据他在小说《黑云》中的一些推测性想法，星际云可能已经形成了生物体得以缓慢进化的温床（时间可能长达数十亿年，因为在一个能不断补充新物质的宇宙中，时间是没有限制的），直到一颗流浪的彗星将这种微生物形式的生命输送到地球附近。如果这些星际物体的碎片在地球大气层中分解，被称为"泛种"(panspermia)的外星微生物可能会像雨点一样落下，给地球带来新的、充满活力的生命形式。当然，在某些情况下，还会给地球带来毁灭性的致病有机体。

霍伊尔摒弃了达尔文关于生命在地球上从无到有的进化论观点，这也吸引了神创论者的兴趣。考虑到他早些时候对有组织宗教的否定，以及他所宣称的宇宙是永恒的信念，这种理论的搭配形式显得不同寻常。

威克拉马辛格指出："弗雷德并不是一个信教的人，至少不是传统意义上的。据我所知，他的观点是，如果有一个宇宙创造者，世界上任何宗教都很难完全掌握'他'的意图或'他'的计划。"[17]

1981年，由于写了《太空进化论》($Evolution\ from\ Space$)一书，霍伊尔被请去作为阿肯色州的专家证人，证明达尔文进化论不是既定事实。他很忙，于是派威克拉马辛格去作证。直到后来，威克拉马辛格才了解到"创世论科学"（creation science）的观点，即我们的世界还不到6 000年，他很后悔参加了那次诉讼。[18]*

在科学事业上不断追求的同时，霍伊尔还在继续探索他的科幻小说世界，而且经常和儿子杰弗里一起写作。他总是很高兴能结识其他科幻作家。例如，1975年2月26日，在访问加州理工学院的过程中，霍伊尔有幸与著名作家雷·布雷德伯里（Ray Bradbury）在当地基督教青年会同台，进行了一场名为"科幻小说的承诺：预言或亵渎"（The Promise of Science Fiction: Prophetic or Profance）的文学讨论。

1982年12月，霍伊尔和威克拉马辛格在斯里兰卡科伦坡参加一个会议时，遇到了当时居住在那儿的另一位著名科幻作家亚瑟·查理斯·克拉克（Arthur Charles Clarke）。据报道，三人聊起了有生源说，克拉克表示支持。"他当然坚定地站在我们这边。"威克拉马辛格回忆道。[19]

对于他的许多前同事来说，霍伊尔的有生源说的推测让人们感到震惊，但他的两个主要前提引起了更大的抗议。第一个是在他的著作《太空疾病》（Disease in Space）以及相关作品中表达的观点，即最近的所有传染病，从军团病到艾滋病，都是由太空微生物引起的。一码归一码，谈论远古时期微生物入侵是一回事，但是将悲惨的新型疾病归咎于外星原因，就像在伤口上撒盐一样——这似乎与当时最佳的科学释义背道而驰。提到外星生物诱发疾病这个概念的，是霍伊尔和威克拉马辛格投给《自然》杂志的奇怪的论文，发表于1990年1月，文中声称太阳黑子周期与流感盛行相匹配，其中还猜测了大气电活动的增加可能

---

* 1981年3月，阿肯色州举行了一场关于平等对待创世论科学和进化论的诉讼，结果通过了"590法案"，使创世论科学在教科书中与进化论具有同等地位。——译者注

会迫使病毒从太空坠入地球……

但即便如此，这也不是霍伊尔最具争议的论调。有据可查的一条，可以说是他在科学问题上的最大胆的言论，是他在1985年曾断言伦敦自然历史博物馆展出的国际著名鸟类恐龙化石始祖鸟是被动过手脚的。该化石为人们了解恐龙如何过渡到长羽毛的鸟类提供了一个独特的证据。但霍伊尔声称，有人，也许是它的发现者，通过系统地、欺骗性地在标本模具上涂抹混凝土，使其看起来像是有羽毛的生物。反进化论者听到霍伊尔的指控后极其高兴，因为这可能会推翻达尔文学说的大厦。激烈的抗议迫使博物馆的科学家完成了全面调查，并公开了结论，化石是绝对真实的，没有被篡改。

第二年，霍伊尔和威克拉马辛格又做了一件相对而言更成功的事。他们根据彗核中含有有机物质的假设，从而正确地预测了彗星的外观。

彗星的回归

1986年，伽莫夫早已离世，但他童年的象征又回来了。哈雷彗星再次在天空中闪耀。奇怪的是，不断膨胀的宇宙——持续生长的象征——怎么也会喜欢轮回。这个曾经让小伽莫夫着迷的天体，这回又将被证明是对霍伊尔和威克拉马辛格的有生源说的重要检验。

霍伊尔和威克拉马辛格知道欧洲空间局（European Space Agency，ESA）已经发射了"乔托"号探测器来拍摄彗星彗核的照片，他们决定对彗星的外观做一番预测。他们猜测，因为彗星含有有机物质，因此彗核将是乌黑的。令他们非常高兴的是，这一预测居然被证明是对的。

3月13日至14日晚，"乔托"号从距离彗星不到600千米的地方飞过，拍摄了一组哈雷彗星核心的照片。这次飞越具有历史意义，因为以前从未在太空中对一颗彗星有过如此近距离的成像观测。威克拉马辛格描述了他和霍伊尔对研究结果的反应:"由'乔托'号拍摄的哈雷彗星核心的照片是经过大量照片处理后才获得的。从照片中可以得出明确结论,我们发现了一个惊人的黑色彗核。当时人们形容它'比最黑的煤还要黑……是太阳系中表面反照率最低的……'很自然,我们欢呼雀跃!据我们当时所知,我们是唯一做出这种预测的科学家,而这恰恰是我们的彗星有机/生物模型理所当然的结果。"[20]

尽管"乔托"号探测器证实了霍伊尔和威克拉马辛格关于彗星中含有有机物的假设,但它并没有证实生命通过这些天体从太空来到地球的假设。大多数微生物学家和天体生物学家认为,细菌和其他微生物无法在漫长的星际航行中存活下来,它们将遭受辐射,那会摧毁它们。有机分子可以通过不含生命过程的化学过程制造。仅仅在太空中发现有机物并不能为太空存在生命体提供确凿的证据。

有生源说的概念虽然仍被普遍认为是一种边缘学说,但它会时不时突然冒出。2017年发现了已知第一个星际天体奥陌陌('Oumuamua),于是这一想法再次成为人们关注的焦点。一个岩石能输送足够多耐受辐射的微生物,在太空中存活数百万年吗?很难想象它们将怎么做到,但也许会有办法。如果是这样的话,霍伊尔的一个最疯狂的想法就将被证明是正确的。

2018年,哈佛大学的研究团队伊丹·金斯伯格(Idan Ginsburg)、马纳斯维·林加姆(Manasvi Lingam)和亚伯拉罕·"阿维"·勒布(Abraham "Avi" Loeb)对星际天体在整个银河系中运输微生物的想法进行了详细研究。他们得出结论:"整个银河系可能正在远距离交换生物成分。"[21]

终极视界

除了对于有生源说的推测,20 世纪 80 年代和 90 年代,霍伊尔也在继续与纳利卡、"杰夫"·伯比奇一起研究替代大爆炸的方案。(玛格丽特·伯比奇对宇宙学不太感兴趣。)他在许多文章中转述自己的观点,认为大爆炸理论的预言并未完全兑现,尽管宇宙微波背景辐射被观测到了,但它仍然与观测实际存在不一致的地方。这就是他 1982 年瑞德演讲上演讲的主题:"宇宙学和其他领域的事实与教条"(Facts and Dogmas in Cosmology and Elsewhere)。此后,该演讲内容由纽约科学院出版的期刊《科学》(*The Sciences*)转载,标题被改为《霍伊尔的世界》(The World According to Hoyle)。

阿尔弗和赫尔曼看了这篇文章,震惊于霍伊尔对宇宙微波背景辐射预测的错误描述。他们认为,霍伊尔宣称他们早期的温度估计极不准确,将其与伽莫夫的一些推测混为一谈,夸大了误差范围,使得霍伊尔自己的解释看起来更合理些,这是极其错误的。他们给纽约科学院写了一封愤怒的信。信中表达了强烈的不满,以至于编辑们要求在出版前缓和一下措辞。对此,阿尔弗后来这样回忆:

> 我们在针对霍伊尔的文章专门致信纽约科学院,大概在最后一段,对霍伊尔的抨击是很强烈的,纽约科学院的人{[主席、物理学家]海因茨·帕格尔斯(Heinz Pagels)}劝说我们把它删除……然后我们照做了……
>
> 我们所说的是,霍伊尔多年来做了很多出色的工作,但我们根本无法理解他现在,以及过去的几年里在做什么……我想,霍伊尔的辛酸是可以理解的,因为我认为他现在很难发表

自己的文章。他现在正在为自己的书写点东西,而不是撰写期刊论文。[22]

在那一时期,霍伊尔受到了很多批评,但同时,他仍然同情科学界的弱势者和独行侠。他认为,科学界应该比传统学院派更开放,允许更多的可能性。毋庸讳言,这让他收到了来自各种缺乏经验的研究人员的信件,他们渴望得到倾听。为了不失礼节,他为自己制定了相应的策略来应对这种情况。

"斯坦"·伍斯利曾回忆:"当那些缺乏历练但又自视甚高、有抱负心的宇宙学家写信给他,提出那些甚至对他而言也属于非正统的引力理论和宇宙学理论,他会把他们作为杰出的同事相互介绍,然后让他们互相辩论,而不是去面对他一个人。"[4]

1988年,弗雷德夫妇搬到了英格兰南部海岸的海滨度假胜地伯恩茅斯(Bournemouth)。虽然在地理上并不像住在湖区那样与世隔绝,但霍伊尔秉持的异端观点继续将他与主流科学区分开来。即便如此,他还是像穿着一件神圣的衣服一样,不愿随便放弃自己的与众不同,继续着他的宇宙学冥思。

大爆炸宇宙学的一个重大发展帮助霍伊尔更加相信自己走在正确的道路上:暴胀宇宙模型的兴起。暴胀——由艾伦·古思(Alan Guth)创造的一个术语——是宇宙学中的一个概念,指极早期的宇宙经历了一次非常短暂、超快速的膨胀,类似于德西特提出的宇宙指数增长模型,暴胀之后宇宙才平稳下来,达到哈勃定律所描述的当前所观测到的膨胀率。暴胀十分剧烈,现在可观测宇宙的巨大空间,当时还是比质子还小的亚原子微粒,它在极其短暂的一瞬间里,膨胀成了一个大约棒球大小的球体。然后,这个球形区域以比标准弗里德曼-勒梅特-罗伯逊-沃克(FLRW)宇宙慢得多的膨胀速率继续增长了130多亿年,直到达到现在的大小。

古思和其他人〔如美籍俄裔物理学家安德烈·林德（Andrei Linde）〕提出暴胀理论的动机与标准大爆炸模型的几个令人费解的现象有关。首先，在所谓的"视界问题"（horizon problem）中，标准的大爆炸模型无法解释宇宙微波背景辐射的温度、星系的分布和其他大尺度特征如何在各个方向上能够大致相同，即宇宙各向同性。我们现在知道，在宇宙历史上的再复合时期——当第一批原子产生，能量以微波背景辐射的方式释放到太空时——整个宇宙的平均温度和其他方面的特征已经协调一致了。然而，标准的大爆炸宇宙动力学并不能支持在那之前光子有时间穿越整个宇宙，使物质能量达到平衡。而暴胀提供了这样的机会，因为它很快就能使一小块温度相同的区域迅速膨胀，从而保持了整个宇宙的均匀性。这就好比把热咖啡迅速倒进一个大马克杯里：整个杯子里的咖啡立即拥有了相同的平均温度，而不再需要更多时间达到均衡——如果是非常缓慢地一点一点地倒进去，而且不搅拌杯子里的咖啡的话，这就有可造成（前后倒入马克杯的咖啡）温度不均匀。

第二个问题，被称为"平坦性问题"，即目前的宇宙在其空间几何是完全平坦的，或者说是非常接近平坦。然而，如果考虑到早期宇宙中可能存在不规则性，比如说整体曲率中局部的不平整，广义相对论预测它们会随着时间的推移而增长，而不是完全平坦。因此，在标准大爆炸模型中，只有当宇宙初始状态是极其平坦的，才能导致目前所看到的平坦或接近平坦的样子。暴胀理论为宇宙初始状态创造了更多的可能性。无论空间开始时有多少褶皱或多么弯曲，疾速膨胀的阶段都会将它们抹平，让宇宙就像熨斗熨过的纸一样平坦。

推动暴胀的最初动力来自一种叫作暴胀的假想源能量"暴胀子"。原始宇宙中的某些因素启动了这种机制，但持续时间很短，使空间经历了类似于德西特模型的指数级膨胀。但是，正如霍伊尔所指出的，在这点上它和稳恒态模型中能量场（创生场）导致宇宙持续增长是很像的。此外，暴胀模型和稳恒态模型一样，并不认为所有的物质和能量都是在创世之初瞬间出现的。而是在暴胀时期的最后阶段，经历了所谓"再加热"的量子衰变过程，能量转化为物质，并将所有基本粒子释放到空间中。虽然这是一个短暂而突然的过程，但它并不代表原始大爆炸"无中生有"产生了宇宙。

在霍伊尔看来，最原始的标准大爆炸模型的失败，以及更早以前最原始的稳恒态宇宙模型的没落，使这两个早期的理论处于相似的状态，说明要对宇宙学的假设进行全新的审视。他认为，这两种设想都存在缺陷。勒梅特、伽莫夫、阿尔弗、赫尔曼等人所倡导的最原始的大爆炸理论完全基于 FLRW 度规，在该度规中，宇宙经历了完全由辐射和物质驱动的平稳的哈勃膨胀。但是，霍伊尔指出，暴胀假说颠覆了最初的观点，使早期宇宙——由能量场驱动——看起来更像是稳恒态的。他想知道，为什么暴胀时代会突然结束。如果它没有结束，那么宇宙中仍然会包含一个创生场，这就和他自己提出的概念很像了。因此，他总结道，短暂的爆发式膨胀突然开始又突然结束，随即奇迹般地转变为宇宙动态生长，这一过程看起来像大爆炸，但与之相比，拥有永恒创生场的稳恒态宇宙更显自然。

霍伊尔坦率地承认，最初的稳恒态模型——元素的产生完全基于恒星核合成——无法解释氦的丰度。因此，它需要星系规模或更大的能量爆发才能产生氦。也就是说，他认为这种模式仍然有很多可取之处。它不必面对视界问题和平直性问题（flatness problem），因为宇宙的膨胀方式类似于德西特的宇宙学，而不是大爆炸中所使用的类 FLRW 模型。

于是，是时候把宇宙学的各个方面合理地编织在一起了。霍伊尔认为，暴胀可以在超星系团（大型星系团）的尺度上持续发生，从而避免了时间有开端的必要性。当然，这样的妥协是对他最初想法的要点所做的辩护,但他仍然感觉这个想法被不公正地摒弃了。

　　这就是准稳恒态宇宙发挥作用的地方。它发展了很多年,但由霍伊尔、纳利卡和"杰夫"·伯比奇于 1993 年正式提出。它允许局部的创世中心——霍伊尔在早期研究中曾讨论过的小爆炸——与此同时宇宙还在无限地膨胀。星系形成时产生的由石墨或铁组成的金属宇宙针可以用来解释微波背景辐射。根据霍伊尔的方案,它们将充当"热化剂",吸收恒星辐射,以适当的微波频率分布重新发射出去,从而复刻天文学家所观测到的宇宙微波背景温度分布。

　　霍伊尔圈子之外的天文学家普遍对金属针的提法持怀疑态度,几乎没有人花时间来解决这个问题。在过去几十年里,现代互联网搜索引擎中查阅该假设的次数不到 100 次。考虑到现代天体物理学海量的研究,这是一个非常低的数字了。

　　皮布尔斯指出了这个想法的一个主要问题。如果散布在整个天穹上的针状物能产生热能,那么它们将阻断更遥远的射电信号。[23]因为事实上我们的的确确已经探测到了来自极其遥远的天体发出的射电信号,所以天空中不可能布满让射电信号销声匿迹的"针"。

　　对宇宙微波背景辐射越来越精确的绘图测量,其中包括 1989 年发射的宇宙背景探测器(cosmic background explorer,COBE)卫星所进行的测量,表明天空各个方向的温度几乎相同,仅与标准存在细微的偏差。这种热量分布有时被称为"宇宙的婴儿照",与热大爆炸的理论预测非常吻合。紧随其后的是一个量子波动的时代,被宇宙动力学拉伸,成为宇宙结构的种子。也就是说,一幅完全平淡无奇的画面无法解释星系等结构是如何出现的;一幅完全动荡的画面也不支持宇宙过去的起源。COBE 卫星的测量结果达到了两者之间的最佳点,也就是平均温度上刚好足以显见的偏差,既能证明空间在最大尺度上看起来是均匀的,又能在极小尺度上有许多特征,如星系、星系团等。

尽管如此，霍伊尔、纳利卡和伯比奇仍然坚持对大爆炸宇宙学的任何变化形式进行批判。他们认为，即使是高精度的 COBE 测量也可以用较小的结构——小爆炸——或尘埃等局部效应来解释，而不是用整个宇宙的结构形态来解释。1998 年出版的《不同的宇宙学解决之道》（*A Different Approach to Cosmology*）一书总结了他们对宇宙的想法。这是一项发自内心的工作，也是一种表达异议的方式。那时候，大爆炸的观点已经深入人心，他们似乎并没有期望自己的理论会动摇主流思想。

霍伊尔完成对这本书的贡献后不久，就在即将出版之际，悲剧发生了。1997 年 11 月 24 日，他看望了仍住在家里的妹妹琼后，在家乡吉尔斯特德周围散步。他漫步在吉尔斯特德村和附近的埃尔德威克村交界处崎岖不平的地带，叫作希普利格伦（Shipley Glen）。这条小路沿着山谷向山顶延伸。突然，也许是踩到了湿滑的树叶上，霍伊尔不小心失足掉入沟壑。（由于钱包和其他可能的证据都已经丢失，也有人猜测他可能是被一个未知的袭击者推了一下。）在评估了形势后，他试图回到主路上，但又滑了一跤，这次滑入了大约 300 英尺深的主峡谷中，直接摔在了底部的石头上。霍伊尔尝试爬上去，但他受了重伤，而且迷失了方向。他只能躺在那里，在寒冷的环境中等待，直到一只训练有素的搜救犬在一次搜救任务中找到了他。[24] 被送往布莱德福德的一家医院后，他的身体得到康复，但他的大脑却没有恢复如往常。唯一能得到宽慰的是，宇宙学著作中他的那部分在意外发生前就已经完成了。

从那时起，霍伊尔的健康状况就开始退化。他和当时被诊断出帕金森综合症的芭芭拉皆因各自身体原因所累。与他所倡导的不断更新的宇宙不同，他的个人的损伤并没有得到任何缓解。

属于哥白尼、伽利略、牛顿、爱因斯坦的千年即将结束，天文学的新发现不断涌现。其中最重要的是 1998 年两个天文学团队——超新星宇宙学项目和高红移超新星搜寻项目——分别宣布了宇宙正在加速膨胀的证据。这些证据来自对各种爆炸的恒星的利用——将 Ia 型超新星作为标准烛光进行测距，类似于亨丽爱塔·勒维特等人使用造父变星来测量距离的方式。通过将超新星预期的输出功率与观测到的亮度进行比较，两个小组可以测量出这些超新星的距离。然后，通过记录它们所在星系的多普勒红移，便可获得它们的速度，并最终确定其加速度。结果非常令人震惊。宇宙学领域中几乎没有人预料到宇宙会加速膨胀。相反，根据标准的 FLRW 模型，宇宙应当减速。

宇宙加速膨胀的非凡发现自然而然激发了理论物理学家们广泛讨论，而霍伊尔由于健康原因，只能在其中发挥微薄作用。他参与了一篇由 5 位作者共同撰写的论文《Ia 型超新星星等-红移关系的可能解释》(Possible Interpretations of the Magnitude-Redshift Relation for Supernovae of Type Ia)，该论文试图将超新星数据与准稳恒态模型的预测匹配起来。

2001 年初，物理学家保罗·斯坦哈特(Paul Steinhardt)、尼尔·图罗克(Neil Turok)、伯特·奥夫鲁特(Burt Ovrut)和贾斯汀·库利(Justin Khoury)提出了"火劫宇宙"[Ekpyrotic universe，后来又由斯坦哈特和图罗克进一步发展为"循环宇宙"(universe)]理论，对加速膨胀的发现提供一种宇宙动力学上的可能解释。在描述该模型时，他们还希望找到一种替代暴胀的方法。利用超弦理论和 M 理论——基本粒子是振动的能量弦的理论——研究人员提出，我们的宇宙在过去曾与另一个超平面*发生过碰撞，因为多一维度而分隔开。他们的模型

---

* 超平面是指 N 维空间中 $N-1$ 维的平面。例如一个四维的球的平面（三维）就是超平面，科学家通过超弦理论提出我们的宇宙可以是一个多维时空中的超平面（比多维时空少一个维度）。还可以有其他超平面，与我们的宇宙一样，也比多维时空少一个维度，彼此相离。两个超平面发生碰撞导致了"宇宙大爆炸"。超弦理论目前仅仅是数学上的猜测。——译者注

类似于把两片面包放在一起做成三明治：放在面包之间的任何馅料都会自然被抹平。因此，没有必要进入暴胀时代。此外，就像稳恒态的情况一样，宇宙将没有起点，没有终点。相反，它会一次又一次地经历创造和毁灭的各个阶段。尽管霍伊尔乐意看到、也可能会批评那些主流宇宙学的替代模型，但是在他生命的最后几个月里，是否真的对这个模型有所了解也未可知。

  2001年8月20日，在度过86岁生日后大约一个半月，霍伊尔因脑卒中去世。新千年刚刚开启，世界就失去了最具创新精神的人之一，宇宙学也因此不那么激动人心了。可叹啊，一生追求永恒，万物终有结局。

尾 声

伽莫夫与霍伊尔的遗产

> 我相信父亲是最后一个靠自己的直觉从事科学研究的伟大科学家之一。今天的大科学,尤其是物理学,都是由一群人,使用宏伟而昂贵的机器完成的。再也不会有人凭感觉驰骋了。
>
> 但首先也是最重要的是,父亲是一个讲故事的人。他的科学故事已经被传播了不止一代人,包括关于"宇宙大爆炸"的故事。
>
> ——伊戈尔·伽莫夫,《追忆我的父亲》(Memories of My Father)

> 说起我父亲,我会记起很多事情,但他去世后,最叫我怀念的——是当我去看望父母时,他那聪明的头脑再也不会与我讨论什么疯狂的想法。我怀疑,全世界都将记住他是那个把大爆炸搞错的人,因为大爆炸才是当今科学界那帮最伟大最优秀的人想要接受的。
>
> ——伊丽莎白·珍妮·霍伊尔·巴特勒

2007年4月,霍伊尔去世近6年后,美国物理学会在其年度会议上举行了一次特别会议,纪念B^2FH恒星核合成论文发表50周年。在天体物理学家弗吉尼亚·特林布尔的领导下,物理学史论坛项目委员会邀请伯比奇夫妇发言，我是该委员会成员。（福勒已于 1995 年去世。）玛格丽特和杰弗里决定由杰弗里作为代表接受邀请，飞往会议举行地佛罗里达州杰克逊维尔（Jacksonville）。我很荣幸能帮助安排这次谈话。

我记得当时杰弗里坐在轮椅上，由一名护士陪同。他块头挺大，洪亮的声音在座无虚席的演讲厅里回荡。他精彩演讲的题目为《B^2FH，核合成，微波背景》（B^2FH, Nucleosynthesis and the Microwave Background）。之后，我和他聊了一会儿。我问他是否继续支持准稳恒态模型。他的观点是宇宙学需要一个模型（替代大爆炸）。他把不假思索地接受大爆炸比作愚蠢的旅鼠跟随它们的头领跳下悬崖。*

事实上，杰弗里·伯比奇提出了一个颇有价值的观点。在某些时候，"独行侠"和"叛逆者"会推动新的科学。有时他们看似疯狂的预感被证明是正确的。例如，保罗·狄拉克通过数学方法出色地预测了反物质的存在，因为他自己发明了一个方程。他本可以很容易地将这些解斥为无稽之谈。相反地，他的预言被证明是正确的，并且改变了物理学的进程。

就这种情况而言，很明显，伽莫夫和霍伊尔身上所共有的那种凭直觉、凭经验的风格在他们的时代是绝对需要的。在元素形成的研究陷入泥潭之际——不知道某些核过程是如何发生的——谨慎地循序渐进可能不会有任何结果。伽莫夫和霍伊尔凭借各自出色的直觉跨越了巨大的障碍，大步向前迈进。毫无疑问，冲动式的跳跃有出错的风险，就如霍伊尔晚年对边缘话题的探索所表现出来的样子。尽管如此，在一些关键的时刻，世界需要不同类型的思想家。

在 21 世纪中期，宇宙学和天体物理学需要大胆的变革。想象一下，爱因斯坦强烈主张宇宙是静态的，如果当时的每一位科学家都相信

---

* 经科学家实际观察发现，旅鼠并没有自然的集体自杀行为，关于旅鼠跳崖的传说很可能是谣言。——译者注

爱因斯坦而因此拒绝将哈勃的数据解释为宇宙膨胀的证据；爱因斯坦否定量子物理学描述的偶然性，假设他们也都同意爱因斯坦的观点，那么就不会有基于概率分布特征的量子隧穿效应，恒星中的核反应也得不到有令人满意的解释。我们会被困在 19 世纪末宇宙学和天体物理学的死胡同里，无法解释太阳和其他恒星是如何发光的，无法了解元素是如何形成的，无法看清宇宙的变化与规模。

伽莫夫和霍伊尔的科学贡献是革命性的，为我们重塑了对宇宙的基本认识。尽管他们从未直接合作，但他们对化学元素起源的研究形成互补，这是双方都没有预料到的合作方式。从本质上讲，一个书写了元素创造故事的开端，另一个续写了结局。霍伊尔的理论无法解释为什么宇宙中大约 1/4 是氦，伽莫夫的理论也无法证明碳、氮、氧及数十种更重的元素是如何形成的。然而，他们所描述的过程合在一起，就可以解释太阳内部发生的一切——所有恒星。

近年来，对早期宇宙条件的实验室模拟极好地证实了伽莫夫的观点，即热大爆炸是如何在几分钟内形成大量氦的。例如，2020 年 11 月，意大利格兰萨索国家实验室（Gran Sasso National Laboratory）的一组研究人员宣布精确测定了氘核被质子轰击下转化为氦-3 的比例。[1]值得注意的是，该小组的结果与通过分析宇宙微波背景辐射发现的这些同位素原始丰度的预期非常吻合。伽莫夫宇宙学的猜想多么有先见之明，至今仍然令人震惊。

早在他冒险进入宇宙学领域之前，伽莫夫就已经因为对核物理学作出的非凡贡献登上过头条。他出色地应用了基础的量子力学原理，对质子、α 粒子（氦核）和其他离子如何在两个方向上穿过每个原子核的强大能量势垒进行了简单而有力的解释，一举解决了散射、聚变和发射等核反应过程。他的方法使系统开发高能粒子加速器成为可能。粒子加速器能够将粒子加速，并将其抛射撞向目标，从而产生了大量关于核结构和核过程数据。伽莫夫还向玻尔提出了原子核的液滴模型。他与豪特曼斯和阿特金森合作，将爱丁顿"恒星因氢聚变而发光"的假设转化为"基于量子过程的轻元素恒星核合成"这一更为切实可行的模型。

最后，在晚年，伽莫夫活跃的头脑转向了遗传学。尽管最终他没有做得多好，但他向沃森等人提出了应用组合数学方法的重要建议。按照这一思路，他提出了氨基酸生产的"三联体密码"（triplet code）。他的想法推动遗传密码中的相关发现，如将 DNA 和 RNA 中的核苷酸模式与各种蛋白质结构建立联系。

不幸的是，霍伊尔晚年对生物学的探索并没有那么令人难忘，没有受到多少赞扬。要不是因为他认为地球约 45 亿年的年龄太短暂，不足以让生命独立进化，他的有生源说也不会引起人们的注意。他这么说，似乎是在抨击达尔文，但无意中却与他最不希望联系在一起的人——原教旨主义神创论者——结盟。对于许多科学家来说，霍伊尔在这个问题上的立场使他远离主流，以至于他们有可能在承认他的其他成就时显得犹豫不决。（根据一些专家的说法，这是他未能获得诺贝尔奖支持的因素之一。）

通常出于政治原因，学术团体不会善待那些持有争议观点的有成就的科学家。例如，在回顾自己的工作时，物理学家弗里曼·戴森与科学界绝大多数人决裂，他表达了人类造成的气候变化不是问题，这一观点往往掩盖了他的成就。霍伊尔也面临着这样的批评，但更加严峻。

霍伊尔身后遗产中另一个沉重的负担就是稳恒态理论，如果要说被人记住的话，那就是被视为一个未获成功机会的误导性概念。它的支持者有时被称为地平说者（flat-earthers）——指那些无视现实的人。而在另一方面，直到天文学家通过修正哈勃常数的估计值，再加上宇宙极早期经历短暂暴胀期（超快速膨胀）的假设基础上，才确定了大爆炸的时间。实际上大爆炸理论是相当投机的，探索稳恒态宇宙作为替代方案是完全合理的，直到 20 世纪 60 年代初获得了观测证据，才使稳恒态无法继续走下去。

霍伊尔继续努力将该理论调整为准稳恒态模型,但主流天文学家并不待见,那种模型的人为痕迹越来越重。尽管如此,许多熟悉霍伊尔的人仍然认为,科学界在断言大爆炸是绝对真理和拒绝竞争对手方面有点过度了。霍伊尔的女儿伊丽莎白评论道:"我个人的感觉是,天文学上有很多事情正在真相大白,但对于像我这样的人,甚至我的孙辈来说,这显得非常无趣,因为现在已经没有争论了:大爆炸是正确的,任何怀疑这一信条的人都会立即跌入远离中心的黑暗。当然,我在开玩笑。但我在与剑桥那些所谓的大人物的对谈中,都没有感受到像我父亲那样给人的振奋,甚至都不能打动我!"[2]

抛开稳恒态宇宙的各种版本和有生源说不谈,霍伊尔的职业生涯中有很多值得尊敬和珍惜的东西。天体物理学家"斯坦"·伍斯利列举了霍伊尔的四大科学成就并进行了排名,每一项都至关重要:

> 第一,重元素是在超新星爆发中产生的。当然,众所周知,他是在宇宙稳恒态模型的背景下做出的研究成果,该模型需要在宇宙中制造重元素,而宇宙自己只能产生氢。他提出了这个并不算完全新颖的想法(爱丁顿等人在 20 世纪 20 年代就提及在恒星中制造重元素)与之关联。但他 1946 年发表的论文影响深远。
>
> 第二,在超新星中处于核统计平衡(nuclear statistical equilibrium,ESM)的铁的合成。不过他把细节弄错了。铁不是来自铁-56,而是来自镍-56*,但总体观点是正确的。他

---

* 恒星核聚变的尽头并不是铁-56,而是镍-56,但是镍-56 会马上衰变为铁-56。——译者注

与福勒一起提出了关于超新星如何爆炸的早期想法,包括自旋和核燃烧。这两条都出现在当前的超新星模型中。但是他忽略了中微子在能量传输上的重要性。[天体物理学家斯特林·]科尔盖特(Stirling Colgate)发现了这点。

第三,在恒星模型的基础上预测碳-12存在特定能量的激发态,与氦燃烧谐振。正是对这种状态的预言以及凯洛格实验室的验证让福勒和霍伊尔走到了一起。

第四,他和福勒描绘了Ⅰ型超新星与Ⅱ型超新星的起源和机制:Ⅰ型超新星来自白矮星的爆炸,Ⅱ型来自大质量恒星核心的坍缩。[3]

我想在列表中添加第五项:霍伊尔(与泰勒一起,后来与瓦戈纳、福勒一起)提出宇宙中氦的丰度不能用恒星演化过程来解释,必须在宇宙热火球中出现。在提出这一观点时,他表明自己是很独立地提出的,如果模型与数据吻合得更好,他会对其持开放态度。一旦观测证据表明情况并非如此,他愿意放弃所有元素都在恒星内部产生的想法。

简而言之,霍伊尔改变了我们对恒星演化后期,包括超新星爆炸过程的科学理解,以及刷新了我们对化学元素是如何形成的认知。沿着巴德开创的道路,他正确地展示了两个恒星族群——星族Ⅰ和星族Ⅱ——之间的关系,类似于新生长的森林如何在前一代树木被大火摧毁后所留下的肥沃土壤中扎根。这就是为什么星族Ⅰ的恒星及其行星系统中的金属(比氦重的元素)要丰富得多。

在衡量乔治·伽莫夫和弗雷德·霍伊尔的遗产时,我们不仅要看他们非凡的科学成就,还要看他们对公众科学传播的巨大影响。对他们来说,这两个方面深深地交织在一起。当伽莫夫出版《宇宙的产生》、霍伊尔根据他的BBC广播节目出版《宇宙的本质》时,很明显能看出,他俩在科学领域所做的大部分工作的听众,是公众,是公众的后代,是他们的科学家同行。他们分别于1956年和1967年获得了久负盛名的卡林加科学普及奖,这是对他们向普通人传达科学内容的非凡能力的表彰。现代科学传媒的出现,才让更广泛的人群也可以接触到科学,而不仅仅是专家。

在印刷机发明之前,类似时间是否有开端这种深远问题的辩论,仅限于神学家和哲学家在议会等高贵的环境中进行。公众很少有人了解这类辩论。等到书籍和期刊得到广泛传播,科学方法得到飞速发展,学者们有更多的机会以受过教育的读者也能理解的方式论证自己的观点。尽管如此,人们还是需要有专业知识才能理解这种讨论的细微差别。

乔治·伽莫夫和弗雷德·霍伊尔成长在一个基本思想讨论方式转型的年代:那就是大众传媒时代,产生了大量影响广泛的科普传媒。两人都喜爱好莱坞和奇幻世界。伽莫夫有时把自己想象成一个孤独的牛仔,探索着科学的"狂野西部";而霍伊尔是黑色电影中揭露神秘谋杀案件谜团的侦探,两人都把自己视作一个永远抗争的叛逆者。伽莫夫的摩托车和霍伊尔的徒步旅行及登山运动也为他们的形象增添了孤独的、不墨守成规的色彩,非常像出现在荧幕上特立独行的英雄角色。因此,每一位都能够以电影的风格和好奇感传达科学思想。他们在争夺普通人的关注,而不仅仅是科学家的支持。

1960年6月,《纽约时报》发表了一篇文章,讲到科普平装书日益流行。这篇文章注意到廉价的书籍让几乎任何人都有可能关注科学辩论:"人们甚至可以在平装书中不断追踪争议的进展。其中一个例子就是关于宇宙是否有开端,或者宇宙是'一直'存在的、物质是不断被创造的。乔治·伽莫夫所支持的观点是宇宙在他所说的'大爆炸'或'大挤压'中诞生的,他在《宇宙的产生》一书中陈述了自己的观点。弗雷德·

霍伊尔所支持的相反的理论,也可以在他的《天文学前沿》(*Frontiers of Astronomy*)一书中找到。"[4]

20世纪50年代和60年代的读者可以在图书馆或书店里细细品读这些通俗易懂的科学文献,去发现对时空内涵卓越探索的引人入胜的真实故事,这些故事与艾萨克·阿西莫夫(Isaac Asimov)、雷·布雷德伯里(Ray Bradbury)、罗伯特·海因莱因(Robert Heinlein)等人的通俗科幻小说同样精彩。孩子们可以在校园里互相争论是不是过去的一场大爆炸产生了一切,包括家庭作业,抑或是一切都是一成不变的,比如自助餐厅里的食物。许多伽莫夫和霍伊尔的读者长大后自己也成为科学家。

就我而言,《从一到无穷大》是我年轻时最喜欢的非小说类书籍之一,《黑云》因其对外星生命富有想象力也给我留下了深刻印象。这两位科学家都激励了我。虽然我没有机会听到伽莫夫的演讲,但我记得在大学期间参加过一次霍伊尔的讲座,他用西约克郡口音从容不迫地讲着,思路清晰、条理有序、令人兴奋。

霍伊尔和伽莫夫为我们展示了卓有成就的科学家是如何写出引人入胜的推理文学的,被斯诺谴责的"两种文化"的差异就这样被他们弥合了。霍伊尔的科幻作品(有些时候是与他的儿子杰弗里合著的)对太空旅行、时间旅行、外星人以及其他令人震惊的概念有着充分的想象力,它们经受住了时间的考验。霍伊尔经典小说《10月1日迟到了》描述了时间的动荡,"我们的意识在光线落下的地方纠缠在一起,就像在[时间的]鸽子洞里跳舞"[5]等文字,与任何全职专业科幻作家所写的故事一样深刻且富有想象力。令人钦佩的是,霍伊尔去世后,杰弗里创作自己的推理小说以延续父亲的传统。

伽莫夫的《汤普金斯先生》系列在斯诺的助力下获得成功(斯诺邀请他为《探索》杂志撰稿),尽管严格来说该系列不属于科幻小说的范畴，但它肯定是基于科学的推理文学。主角所处的环境，比如是一个光速比我们现实慢得多，仅与普通车辆速度相当的世界，真的很有创意。令人印象深刻的是，伊戈尔·伽莫夫仍保持了他的家族传统，为该系列增加了新的剧集，加入了最新的科学问题，比如与斯蒂芬·霍金一起探讨黑洞。

可以说，霍伊尔和伽莫夫将科学事实的普及与虚构推测的巧妙结合，激励了许多下一代科学家-作家——如卡尔·萨根（Carl Sagan）、艾伦·莱特曼（Alan Lightman）、詹娜·莱文（Janna Levin）、布赖恩·格林（Brian Greene）和基普·索恩（Kip Thorne）（他们都写过科学作品也写过小说）——两边都能成功驾驭。

霍伊尔和伽莫夫并不是第一个将两者结合在一起的人。17世纪，德国数学家约翰内斯·开普勒是一位多产的科学家，撰写了多部科学著作，也写了一部早期的科幻小说《梦》(*Somnium*)。《爱丽丝梦游仙境》(*Alice's Adventures in Wonderland*)是另一个例子，作者刘易斯·卡罗尔（Lewis Carroll）是数学家查尔斯·道奇森（Charles Dodgson）的化名，他也用真名写了严肃的作品。也就是说，直到广播媒体和平装书时代，科普作品的概念才真正兴起，而霍伊尔和伽莫夫深刻地掌握了这一信息传播渠道。因此，我们要感谢他们不仅启发了公众，更是激励了后来的作家追随他们。

可悲的是，霍伊尔和伽莫夫作为科学传播者留下了重要遗产，但是也因此似乎被一些同事低估了他们开创性的科学贡献。他们认为——也许是因为嫉妒，一名杰出的科学传播者和一名优秀的科学家在某种程度上是矛盾的。有一则古老的笑话："自己不会做的人，就去教别人。"可以说，这两位思想家给人留下了生动的、古怪的普及者的形象，使得在各自领域遇到重大荣誉授奖时，他们的重大成就反而被忽视了——霍伊尔当之无愧的爵士头衔算是一个明显的例外。

霍伊尔担心皇家天文学家哈罗德·斯宾塞·琼斯爵士认为他是稳恒态的普及者，而不是共同提出者。更具毁灭性的打击是，诺贝尔奖评选委员会不知何故忽略了一个事实，即他是第一个提出重元素是较轻的元素通过超高温恒星演化过程（核心收缩或超新星爆发）产生的人。霍伊尔向福勒介绍了自己的想法，但获奖的是福勒，而不是他。在伽莫夫身上，宇宙微波背景辐射的共同发现者和解释者都非常熟悉他的普及（例如"鲍勃"·威尔逊小时候喜欢汤普金斯先生的系列），但是他们又不太熟悉他的大爆炸核合成理论。

在讲述伽莫夫与霍伊尔的成就时，我们也不要忘记他们还有出色的合作者，才能使他们的大部分工作成为可能。他们中间有些人，如朗道、泰勒、福勒，凭借自己的实力出名。许多人都取得了极其成功的职业生涯，如克莱顿、瓦戈纳和纳利卡（他仍然是印度首屈一指的宇宙学家）。阿尔弗和赫尔曼也在自己的职位上发展得很好，但是他们对微波背景辐射的重要预测要么被忽视，要么被误解（这还得"归功"于伽莫夫），所以他们的沮丧也是可以理解的。

杰弗里·伯比奇一直保持着旺盛的斗志直到最后，即使暮年的他已面临严重的健康问题。他于2010年1月26日去世。玛格丽特在10年后的2020年4月5日去世，享年100岁。

2018年，作为美国物理学会历史遗址委员会（Historic Sites Committee of the American Physical Society）主席，我帮助普林斯顿大学组织了一场纪念活动，表彰"鲍勃"·迪克及其团队的研究。在策划那次活动时，很高兴认识了"吉姆"·皮布尔斯，他为人友好、知识渊博、慷慨大方、实实在在。在仪式结束后的晚宴上，我与"吉姆"、他的妻子艾莉森和"鲍勃"·威尔逊坐在同一张桌子上。我问起他们那通著名电话的细节，当时迪克在电话中说："我们被抢先了。"很高兴听"吉姆"和"鲍勃"一同回忆细节。我相信他们已经讲过无数次了，但能亲耳听到

尾声　伽莫夫与霍伊尔的遗产　245

这个故事真是非同寻常。

2019年8月26日,为写这本书,我打电话给皮布尔斯进行采访。短短6个多星期后,瑞典皇家科学院(Swedish Royal Academy of Sciences)秘书长约兰·汉松(Göran K. Hansson)教授宣布他是2019年诺贝尔物理学奖的共同获得者,这真是莫大的惊喜。如果迪克还在的话(1997年去世),毫无疑问也会感到无比自豪。

威尔逊看到他的老朋友加入诺贝尔奖获得者的行列很是激动,"非常高兴'吉姆'·皮布尔斯获得诺奖。"[6]

12月8日,在斯德哥尔摩发表的诺贝尔奖颁奖演说中,皮布尔斯讲述了一段十分引人入胜的伴随现代物理宇宙学发展的个人经历。有趣的是,他花了一点时间,承认了伽莫夫和霍伊尔的贡献,谈及他们两位各自的长处和短处。此外,他也提到了迪克留给实验宇宙学的遗产:

> 第二次世界大战结束后,巨大的能量被释放到艺术和科学领域。特别值得一提的是,战后有3位杰出的人开始思考宇宙学……在这3位物理学家中,乔治·伽莫夫是迄今为止我见过的最聪明、最具直觉的物理学家。但除了这种直觉之外,他却对继续跟进想法明显缺乏兴趣。1948年,他提出了我们标准的、热大爆炸宇宙学的许多基本思想,佴是他没有去进一步追逐。他的思想沉寂了,必须重新发现。弗雷德·霍伊尔对稳恒态宇宙有着绝妙的思考,他太喜欢这个想法了,很难割舍……"鲍勃"·迪克的团队依然强大,活跃至今。[7]

皮布尔斯所受的表彰是对他"宇宙学理论的发现"的认可,这项荣誉不仅仅是对一项发现的认可,而是对其职业生涯成就的认可。其中有一项通常被称为协调模型(concordance model)的贡献,也被称为

λCDM（λ-冷暗物质）宇宙学，λ代表着宇宙学常数。1998年两个天文学团队发现哈勃定律揭示出的宇宙膨胀的速度正在加快，他们因此获得诺贝尔奖。宇宙学家们提出了一种新的成分，被称为暗能量，它可以充当一种与引力相反的力量，能够加速宇宙膨胀。迄今为止，研究人员发现，通过重新引入爱因斯坦在20世纪30年代初丢弃的宇宙学常数项也就是λ来对暗能量进行建模是有用的。冷暗物质则是一种不同类型的假设中的物质，它不会发出可被辨别的光或其他形式的电磁辐射，但通过其对可见物体的引力，可以让人知道它的存在。皮布尔斯等人证明，如果没有冷暗物质通过其隐藏的引力将星系和宇宙的其他大尺度特征约束在一起，这些系统将是不稳定的。所谓"冷"，部分源自我们意识到"热"粒子会更快地参与相互作用，因此无法作为一种星体胶。（联想一下，如果把家用胶水加热，把它随意地涂在两个你想连接在一起的物体上，或是慢慢地小心把室温下的胶水涂在要连接的物体表面，会发生什么，哪种方式可以获得更好的效果。）

该模型的动力学由爱因斯坦场方程的平面几何解决定，其中包含了冷暗物质、普通物质及辐射的混合物，以及宇宙学常数。它本质上是一个开放的宇宙，将永远膨胀下去（永远不会崩溃），并加速膨胀。

追随着斯里弗和哈勃的脚步，整个21世纪初，天文学家一直在检验λCDM宇宙的预言。有些观测涉及太空中的可见物体，如遥远星系中的超新星，而有些则是卫星收集的宇宙微波背景辐射数据的高精度轮廓和详细统计分析。然而，目前尚不清楚是否所有正在测量的宇宙学参数（哈勃常数的当前值、宇宙加速参数、暗物质和暗能量的百分比等）都可以进行调整，从而与协调模型完全匹配。与此同时，有着其他宇宙学模型的理论家们也在等待，希望有证据能揭示λCDM的缺陷，而这些缺陷有可能用他们自己的理论来解释。

正如皮布尔斯最近所说："未来肯定还会有更多的调整。比方说通过两种不同的方式得出目前宇宙膨胀率的相差10%……超新星测距[和]宇宙微波背景辐射。也许这种差异是由于一个微妙的系统误差引起的,而这些误差对如此困难的测量方法本身来说不足为奇。或者也可能是某些新东西的证据。我还没有加入搜寻新事物的行列,但我很好奇人们能想出什么。"[8]

此外,现在还没有人知道暗能量和冷暗物质到底是什么,尽管有很多很多理论。世界各地的实验室仍在继续使用灵敏的探测器进行各种试验,希望能发现这些物质的踪迹。

宇宙学领域崇尚友好和竞争的精神依然存在。在当今世界,随着在研究宇宙的过程中不断发现新的惊喜,乔治·伽莫夫和弗雷德·霍伊尔会有种熟悉的感觉。他们那种对科学解释的热切追求和对宇宙发现的激情探索将流芳百世!

致 谢

我要感谢费城科学大学的教职员工、管理人员和工作人员的持续鼓励,包括保尔·卡茨(Paul Katz)、吉尔·巴伦(Jill Baren)、沃伊斯拉娃·波普赫里斯蒂奇(Vojislava Pophristic)、伊莱亚·埃斯凯纳济(Elia Eschenazi)、杰西·泰勒(Jessie Taylor)以及数学物理与统计系的其他成员。

非常感谢伊戈尔·伽莫夫和埃尔弗里德·伽莫夫(Elfriede Gamow)、伊丽莎白·珍妮·霍伊尔·巴特勒、杰弗里·霍伊尔、萨拉·伯比奇、詹姆斯·皮布尔斯、罗伯特·威尔逊、阿诺·彭齐亚斯、肯尼斯·特纳、罗伯特·瓦戈纳、贾杨特·纳利卡、唐纳德·克莱顿、斯坦福·伍斯利、温迪·泰勒(Wendy Taylor)、乔安妮·佩奇(Joanne Page)、科马克·奥雷菲尔泰(Cormac O'Raifeartaigh)、尼古拉斯·布思(Nicholas Booth)、乔治·波瑟林,以及已故的弗里曼·戴森分享了他们动人的回忆。感谢南希·迪克·拉波波特(Nancy Dicke Rapport)、约翰·拉波波特(John Rapport)、钱德拉·威克拉马辛格、亚当·克罗瑟斯(Adam Crothers)、凯瑟琳·麦基(Kathryn McKee)、安妮塔·奥利耶(Anita Hollier)、维尔吉尼娅·特林布尔(Virginia Trimble)、阿兰·乔多斯(Alan Chodos)、大卫·卡西迪(David

Cassidy)、布赖恩·基廷（Brian Keating）、莱曼·佩奇（Lyman Page）、布鲁斯·帕特里奇（Bruce Partridge）、雷纳·韦斯（Rainer Weiss）、阿舒托沙·乔加莱卡（Ashutosh Jogalekar）、约瑟夫·马丁（Joseph Martin）、黛安娜·科尔莫什-布赫瓦尔德（Diana Kormos-Buchwald）、阿尔贝托·马丁内斯（Alberto Martinez）和已故的玛格丽特·伯比奇。

我深深地感激前人在宇宙学史上所做的研究，以及所有为我提供帮助的图书馆、档案馆，包括剑桥圣约翰学院图书馆、普林斯顿大学图书馆特藏珍本部、乔治·华盛顿大学特别收藏研究中心、美国国会图书馆、哥本哈根尼尔斯·玻尔档案馆，以及位于瑞士梅汉（Meyrin）的欧洲核子研究组织档案馆。

衷心感谢埃尔弗里德·伽莫夫和伊戈尔·伽莫夫——伽莫夫遗产的代表——允许我引用乔治·伽莫夫的信件，同时也要感谢南希·迪克·拉波波特允许我引用罗伯特·迪克的信件。

非常感谢美国基础读物出版社（Basic Books）杰出的编辑人员，包括 T. J. 凯莱赫（T. J. Kelleher）和埃里克·亨尼（Eric Henney），以及我出色的经纪人，安德森文学代理公司的贾尔斯·安德森（Giles Anderson）。

还要感谢我的朋友们的鼓励，包括弗雷德·许普弗（Fred Schuepfer）、帕姆·奎克（Pam Quick）、迈克尔·厄里奇（Michael Erlich）、玛丽·埃利克（Mari Errico）、西蒙娜·泽利克奇（Simone Zelich）、道格·巴克霍尔兹（Doug Buchholz）、莉萨·滕齐-多尔马（Lisa Tenzin-Dolma）、林赛·普尔（Lindsey Poole）、格雷格·史密斯（Greg Smith）、弗兰克·格罗斯（Frank Cross）、米切尔·卡尔茨（Mitchell Kaltz）和温迪·卡尔茨（Wendy Kaltz）、马克·辛格（Mark Singer）、迈克尔·梅耶（Michal Meyer）、鲍勃·詹特森（Bob Jantzen）、鲍里斯·布里克尔（Boris Briker）和克里斯·奥尔森（Kris Olson）。最

重要的是，深切感激我的家人提供的支持和建议，包括斯坦利·哈尔彭（Stanley Halpern）、阿琳·菲斯顿（Arlene Finston）、伊莱·哈尔彭（Eli Halpern）、塞萨利·麦克福尔（Thessaly McFall）、亚丁·哈尔彭（Aden Halpern）和费利西娅·赫雷维茨（Felicia Hurewitz）。

拓展阅读

Alpher, Victor S. "Ralph A. Alpher, George Antonovich Gamow, and the Prediction of the Cosmic Microwave Background Radiation." *Asian Journal of Physics 23*, nos. 1 and 2 (2014): 17-26.

Bartusiak, Marcia, ed. *Archives of the Universe: 100 Discoveries That Transformed Our Understanding of the Cosmos*. New York: Vintage, 2006.

——. *Black Hole: How an Idea Abandoned by Newtonians, Hated by Einstein, and Gambled On by Hawking Became Loved*. New Haven, CT: Yale University Press, 2015.

——. *The Day We Found the Universe*. New York: Pantheon, 2009.

——. *Thursday's Universe: A Report from the Frontier on the Origin, Nature, and Destiny of the Universe*. New York: Times Books, 1986.

Chown, Marcus. *The Afterglow of Creation*. Herdon, VA: University Science Books, 1996.

——. *The Magicians: Great Minds and the Central Miracle of Science*. London: Faber & Faber, 2020.

Cline, Barbara Lovett. *The Questioners: Physicists and the Quantum Theory*. New York: Crowell, 1965.

Ellis, George. *Before the Beginning: Cosmology Explained*. New York: Boyers/Bowerdean, 1993.

Farmelo, Graham. *The Strangest Man: The Hidden Life of Paul Dirac, Mystic of the Atom*. New York: Basic Books, 2009.

Ferris, Timothy. *The Whole Shebang: A State-of-the-Universe Report.* New York: Simon & Schuster, 1997.

Gamow, George. *The Creation of the Universe.* New York: Viking, 1952.

———. *My World Line: An Informal Autobiography.* New York: Viking, 1970.

———. *Thirty Years That Shook Physics: The Story of Quantum Theory.* New York: Doubleday, 1966.

Gough, Douglas, ed. *The Scientific Legacy of Fred Hoyle.* New York: Cambridge University Press, 2005.

Greenstein, George. *Portraits of Discovery: Profiles in Scientific Genius.* New York: John Wiley & Sons, 1998.

Gregory, Jane. *Fred Hoyle's Universe.* New York: Oxford University Press, 2005.

Halpern, Paul. *Einstein's Dice and Schrödinger's Cat: How Two Great Minds Battled Quantum Randomness to Create a Unified Theory of Physics.* New York: Basic Books, 2015.

———. *Time Journeys: A Search for Cosmic Destiny and Meaning.* New York: McGraw-Hill, 1990.

Harrison, Edward. *Cosmology.* New York: Cambridge University Press, 1981.

Hawking, Stephen. *A Brief History of Time: From the Big Bang to Black Holes.* New York: Bantam Books, 1988.

Hoyle, Fred. *Home Is Where the Wind Blows: Chapters from a Cosmologist's Life.* Herndon, VA: University Science Books, 1994.

Hoyle, Fred, Geoffrey Burbidge, and Jayant V. Narlikar. *A Different Approach to Cosmology — from a Static Universe Through the Big-Bang Towards Reality.* New York: Cambridge University Press, 2000.

Keating, Brian. *Losing the Nobel Prize: A Story of Cosmology, Ambition, and the Perils of Science's Highest Honor.* New York: W. W. Norton, 2018.

Kragh, Helge. *Cosmology and Controversy: The Historical Development of Two Theories of the Universe.* Princeton, NJ: Princeton University Press, 1999.

———. *Masters of the Universe: Conversations with Cosmologists of the Past.* New York: Oxford University Press, 2015.

Lightman, Alan, and Roberta Brawer. *Origins: The Lives and Worlds of Modern Cosmologists.* Cambridge, MA: Harvard University Press, 1990.

Livio, Mario. *Brilliant Blunders: From Darwin to Einstein — Colossal Mistakes by*

Great Scientists That Changed Our Understanding of Life and the Universe. New York: Simon & Schuster, 2013.

Mack, Katie. *The End of Everything (Astrophysically Speaking)*. New York: Scribner, 2020.

McConnell, Craig S. "The Big Bang-Steady-State Controversy: Cosmology in Public and Scientific Forums" (PhD diss., University of Wisconsin, Madison, 2000).

Misner, Charles W., Kip S. Thorne, and John A. Wheeler. *Gravitation*. San Francisco: W. H. Freeman, 1973.

Mitton, Simon. *Fred Hoyle: A Life in Science*. New York: Cambridge University Press, 2011.

Peebles, P. James E. *Cosmology's Century: An Inside History of Our Modern Understanding of the Universe*. Princeton, NJ: Princeton University Press, 2020.

Peebles, P. James E., Lyman A. Page, and R. Bruce Partridge, eds. *Finding the Big Bang*. Cambridge: Cambridge University Press, 2009.

Penrose, Roger. *The Road to Reality*. London: Jonathan Cape, 2004.

Reines, Frederick, ed. *Cosmology, Fusion & Other Matters: George Gamow Memorial Volume*. Boulder: Colorado Associated University Press, 1972.

Segrè, Gino. *Ordinary Geniuses: Max Delbrück, George Gamow, and the Origins of Genomics and Big Bang Cosmology*. New York: Viking, 2011.

Seife, Charles. *Alpha & Omega: The Search for the Beginning and End of the Universe*. New York: Viking, 2003.

Silk, Joseph. *The Big Bang: The Creation and Evolution of the Universe*. New York: W. H. Freeman and Company, 1980.

Singh, Simon. *Big Bang: The Origins of the Universe*. London: Fourth Estate, 2005.

Smoot, George, and Keay Davidson. *Wrinkles in Time*. New York: William Morrow, 1993.

Teller, Edward, with Judith Shoollery. *Memoirs: A Twentieth-Century Journey in Science and Politics*. Cambridge, MA: Perseus, 2001.

Tyson, Neil deGrasse, and Donald Goldsmith. *Origins: Fourteen Billion Years of Cosmic Evolution*. New York: W. W. Norton, 2004.

Watson, James. *Genes, Girls, and Gamow: After the Double Helix*. New York: Oxford University Press, 2001.

Weinberg, Steven. *The First Three Minutes: A Modern View of the Origin of the Universe.* New York: Basic Books, 1977.

Wheeler, John Archibald, with Kenneth W. Ford. *Geons, Black Holes, and Quantum Foam: A Life in Physics.* New York: W. W. Norton, 2000.

参考文献

引言　探索万物起源

[1] Elizabeth Jeanne Hoyle Butler, personal communication with the author, September 5, 2019.

[2] Fred Hoyle, "Continuous Creation," *The Listener* 41 (April 7, 1949): 568.

[3] Geoffrey Hoyle, personal communication with the author, September 30, 2019.

[4] "Ralph Alpher and Robert Herman — Session II," interview by Martin Harwit, August 12, 1983, American Institute of Physics, Niels Bohr Library and Archives, Oral Histories, https://www.aip.org/history-programs/niels-bohr-library/oral-histories/3014-2.

[5] Robert V. Wagoner, personal communication with the author, November 1, 2019.

[6] Virginia Trimble, "Obituary, E. Margaret Burbidge (1919-2020)," *Nature*, April 27, 2020, https://www.nature.com/articles/d41586-020-01224-9.

[7] Jeremy Bernstein, *Nuclear Weapons: What You Need to Know* (New York: Cambridge University Press, 2008), 193.

[8] C. P. Snow, "The Two Cultures" (Rede Lecture, Cambridge University, Cambridge, England, May 7, 1959).

第一章　膨胀宇宙的后代

[1] George Gamow, My *World Line: An Informal Autobiography* (New York:

Viking, 1970), 9-10.
[2] "Comet's Poisonous Tail," *New York Times*, February 8, 1910.
[3] "Comet Notes," *Scientific American*, May 21, 1910, 416.
[4] Stephen Castle, "Yes This Is Britain's Happiest Place," *The Independent*, November 29, 2017, https://www.independent.co.uk/news/long_reads/britains-happiest-place-craven-skipton-yorkshire-dales-a8065771.html.
[5] Geoffrey Hoyle, personal communication with the author, September 30, 2019.
[6] Fred Hoyle, *Home Is Where the Wind Blows: Chapters from a Cosmologist's Life* (Herndon, VA: University Science Books, 1994), 26-27.
[7] Elizabeth Jeanne Hoyle Butler, personal communication with the author, September 5, 2019.
[8] Simon Mitton, *Fred Hoyle: A Life in Science* (New York: Cambridge University Press, 2011), 20.
[9] Fred Hoyle, interview by Alan Lightman, August 15, 1989, American Institute of Physics, Niels Bohr Library and Archives, Oral Histories, https://www.aip.org/history-programs/niels-bohr-library/oral-histories/34366.
[10] Hoyle, *Home Is Where the Wind Blows*, 52-53.
[11] Joseph Conrad, *Under Western Eyes* (London: Methuen, 1911), 184.
[12] "Revolution in Science: New Theory of the Universe: Newtonian Ideas Overthrown," *Times of London*, November 7, 1919, 1.
[13] George Gamow, interview by Charles Weiner, April 25, 1968, American Institute of Physics, Niels Bohr Library and Archives, Oral Histories, https://www.aip.org/history-programs/niels-bohr-library/oral-histories/4325.
[14] Hoyle, *Home Is Where the Wind Blows*, 69.

第二章　战场准备：宇宙学交锋一触即发

[1] George Gamow, interview by Charles Weiner, April 25, 1968, American Institute of Physics, Niels Bohr Library and Archives, Oral Histories, https://www.aip.org/history-programs/niels-bohr-library/oral-histories/4325.
[2] Alexander Friedmann to Albert Einstein, December 6, 1922, Einstein Archives, https://einsteinpapers.press.princeton.edu/vol13-trans/363.
[3] Albert Einstein, "Note to the paper by A. Friedmann, 'On the Curvature of Space,'" *Zeitschrift für Physik* 16 (June-July 1923): 228.

[4] George Gamow, *My World Line: An Informal Autobiography* (New York: Viking, 1970), 45.

[5] Allan Sandage, interview by Paul Wright, May 16, 1974, American Institute of Physics, Niels Bohr Library and Archives, Oral Histories, https://www.aip.org/history-programs/niels-bohr-library/oral-histories/32874.

[6] Mario Livio, "Mystery of the Missing Text Solved," *Nature* 479 (2011): 171–173.

[7] Gamow, *My World Line*, 44.

[8] Cormac O'Raifeartaigh and Brendan McCann, "Einstein's Cosmic Model of 1931 Revisited: An Analysis and Translation of a Forgotten Model of the Universe," *European Physical Journal H* 39 (2014): 63–85.

[9] Cormac O'Raifeartaigh and Simon Mitton, "Einstein's Oxford Blackboard: A Unique Historical Artefact" (unpublished manuscript).

[10] Cormac O'Raifeartaigh, "Einstein's Steady-State Cosmology," *Physics World*, September 2014, 1.

[11] Cormac O'Raifeartaigh, Brendan McCann, Werner Nahm, and Simon Mitton, "Einstein's Steady-State Theory: An Abandoned Model of the Cosmos," *European Physical Journal H* 39 (2014): 1.

[12] Fred Hoyle, *Home Is Where the Wind Blows: Chapters from a Cosmologist's Life* (Herndon, VA: University Science Books, 1994), 152.

第三章 解锁原子核

[1] George Gamow, *Thirty Years That Shook Physics* (Mineola, NY: Dover, 1985), 51.

[2] R. Igor Gamow, phone interview by the author, September 2, 2019.

[3] Barbara Lovett Cline, *The Questioners: Physicists and the Quantum Theory* (New York: Crowell, 1965), 127–128.

[4] Freeman Dyson, personal communication with the author, February 22, 2019.

[5] George Gamow, quoted in Cline, *The Questioners*, 129.

[6] Graham Farmelo, *The Strangest Man: The Hidden Life of Paul Dirac, Mystic of the Atom* (New York: Basic Books, 2009), 172.

[7] J. J. Thomson, "Ions Mine," http://ww3.haverford.edu/physics-astro/songs/ionsmine.htm.

[8] R. Igor Gamow, personal communication with the author, April 10, 2020.
[9] Dennis Christiansen, "The Bohr Legacy," University of Copenhagen, https://uniavisen. dk/en/the-bohr-legacy/.
[10] George Gamow, interview by Charles Weiner, April 25, 1968, American Institute of Physics, Niels Bohr Library and Archives, Oral Histories, https://www. aip. org/history-programs/niels-bohr-library/oral-histories/4325.
[11] Farmelo, *The Strangest Man*, 259.
[12] R. Igor Gamow, personal communication with the author, June 12, 2020.
[13] Rho Gamow, quoted in Edward Teller with Judith Shoollery, *Memoirs: A Twentieth-Century Journey in Science and Politics* (Cambridge, MA: Perseus, 2001), 124.
[14] George Gamow, quoted in Teller and Shoollery, *Memoirs*, 139.
[15] Fred Hoyle, *Home Is Where the Wind Blows: Chapters from a Cosmologist's Life* (Herndon, VA: University Science Books, 1994), 131.
[16] Geoffrey Hoyle, personal communication with the author, September 30, 2019.
[17] "Fred Hoyle: A Singular Life," https://www.hoyle.org.uk/A-Singular-Life/.

第四章 死亡之夜的回响：层出不穷的理论

[1] Fred Hoyle, "An Assessment of the Evidence Against the Steady-State Theory," box 3, folder 2, St. John's College Library, Papers of Sir Fred Hoyle, Cambridge.
[2] Geoffrey Hoyle, personal communication with the author, September 30, 2019.
[3] Elizabeth Jeanne Hoyle Butler, personal communication with the author, September 5, 2019.
[4] H. H. Hopkins to Fred Hoyle, May 10, 1948, box 87, folder 9, St. John's College Library, Papers of Sir Fred Hoyle, Cambridge.
[5] Harold Spencer Jones to Fred Hoyle, June 27, 1952, box 87, folder 9, St. John's College Library, Papers of Sir Fred Hoyle, Cambridge.
[6] Cormac O'Raifeartaigh, personal communication with the author, June 12, 2020; Cormac O'Raifeartaigh and Simon Mitton, "Interrogating the Legend of Einstein's 'Biggest Blunder'" (draft manuscript).
[7] Helge Kragh, "What's in a Name: History and Meanings of the Term 'Big Bang,'" Cornell University, January 2013, https://arxiv. org/abs/1301.

0219.

[8] Helge Kragh, "Big Bang: The Etymology of a Name," *Astronomy & Geophysics* 54, no. 2 (April 2013): 2.28–2.30, https://doi.org/10.1093/astrogeo/att035.

[9] Ralph Alpher, interview by Martin Harwit, August 12, 1983, American Institute of Physics, Niels Bohr Library and Archives, Oral Histories, https://www.aip.org/history-programs/niels-bohr-library/oral-histories/3014-2.

[10] George Gamow, *My World Line: An Informal Autobiography* (New York: Viking, 1970), 126–128.

[11] Albert Einstein to Jean-Jacques Fehr, 1952, Albert Einstein Archive Online, Archive no. 26-074, quoted in Cormac O'Raifeartaigh, Brendan McCann, Werner Nahm, and Simon Mitton, "Einstein's Steady-State Theory: An Abandoned Model of the Cosmos," *European Physics Journal H* 39 (2014): 353–367.

[12] Wolfgang Pauli to Aniela Jaffé, December 3, 1951, trans. and reprinted in Carl Jung and Wolfgang Pauli, *Atom and Archetype — The Pauli/Jung Letters, 1932–1958*, ed. C. A. Meier, trans. David Roscoe (Princeton, NJ: Princeton University Press, 2001), 71.

[13] Fred Hoyle, *Home Is Where the Wind Blows: Chapters from a Cosmologist's Life* (Herndon, VA: University Science Books, 1994), 310.

[14] Simon Mitton, *Fred Hoyle: A Life in Science* (New York: Cambridge University Press, 2011), 131.

[15] Jayant Narlikar, personal communication with the author, August 2, 2019.

[16] Fred Hoyle, *The Nature of the Universe* (Oxford: Blackwell, 1950), 125.

第五章 从阿尔法到欧米茄：炽烈的开端

[1] Ralph Alpher, interview by Martin Harwit, August 11, 1983, American Institute of Physics, Niels Bohr Library and Archives, Oral Histories, https://www.aip.org/history-programs/niels-bohr-library/oral-histories/3014-1.

[2] R. Igor Gamow, "Memories of My Father," in *Mr. Tompkins Gets Serious: The Essential George Gamow*, ed. Robert Oerter (New York: Pi Press, 2005).

[3] "Bottle, Cointreau, YLEM" object, Smithsonian Institution, National Air and Space Museum, Washington, DC, https://www.si.edu/object/nasm_

A20010321000.

[4] Cormac O'Raifeartaigh and Simon Mitton, "Interrogating the Legend of Einstein's 'Biggest Blunder,'" *Physics in Perspective* 20 (2018): 318–341.

[5] George Gamow to Oskar Klein, April 1948, Niels Bohr Archives, Copenhagen, Denmark, by permission of the Gamow Estate.

[6] Oskar Klein to George Gamow, April 1948, Niels Bohr Archives.

[7] P. James E. Peebles, phone interview by the author, August 26, 2019.

[8] Robert V. Wagoner, personal communication with the author, November 1, 2019.

[9] George Gamow to Ralph Alpher, with a note to Robert Herman, 1956, George Gamow Papers, Library of Congress, by permission of the Gamow Estate.

[10] George Gamow to Ralph Alpher, summer 1948, George Gamow Papers, Library of Congress, by permission of the Gamow Estate.

[11] Ralph Alpher, "Johns Hopkins Science Review," March 18, 1949, quoted in Paulette Campbell, "Applied Physics Lab Pioneer Receives National Medal of Science" (press release), Johns Hopkins University, July 23, 2007, https://www.jhuapl.edu/PressRelease/070723.

[12] Anthony Turkevich to Ralph Alpher and Robert Herman, October 24, 1949, Arno Penzias Papers, Library of Congress.

[13] Stephen Maran and A. G. W. Cameron, "Relativistic Astrophysics," *Science*, September 27, 1967, 1517.

[14] Pope Pius XII, quoted in José G. Funes, "*The Vatican Meeting on Stellar Populations*," in *The Vatican Observatory, Castel Gandolfo: 80th Anniversary Celebration*, ed. Gabriele Gionti and Jean-Baptiste Kikwaya Eluo (New York: Springer, 2018), 199.

[15] "Pope Says Science Proves God Exists," *New York Times*, September 8, 1952.

[16] J. Richard Gott III (@JRichardGott), "In his basement, Gamow had a whole wall of books," Twitter, August 23, 2011, 9:04 p.m., https://twitter.com/JRichardGott/status/106200251328770051.

[17] R. Igor Gamow, phone interview by the author, September 2, 2019.

[18] George Gamow, interview by Charles Weiner, April 25, 1968, https://www.aip.org/history-programs/niels-bohr-library/oral-histories/4325.

[19] Fred Hoyle, "The Big Bang in Astronomy," *New Scientist*, November 19,

1981, 522.

第六章 构建元素

[1] A member of the "RNA Tie Club," along with Watson, Gamow, Feynman, and others, Delbrück would serve in the 1960s as Igor Gamow's post-doctoral supervisor.

[2] Elizabeth Jeanne Hoyle Butler, personal communication with the author, September 5, 2019.

[3] "Obituary of Raymond Lyttleton," *Times of London*, May 19, 1995, 19.

[4] Donald Clayton, personal communication with the author, August 11, 2019.

[5] C. W. Cook, W. A. Fowler, C. C. Lauritsen, and T. Lauritsen, "B12, C12, and the Red Giants," *Physical Review* 107 (1957): 508.

[6] Geoffrey Hoyle, personal communication with the author, September 30, 2019.

[7] E. Margaret Burbidge, interview by David Devorkin, July 13, 1978, American Institute of Physics, Niels Bohr Library and Archives, Oral Histories, https://www.aip.org/history-programs/niels-bohr-library/oral-histories/25487.

[8] John D. Hillaby, "Cosmic Creation Held Continuing: British Astro-Physicists Say Elements in Universe Are Being Steadily Formed," *New York Times*, September 8, 1954.

[9] Harrison Smith, "Margaret Burbidge, Who Explored the Universe's Distant Reaches, Dies at 100," *Washington Post*, April 8, 2020.

[10] Geoffrey Burbidge, "Hoyle's Role in B^2FH," *Science* 319 (March 14, 2008): 1484.

[11] Sarah L. Burbidge, phone interview by the author, November 3, 2018.

[12] "Physicist Makes Helium of Carbon; Transmutation Is Hailed as Helping to Explain Origin of Universe; 'Big Bang' Theory Hit," *New York Times*, December 31, 1956.

[13] Pope Pius XII to Father Daniel O'Connell, oral communication, Archive of the Vatican Observatory, quoted in José G. Funes, "The Vatican Meeting on Stellar Populations," in *The Vatican Observatory, Castel Gandolfo: 80th Anniversary Celebration*, ed. Gabriele Gionti and Jean-Baptiste Kikwaya Eluo (New York: Springer, 2018), 201.

[14] Georges Lemaître, quoted in Daniel J. K. O'Connell, ed., *Stellar Populations:*

Proceedings of the Conference Sponsored by the Pontifical Academy of Science and the Vatican Observatory, May 20 - 28, 1957 (New York: Interscience Publishers, 1958), 284.

[15] Fred Hoyle, *Home Is Where the Wind Blows: Chapters from a Cosmologist's Life* (Herndon, VA: University Science Books, 1994), 301.

[16] Fred Hoyle, *The Black Cloud* (London: William Heinemann, 1957), 200.

[17] P. James E. Peebles, phone interview by the author, August 26, 2019.

[18] Ralph Alpher, interview by Martin Harwit, August 11, 1983, American Institute of Physics, Niels Bohr Library and Archives, Oral Histories, https://www.aip.org/history-programs/niels-bohr-library/oral-histories/3014 - 1.

[19] R. Igor Gamow, phone interview by the author, September 2, 2019.

[20] Simon Mitton, *Fred Hoyle: A Life in Science* (New York: Cambridge University Press, 2011), 169.

[21] Elizabeth Jeanne Hoyle Butler, personal communication with the author, September 8, 2019.

[22] Alan Cottey, "Martin Ryle: An Energy Visionary," *Physics World*, September 11, 2018, https://physicsworld.com/a/martin-ryle-an-energy-visionary/.

[23] Hoyle, *Home Is Where the Wind Blows*, 270.

[24] Martin Ryle, "Halley Lecture," Oxford 1955, quoted in "History," Cavendish Astrophysics, University of Cambridge, https://www.astro.phy.cam.ac.uk/about/history.

[25] Chandra Wickramasinghe, *A Journey with Fred Hoyle* (Singapore: World Scientific, 2013), 14.

[26] Hoyle, *Home Is Where the Wind Blows*, 410.

[27] Robert Jastrow, quoted in John W. Finney, "Satellite Challenges Theory of Universe," *New York Times*, December 20, 1961, 13.

第七章 大爆炸的巨大胜利

[1] Robert H. Dicke to Peter Franke, October 23, 1963, Robert H. Dicke Papers, Special Collections, Princeton University Library, by permission of Nancy Dicke Rapoport. "Scalar component" refers to a type of energy field that is variable from point to point rather than constant over space and time.

[2] "Cosmology: Math Plus Mach Equals Far-Out Gravity," *Time*, June 26, 1964.

[3] Robert H. Dicke to Arthur P. Moor, May 27, 1965, Robert H. Dicke Papers, Special Collections, Princeton University Library, by permission of Nancy Dicke Rapoport.

[4] P. James E. Peebles, phone interview by the author, August 26, 2019.

[5] Robert H. Dicke to Stephen W. Hawking, October 26, 1965, Robert H. Dicke Papers, Special Collections, Princeton University Library, by permission of Nancy Dicke Rapoport.

[6] Robert H. Dicke, interview by Martin Harwit, June 18, 1985, American Institute of Physics, Niels Bohr Library and Archives, Oral Histories, https://www.aip.org/history-programs/niels-bohr-library/oral-histories/4572.

[7] Arno Penzias, phone interview by the author, October 18, 2019.

[8] Robert W. Wilson, phone interview by the author, October 17, 2019.

[9] Kenneth C. Turner, personal communication with the author, October 18, 2019.

[10] P. James E. Peebles, quoted in Tom Garlinghouse, "A 'Joy Ride' of a Career: Peebles Wins Nobel Prize in Physics for Tackling Big Questions About the Universe" (press release), Princeton University, October 8, 2019, https://www.princeton.edu/news/2019/10/08/joy-ride-career-peebles-wins-nobel-prize-physics-tackling-big-questions-about.

[11] P. James E. Peebles, "How Physical Cosmology Grew," Nobel Lecture, December 8, 2019, https://www.nobelprize.org/prizes/physics/2019/peebles/lecture/.

[12] P. James E. Peebles, Lyman A. Page, and R. Bruce Partridge, eds., *Finding the Big Bang* (Cambridge: Cambridge University Press, 2009), 192.

[13] Walter Sullivan, "Signals Imply a 'Big Bang' Universe," *New York Times*, May 21, 1965, 1.

第八章　不归路

[1] Dennis Sciama, interview by Spencer Weart, April 14, 1978, American Institute of Physics, Niels Bohr Library and Archives, Oral Histories, https://www.aip.org/history-programs/niels-bohr-library/oral-histories/4871.

[2] Dennis W. Sciama to Robert H. Dicke, December 21, 1966, Robert H. Dicke Papers, Special Collections, Princeton University Library, by permission of

Nancy Dicke Rapoport.

[3] Roger Penrose, *The Road to Reality* (London: Jonathan Cape, 2004), xiv.

[4] P. James E. Peebles, Lyman A. Page, and R. Bruce Partridge, eds., *Finding the Big Bang* (Cambridge: Cambridge University Press, 2009), 196.

[5] C. P. Gilmore, "World's Greatest Mystery," *Popular Science*, November 1965, 104.

[6] Robert H. Dicke to C. P. Gilmore, August 16, 1965, Robert H. Dicke Papers, Special Collections, Princeton University Library, by permission of Nancy Dicke Rapoport.

[7] Peebles, Page, and Partridge, *Finding the Big Bang*, 196.

[8] P. James E. Peebles, personal communication with the author, September 13, 2019.

[9] G. J. Ringer to Robert H. Dicke, July 30, 1965, Robert H. Dicke Papers, Special Collections, Princeton University Library, by permission of Nancy Dicke Rapoport.

[10] George Pothering to Robert H. Dicke, November 22, 1965, Robert H. Dicke Papers, Special Collections, Princeton University Library, by permission of George Pothering.

[11] George Pothering, personal communication with the author, September 11, 2019.

[12] Freeman Dyson, personal communication with the author, February 22, 2019.

[13] Robert W. Wilson, phone interview by the author, October 17, 2019.

[14] Sarah L. Burbidge, phone interview by the author, November 3, 2018.

[15] Engelbert Schucking, "The First Texas Symposium on Relativistic Astrophysics," *Physics Today*, August 1989, 52.

[16] Robert V. Wagoner, personal communication with the author, November 1, 2019.

[17] George Gamow, quoted in Bob King, "Twinkle, Twinkle, Quasi-Star," *Sky and Telescope*, April 3, 2019, https://skyandtelescope.org/observing/12-quasars-for-spring-evenings/.

[18] Stan Woosley, personal communication with the author, August 25, 2019.

[19] P. James E. Peebles, phone interview by the author, August 26, 2019.

[20] Chandra Wickramasinghe, *A Journey with Fred Hoyle* (Singapore: World

Scientific, 2013), 15.

[21] George Gamow to Arno Penzias, September 29, c. 1965, Arno Penzias Papers, Library of Congress, by permission of the Gamow Estate. Gamow wrote "1963," which was likely a mistake because that would place it before the CMBR discovery.

[22] Ralph Alpher, interview by Martin Harwit, August 12, 1983, American Institute of Physics, Niels Bohr Library and Archives, Oral Histories, https://www.aip.org/history-programs/niels-bohr-library/oral-histories/3014-2.

[23] R. Igor Gamow, phone interview by the author, September 2, 2019.

[24] Peebles, Page, and Partridge, *Finding the Big Bang*, 374.

[25] George Gamow to Ralph Alpher, December 2, 1967, Gamow Papers, Library of Congress, by permission of the Gamow Estate.

[26] George Gamow to Paul Dirac, August 17, 1968, Gamow Papers, Library of Congress, by permission of the Gamow Estate.

[27] F. Hoyle and J. Narlikar, "Conformal Invariance in Physics and Cosmology," in *Cosmology, Fusion & Other Matters: George Gamow Memorial Volume*, ed. Frederick Reines (Boulder: Colorado Associated University Press, 1972), 15-28.

[28] "Ralph A. Alpher: National Medal of Science, Physical Sciences, 2005," National Science and Technology Medals Foundation, https://www.nationalmedals.org/laureates/ralph-a-alpher#.

第九章 边缘生活

[1] Donald Clayton, personal communication with the author, August 11, 2019.

[2] Elizabeth Jeanne Hoyle Butler, personal communication with the author, September 5, 2019.

[3] Geoffrey Hoyle, personal communication with the author, September 30, 2019.

[4] Stan Woosley, personal communication with the author, August 25, 2019.

[5] Robert V. Wagoner, personal communication with the author, November 1, 2019.

[6] Simon Mitton, *Fred Hoyle: A Life in Science* (New York: Cambridge University Press, 2011), 20.

[7] Mitton, *Fred Hoyle*, 287.

[8] "Take the World from Another Point of View" (interview with Richard Feynman), Yorkshire Television, 1973, http://calteches.library.caltech.edu/35/2/PointofView.htm.
[9] Jocelyn Bell Burnell, interview by David DeVorkin, May 21, 2000, American Institute of Physics, Niels Bohr Library and Archives, Oral Histories, https://www.aip.org/history-programs/niels-bohr-library/oral-histories/31792.
[10] Jocelyn Bell Burnell, "Jocelyn Bell Burnell at Perimeter: A Special Public Lecture Webcast," October 25, 2018, https://insidetheperimeter.ca/jocelyn-bell-burnell-perimeter-webcast/.
[11] Nobel Prize Nomination Archive, The Nobel Prize, https://www.nobelprize.org/nomination/archive/manual.html.
[12] Sarah L. Burbidge, phone interview by the author, November 3, 2018.
[13] Jayant Narlikar, personal communication with the author, August 2, 2019.
[14] Elizabeth Jeanne Hoyle Butler, personal communication with the author, September 8, 2019. She learned about the matter through Geoff Burbidge and Hoyle's publisher, Bruce Armbruster of University Science Books, who had spoken with Geoff about his written communications with Hans Bethe. Bethe's role is speculative until the nominations for the 1983 Prize are released some years from now.
[15] Geoffrey Burbidge, "Hoyle's Role in B^2FH," *Science* 319 (March 14, 2008): 1484.
[16] David Bergamini, "The Big Space-Fossil Mystery," *Life*, December 8, 1961, 45.
[17] Chandra Wickramasinghe, *A Journey with Fred Hoyle* (Singapore: World Scientific, 2013), 147.
[18] Wickramasinghe, *A Journey with Fred Hoyle*, 147.
[19] Wickramasinghe, *A Journey with Fred Hoyle*, 154.
[20] Wickramasinghe, *A Journey with Fred Hoyle*, 174.
[21] Idan Ginsburg, Manasvi Lingam, and Abraham Loeb, "Galactic Panspermia" (draft manuscript submitted to *Astrophysical Journal Letters*), https://arxiv.org/pdf/1810.04307.pdf.
[22] Ralph Alpher, interview by Martin Harwit, August 12, 1983, American Institute of Physics, Niels Bohr Library and Archives, Oral Histories, https://

www. aip. org/history-programs/niels-bohr-library/oral-histories/3014 - 2.

[23] P. James E. Peebles, *Cosmology's Century: An Inside History of Our Modern Understanding of the Universe* (Princeton, NJ: Princeton University Press, 2020), 167.

[24] Simon Mitton, *Fred Hoyle: A Life in Science* (New York: Cambridge University Press, 2011), 317.

尾声　伽莫夫与霍伊尔的遗产

[1] Viviana Mossa, K. Stöckel, F. Cavanna, F. Ferraro, M. Aliotta, F. Barile, D. Bemmerer, A. Best, A. Boeltzig, C. Broggini, et al. "The Baryon Density of the Universe from an Improved Rate of Deuterium Burning," *Nature* 587 (2020): 210 - 213.

[2] Elizabeth Jeanne Hoyle Butler, personal communication with the author, September 5, 2019.

[3] Stan Woosley, personal communication with the author, August 25, 2019.

[4] John Osmundsen, "A Little Science for Everyone: Selected Softcover," *New York Times*, June 12, 1960.

[5] Fred Hoyle, *October the First Is Too Late* (London: Heinemann, 1966), 67.

[6] Robert W. Wilson, phone interview by the author, October 17, 2019.

[7] P. James E. Peebles, "How Physical Cosmology Grew," Nobel Lecture, December 8, 2019, https://www.nobelprize.org/prizes/physics/2019/peebles/lecture/.

[8] Jim Peebles, "Have We Got the Universe Right?" *New Scientist*, June 6, 2020, 34.

译后记

60年前,贝尔实验室的工程师阿诺·彭齐亚斯和罗伯特·威尔逊十分偶然地发现了弥漫在天空中,无论如何都无法剔除的一种无线电背景噪声,与此同时,一群天体物理学家正在苦苦追寻宇宙大爆炸理论中所预言的宇宙背景辐射。

根据大爆炸理论,在宇宙刚刚诞生的时候,高温、致密的空间中充斥着质子、中子、电子和光子,原子核无法与电子结合成为原子,光子则不断被等离子体散射,无法自由穿行,可谓举步维艰。随着宇宙膨胀和冷却,几乎在一瞬间,离子和电子复合形成中性粒子,从此,光子就开始在宇宙中畅通无阻。这一事件叫作光子退耦,发生在宇宙诞生38万年后。此后的138亿年里,宇宙不断膨胀,光子继续在宇宙中穿行,它们的能量越来越低,波长越来越长。时至今日,那些光子化作天空中的背景噪声,弥漫在我们身边,成为微波背景辐射。

微波背景辐射的发现距离哈勃发现宇宙膨胀的线索已有30多年,谁都没想到对宇宙大爆炸理论最有力的证据是在如此意外的情况下发现的。人们会用一些生动形象的比喻来形容微波背景辐射——大爆炸的余辉、大爆炸的遗迹、宇宙的第一抹曙光、襁褓中的宇宙……足以见得它是多么重要。微波背景辐射的发现也让一场旷日持久的宇宙起源之争分出了输赢。

自从爱因斯坦提出广义相对论,奇妙的宇宙就在不断突破人们的思维和认知。1929年哈勃发现大部分星系正在远离,1930年爱丁顿将此现象解释为宇宙在膨胀,从此人类揭秘宇宙身世的大戏开始了。20世纪30年代起,许多物理学家、数学家摆弄着爱因斯坦宇宙学方程这支万花筒,创造出各式各样的宇宙,其中最成功的莫过于勒梅特的"原子宇宙",以及随后在此基础上发展起来的"大爆炸宇宙",领军人物就是乔治·伽莫夫。很快,"稳恒态宇宙"成为另一个主要阵营与之分庭抗礼,其主帅是弗雷德·霍伊尔。"创世之辩"进入白热化。回想那段历史,扑朔迷离、精彩绝伦、激情四射、催人奋进。有灵光一现的智慧火花,有严谨周密的科学推理,有你来我往的唇枪舌剑,有谑浪笑敖的冷嘲热讽,有珠联璧合的协作攻坚,有才华横溢的时势英雄。如果这是一出戏剧,或是一部电影,大概也算凑齐几乎所有该有的元素了吧。

再说伽莫夫和霍伊尔,他们有着不同的童年,不同的学习经历,不同的专业背景,却也因为在各自所选择的研究方向上深耕,而渐渐走上宇宙学的舞台。他们都具有神奇的直觉,又都具有敏锐的洞察力,他们都是科学巨匠,又都是科普大师,他们同样功不可没,却又同样与诺奖擦肩而过。正如爱因斯坦与玻尔的争论促进了量子物理的发展,伽莫夫与霍伊尔之间的争论推动了现代宇宙学的发展。虽然从现实情况看,霍伊尔和他的稳恒态宇宙败下阵来,但他所做的绝不仅仅是贡献了一个Big Bang的名字这样简单。

《创世之辩》一书以伽莫夫与霍伊尔两人为线索,牵出这段宇宙学发展历程中波澜壮阔的故事。作者保罗·哈尔彭是美国圣约瑟夫大学(Saint Joseph's University)的物理学教授[原费城科学大学(University of the Sciences in Philadelphia)教授,2022年6月费城科学大学并入圣约瑟夫大学],著有近20部科普著作。他非常擅长撰写这种人物传记类的科普书，其他类似的还有《共时性：因果的量子本性》(*Synchronicity: The Epic Quest to Understand the Quantum Nature of Cause and Effect*)、《爱因斯坦的骰子和薛定谔的猫》(*Einstein's Dice and Schrödinger's Cat*)等。他文笔潇洒，流畅自然，作品兼具科学性和文学性。他的每一部作品都有着极为深入的研究，资料详实有说服力。就本书而言，哈尔彭非常认真地采访了数十位相关人士，甚至是当事人，因此对人物关系和历史经纬的梳理十分细致。尤其是对两位主角伽莫夫和霍伊尔的性格刻画十分生动，把他们科学求索的精神和鲜明的个性表现得淋漓尽致。相信每一位读者在阅读完这本书后都会有这种体会。

在我中学时期，就对这段故事略知一二，叹服那些奇妙的思想。当我读到这本书时，更是对这些闪耀着智慧之光的大脑钦佩有加。不禁想到这本书的英文名 *Flashes of Creation*，这是一个绝妙的双关语，既表达了我们刻板印象中的"大爆炸"的样子，又暗示着提出宇宙学模型的种种创新思想。无奈辞藻匮乏，没有找到一个既精炼又准确的中文双关语。最终，不得不以点题方式，将中文版书名选定为《创世之辩》，这不得不说是一个遗憾。期待某一天，我还能瞥见"闪耀的灵光"，找到一个恰如其分的好名字。

翻译这本书对我个人而言也是一个再次学习的过程，因能力有限，难免存在错误，望各位读者不吝赐教。非常感激卞毓麟老师给予悉心指导，并专门作序推荐，令我受益良多。感谢上海科学技术出版社高在青和其他编辑老师，不厌其烦地帮助我一遍又一遍地校稿修订。还要感谢李政道研究所副教授李晟、博士研究生张铭缘提供无私的帮助，以及好友熊翊飞、欧阳冬妮、小靓等与我进行多次有价值的探讨。

宇宙有开端，探索无止境！

水兄
2024年4月于上海